绍兴文理学院出版基金资助

Gongzhong Ganzhi Zhengfu Gonggong
Wenhua Fuwu Zhiliang Pingjia Yanjiu
Yi Guojia Danganguan Gonggong Fuwu Weili

■ 董德民 / 著

公众感知政府公共文化服务质量评价研究

——以国家档案馆公共服务为例

中国财经出版传媒集团
经济科学出版社
Economic Science Press

图书在版编目（CIP）数据

公众感知政府公共文化服务质量评价研究：以国家
档案馆公共服务为例/董德民著 . —北京：
经济科学出版社，2017.8
ISBN 978 - 7 - 5141 - 8442 - 6

Ⅰ . ①公…　Ⅱ . ①董…　Ⅲ . ①公共管理 – 文化
工作 – 服务质量 – 质量评价 – 研究 – 中国　Ⅳ . ①G123

中国版本图书馆 CIP 数据核字（2017）第 229907 号

责任编辑：李　雪
责任校对：王苗苗
责任印制：邱　天

公众感知政府公共文化服务质量评价研究
——以国家档案馆公共服务为例
董德民　著
经济科学出版社出版、发行　新华书店经销
社址：北京市海淀区阜成路甲 28 号　邮编：100142
总编部电话：010 - 88191217　发行部电话：010 - 88191522
网址：www. esp. com. cn
电子邮件：esp@ esp. com. cn
天猫网店：经济科学出版社旗舰店
网址：http：//jjkxcbs. tmall. com
固安华明印业有限公司印装
710×1000　16 开　18. 25 印张　240000 字
2017 年 9 月第 1 版　2017 年 9 月第 1 次印刷
ISBN 978 - 7 - 5141 - 8442 - 6　定价：62. 00 元
（图书出现印装问题，本社负责调换。电话：010 - 88191510）
（版权所有　侵权必究　举报电话：010 - 88191586
电子邮箱：dbts@ esp. com. cn）

前　　言

随着我国社会经济的发展、公民生活水平的提高，人们已不再满足于单纯的物质生活水平的提高，而是转向于注重精神生活的提升。因此，完善与创新公共文化服务已成为我国目前文化体制改革和向服务型政府转型的重要内容。

国家档案馆作为科学文化事业机构，具有文化性、公共性和行政性三个特征，过去更多体现了其行政性，随着政府机构改革，拓展社会服务功能，国家档案馆将更多体现其公共性和文化性的特征。

然而，人民群众对公共文化服务，特别像国家档案馆这样具有一定行政性的文化机构的公共服务是否满意、评价与期望如何，需要设计一个基于公众感知的公共文化服务、国家档案馆公共服务质量评价模型，通过公众评价来了解公共文化服务、国家档案馆公共服务的服务质量和公众的服务期望。

基于公众感知的政府公共文化服务、国家档案馆公共服务质量评价是政府公共文化服务工作的一项重要内容，对于政府加强公共文化服务的供给能力、提高工作效率、改进服务方式，最终提升公众满意度，促进政府公共文化服务事业的良性发展具有重要意义。

本书通过对公共文化服务、国家档案馆公共服务、公众感知服务质量评价的研究综述和讨论，基于 2012~2017 年期间对公共文化服务、国家档案馆公共服务的现状及公众评价调研，依据不同服务产品和有意义的人口统计学变量，对公共文化服务、国家档案馆公共服务群体及其需求进行研究，结合前人测量顾客感知的服务质量模型，开发基于公众感知的政府公共文化服务和国家档案馆公共服务质量评价模型，再运用开发的模型对公众感知公共文化服务质量和国家档案馆公共服务质量实施评价，并进行不同服务群体的比较研究，最后根据评价结果讨论分析，提出改进提升公共文化服务质量和国家档案馆公共服务质量的对策。

本书共分7章。第1章为绪言，主要对基于公众感知的政府公共文化服务、国家档案馆公共服务质量评价的研究背景、研究思路和内容、研究方案和方法进行了阐述。第2章主要对公共文化服务的界定、公共文化服务的评价，国家档案馆的含义、分类与特性，档案馆公共服务的内涵和理论基础、档案馆公共服务的功能，档案馆公共服务存在的问题与能力建设，档案馆公共服务价值取向、新技术挑战与创新，以及档案馆评价的相关文献进行了综述。第3章主要对国内外基于公众感知的服务质量研究进行综述，讨论了PZB开发的感知质量测评模型SERVQUAL，以及克罗宁和泰勒（Cronin & Taylor）推出的SERVPERF方法，用户感知的信息资源共享平台和图书馆服务的服务质量评价模型。第4章基于文献研究和讨论，对政府公共文化服务按文化服务设施、文化服务产品、文化服务工程三个方面进行了分类，并对接受不同政府公共文化服务的需求进行了研究分析。通过网络调研与文本分析，对档案馆管理人员、档案学研究人员与用户访问调研和讨论，确定了用于国家档案馆公共服务群体分类的人口统计学变量为：单位、职业/职位、学历、职称、性别、年龄、婚姻状况；基于服务任务分类的变量为：服务主体、服务用途、服务方式和服务内容。第5章基于SERVQUAL和SE-RVPERF顾客感知服务质量理论分析模型，以及前人文献研究与调研访谈，依据科学性、系统性和有效性原则，结合公共文化服务、国家档案馆公共服务的特征，初步选择便利性、响应性、透明性、守法性、实效性和有用性、专业性和标准性、有形性、可靠性和正确性、服务能力、信任性和保证性、移情性等 11 个维度 41 个问项指标为基于公众感知的公共文化服务、国家档案馆公共服务质量评价原始模型。然后通过发放重要性调研问卷，进行描述性统计分析，修正得到基于公众感知的政府公共文化服务质量评价初始模型。再通过发放评价问卷，收集数据进行因子分析、信度分析，对初始模型进行了改进，得到了基于公众感知的政府公共文化服务质量评价模型，包括便利性、实效性、服务能力、专业守法性、可靠性、透明性、信任性 7 个维度 27 个问项指标。同样，通过对档案馆管理人员，经常接受档案馆服务人员的指标重要性问卷调研，描述性统计分析，得到基于公众感知的国家档案馆公共服务质量评价初始模型。再通过向某市区和所属各县档案馆用户二次发放调研评价问卷，收集数据进行描述性统计分析、因子分析和信度分析，得到了基于公众感知的国家档案馆公共服务质量评价修正模型，包括方便及时性、可靠准确性、服务能力、移情性 4 个维度 19 个问项指标。第 6 章对不同服务群体感知的公共文化服务质量进行了比较研究，总体上主要对不同年龄、不同学历的用户群体接受政府公共文化服务质量的感知进行了比较研究，发现不同年龄、不同学历用户对公共文化服务的质量感知部分具有显著差异。同样，对不同服务群体感知的国家档案馆公共服务质量进行了比较研究，首先进行了基于人口统计学变量分类的不同服务群体之间的比较研究，研究表明不同学历、不同年龄、已婚与未婚、不同访问次数、不同级别馆用户都在部分指标上有显著差异，而男女组对档案馆服务质量感知无显著差异。其次进行了基于服务任务的服务群体分类比较研究，研究表明单位用户与个人用户组、现场方式组与其他方式组、档案查阅组与其他内容组均在部分指标上存在显著差异。第 7 章基于公众感知政府公共文化服务质量的评价与调研，结合不同服务群体对服务质量感知的差异分析，提出了加大宣传、优化设计、提高人员素质、扩展设施资源、建立信息公开平台、健全服务标准、提供主动个性化服务等对策和建议。同时根据对调研评价数据的统计分析和文字反馈意见表，寻找公众感知国家档案馆公共服务质量较弱的方面，提出提升公众感知国家档案馆公共服务质量的对策建议，包括加强现代化设施的建设，提供多种手段服务，主动了解公众需求，提供个性化服务，合理选择档案馆地址，丰富馆藏，加强宣传，做好档案移交、收录等服务工作。

　　由于时间仓促、水平有限，本书研究尚未完全深入，许多地方存在不足，希望各位专家读者谅解，待笔者后续进一步研究完善。

董德民

2017 年 8 月

目
录
contents

>   >   >   >   >   >

1
———

绪　言

1.1　研究背景

随着我国社会经济的发展、公民生活水平的提高，人们已不再满足于单纯的物质生活水平的提高，而是转向于注重精神生活的提升。因此，完善与创新公共文化服务已成为我国目前文化体制改革的重要内容和文化建设的重要目标，也成为我国地方各级政府建设"服务型政府"的重要方向之一。基于公众感知的政府公共文化服务质量评价是政府公共文化服务工作的一项重要内容，对于政府加强公共文化服务的供给能力、提高工作效率、改进服务方式，最终提升公众满意度，促进政府公共文化服务事业的良性发展具有重要意义。

作为科学文化事业机构的国家档案馆，在传统体制下，主要为政府部门服务，但在政府机构改革、职能转变的潮流下，理应拓展社会服务功能，积极开展面向社会公众的国家档案馆公共服务。

2012 年 12 月 25 日，在北京召开的全国档案局长馆长会议上，杨冬权讲话中提到：要继续以"以人为本"为核心。在档案资源建设中更加重视涉及人的档案，特别是民生档案的价值，把它们列入机关归档范围和档案馆接收范围，延长其保管期限，让档案资源体系真正覆盖人民群众、覆盖城乡居民；在档案利用中更加重视人民群众的利用需求，更多为基层单位、弱势群体、偏远居民、特殊人群着想，进一步拓宽利用形式、简化利用手续，让档案利用体系真正方便人民群众、方便城乡居民、方便国内外利用者。

2014年5月4日，中共中央办公厅、国务院办公厅印发《关于加强和改进新形势下档案工作的意见》中指出：面对新形势新任务新要求，档案工作还存在一些不适应的地方，主要是一些地区和部门不够重视档案工作，档案事业发展的保障条件需要进一步改善，档案收集模式、管理手段、服务机制需要进一步创新，档案干部队伍素质需要进一步提高。

2015年12月28日，李明华在全国档案工作暨表彰先进会议上的讲话中指出：要深化档案开发利用工作，充分发挥档案独特服务作用。第一，要服务中心工作。要系统总结经验，深化档案开发利用工作，更好地为党和国家中心工作服务。第二，要服务历史研究。要加强资料收集和整理这一基础性工作，全面整理我国各地抗战档案、照片、资料、实物等；同时要面向全球征集影像资料、图书报刊、日记信件、实物等，为历史研究服务。第三，要服务民生。要重点收集和整理与人民群众切身利益密切相关的档案资料，确保人民群众可以依法利用档案资料和政府公开信息，推动档案公共服务均等化。第四，要服务文化建设。坚持做好档案编研工作，精心选题，创新形式，充分整合档案资源，打造出一批有助于弘扬正确历史观、建设社会主义核心价值体系，有助于丰富人民精神文化生活的档案文化精品。

2016年4月1日，国家档案局印发《全国档案事业发展"十三五"规划纲要》，其中指导思想之一是坚持以人为本、服务为先。把以人为本作为档案工作的核心，努力满足社会各方面对档案信息的利用需求，更好地为党和国家各项事业发展服务。发展目标之一是档案利用便捷化。档案利用服务模式创新和档案信息开放取得实质性进展；档案信息整合共享程度明显提升，档案利用服务更加便捷普惠，方便人民群众的档案利用体系更加完善。主要任务和实现指标之一是深化和拓展档案利用服务。

然而，人民群众对国家档案馆的服务是否满意，对服务质量有多高的期望，不同服务群体之间对服务质量需求有些什么差异，这些都需要我们从公众感知的视角出发对国家档案馆公共服务质量进行评价研究来了解。

为了了解国内对基于公众感知的国家档案馆公共服务质量研究现状，笔者对中国期刊网和维普数据库的相关文献进行了跟踪统计如下。

2012年2月24日，在中国期刊网和维普数据库中按题名用以下关键词检索结果如下（如表1-1所示）：公众感知+国家档案馆/档案馆，中国期刊网、维普数据库：0篇；国家档案馆+公共服务+质量/评价/评估，中国期刊网、维普数据库：0篇；国家档案馆+公共服务，中国期刊网：1篇，维普数据库：2篇；国家档案馆+服务质量/评价/评估，中国期刊网、维普数据库：0篇；档案馆+公共服务+质量/评价/评估，中国期刊网、维普数据库：0篇；档案馆+公共服务，中国期刊网：36篇，维普数据库：63篇；档案馆+服务质量，中国期刊网：4篇，维普数据库：7篇；档案馆+评价，中国期刊网：22篇，维普数据库：21篇；档案馆+评估，中国期刊网：28篇，维普数据库：29篇。

表1-1　　　　2012年2月24日相关关键词检索结果　　　　单位：篇

序号	检索词	中国期刊网	维普数据库
1	公众感知+国家档案馆/档案馆	0	0
2	国家档案馆+公共服务+质量/评价/评估	0	0
3	国家档案馆+公共服务	1	2

序号	检索词	中国期刊网	维普数据库
4	国家档案馆＋服务质量/评价/评估	0	0
5	档案馆＋公共服务＋质量/评价/评估	0	0
6	档案馆＋公共服务	36	63
7	档案馆＋服务质量	4	7
8	档案馆＋评价	22	21
9	档案馆＋评估	28	29

2017年1月31日在中国期刊网和维普数据库中按题名用以下关键词检索结果如下（如表1-2所示）：公众感知＋国家档案馆/档案馆，中国期刊网、维普数据库：2篇；国家档案馆＋公共服务＋质量/评价/评估，中国期刊网：3篇，维普数据库：2篇；国家档案馆＋公共服务，中国期刊网：8篇，维普数据库：7篇；国家档案馆＋服务质量/评价/评估，中国期刊网：6篇，维普数据库：4篇；档案馆＋公共服务＋质量/评价/评估，中国期刊网：6篇，维普数据库：4篇；档案馆＋公共服务，中国期刊网：160篇，维普数据库：132篇；档案馆＋服务质量，中国期刊网：29篇，维普数据库：27篇；档案馆＋评价，中国期刊网：75篇，维普数据库：62篇；档案馆＋评估，中国期刊网：77篇，维普数据库：55篇。

表1-2　　　　2017年1月31日相关关键词检索结果　　　　单位：篇

序号	检索词	中国期刊网	维普数据库
1	公众感知＋国家档案馆/档案馆	2	2
2	国家档案馆＋公共服务＋质量/评价/评估	3	2
3	国家档案馆＋公共服务	8	7
4	国家档案馆＋服务质量/评价/评估	6	4
5	档案馆＋公共服务＋质量/评价/评估	6	4

续表

序号	检索词	中国期刊网	维普数据库
6	档案馆 + 公共服务	160	132
7	档案馆 + 服务质量	29	27
8	档案馆 + 评价	75	62
9	档案馆 + 评估	77	55

　　2017 年 1 月 31 日在中国期刊网检索到从 2007 ~ 2016 年的 10 年间，题名中含：档案馆 + 评价、档案馆 + 评估的文献共 111 篇，2014 年达到峰值 22 篇，2015 年有所回落降至 9 篇，而 2016 年又有上升达到 14 篇（如表 1 - 3 所示）。

表 1 - 3　　　2007 ~ 2016 年档案馆评价（评估）文献增长情况　　单位：篇

档案馆	2016 年	2015 年	2014 年	2013 年	2012 年	2011 年	2010 年	2009 年	2008 年	2007 年
+ 评价	12	5	15	6	7	6	4	4	1	0
+ 评估	2	4	7	5	6	6	7	6	1	7
合计	14	9	22	11	13	12	11	10	2	7

　　从以上检索结果可知对公众感知国家档案馆或档案馆公共服务质量评价研究甚少，对档案馆普遍意义上的评价有一定量研究，对国家档案馆或档案馆的公共服务已有不少研究。也可知研究文献有增加趋势，对国家档案馆公共服务评价研究有了零的突破，而对档案馆公共服务、档案馆服务质量、档案馆评价和评估的研究文献有较大幅度的增加。

1.2　研究思路和内容

1.2.1　研究思路

　　首先通过文献研究的方法，对公共文化服务的界定及其评价，国家档案馆的含义、分类、特性，国家档案馆公共服务及档案馆评价等研究进行综述；其次对感知服务质量及其评价进行研究综述；再对公共文化服务群体、国家档案馆公共服务群体进行调查研究，然后依据有意义的人口统计学变量和不同服务产品，通过访谈和问卷调研的方法，对公共文化服务群体服务质量需求、国家档案馆公共服务群体服务质量需求进行研究；在了解服务质量需求的基础上，结合前人测量顾客感知的服务质量模型，开发基于公众感知的政府公共文化服务质量评价模型和基于公众感知的国家档案馆公共服务质量评价模型；再运用开发的模型对公众感知公共文化服务质量和国家档案馆公共服务质量实施评价，并进行不同服务群体的比较研究；最后根据评价结果讨论分析，提出改进提升公众感知公共文化服务质量和国家档案馆公共服务质量的对策。

1.2.2　研究主要内容

（1）公共文化服务及其评价研究

通过文献研究、文本分析、调查研究等方法对公共文化服务、国家档案馆公共服务进行研究，明确公共文化服务界定、分类、特性，掌握公共文化服务的评价标准、方法等；理解国家档案馆公共服务的内涵、分类与特性，掌握国家档案馆公共服务的功能、能力建设、存在问题与创新，掌握档案馆评价的标准、方法现状。

（2）感知服务质量及其评价研究

通过对国内外感知服务质量及其评价的文献研究，理解感知服务质量的概念界定，明确感知服务质量的维度，掌握感知服务质量的典型模型及量表，掌握感知服务质量的基本评价方法，同时了解感知服务质量评价在政府公共文化服务等领域的应用和研究现状。

（3）公共文化服务群体及其服务质量需求研究

本研究将基于人口统计学变量和服务产品两类标准来界定政府公共文化服务群体，同时以国家档案馆为例进行国家档案馆公共服务群体的界定。不同的人口统计学变量值和不同的服务产品形成了不同的服务群体，不同的服务群体具有不同的服务需求和服务质量期望。基于人口统计学变量的分类较为简单，基于服务产品的分类将采用文献研究与专家访谈的方法，先确定政府公共文化服务产品的类别，然后依据产品类别界定公共文化服务的不同服务群体，再运用访谈和问卷调研的方法，掌握各个服务群体的服务需求和服务质量期望，以国家档案馆公共服务群体为例，确定不同服务群体的服务需求和服务质量期望。

(4) 基于公众感知的政府公共文化服务质量评价模型研究

基于 PZB 开发的感知质量测评模型 SERVQUAL，以及国内外学者针对政府公共服务开发的公众或用户感知的服务质量模型，结合政府公共文化服务的具体特征，开发基于公众感知的政府公共文化服务质量评价模型。同时，结合国家档案馆公共服务的具体特征，开发基于公众感知的国家档案馆公共服务质量评价模型。在对各个服务群体服务质量需求掌握的基础上，分析政府公共文化服务质量的测评维度，并结合前人的文献构造各维度的问项，形成初步量表，通过测试、信度和效度分析、验证，最终形成正式量表。同样方法，形成公众感知国家档案馆公共服务质量评价模型。

(5) 不同服务群体感知的公共文化服务质量比较研究

运用前述设计的基于公众感知的政府公共文化服务质量评价模型对政府公共文化服务质量实施评价，并对不同服务群体进行比较研究，同样运用前述设计的基于公众感知的国家档案馆公共服务质量评价模型对国家档案馆公共服务质量实施评价，并对不同服务群体进行比较研究。按有意义的人口统计学变量和服务产品划分不同服务群体，运用 t 检验、方差分析等方法进行不同服务群体感知的服务质量比较研究。

(6) 提升公众感知公共文化服务质量的对策研究

根据前述得出的评价结论，分析政府公共文化服务质量存在的问题，并结合政府公共文化服务的具体情况，提出提升公众感知政府公共文化服务质量的对策建议；同样根据前述得出的评价结论，分析国家档案馆公共服务质量存在的问题，并结合国家档案馆的具体情况，提出提升公众感知国家档案馆公共服务质量的对策建议。

1.3　研究方案和方法

1.3.1　研究方案

（1）进行文献研究，对政府公共文化服务和国家档案馆公共服务，基于公众感知的服务质量概念进行界定，掌握与梳理政府公共文化服务评价理论和国家档案馆公共服务评价理论，以及基于公众感知服务质量评价理论。

（2）了解政府公共文化服务和国家档案馆公共服务状况，了解其用户情况，根据其人口统计学变量和服务产品初步进行分类，再通过本书分析政府公共文化服务和国家档案馆公共服务任务，并进行专家访谈调研，考虑潜在的广大公众用户，反复论证，依据有意义的人口统计学变量和服务产品界定政府公共文化服务和国家档案馆公共服务群体。然后运用开放式访谈和问卷调研的方法，了解各个服务群体的服务需求。

（3）进行文献研究了解基于感知的公共服务质量评价模型维度，然后在前述各个服务群体服务需求的基础上，通过类目编码、频次分析和信度检验确定政府公共文化服务和国家档案馆公共服务评价模型的测量维度。然后依据前人文献和访谈列出各个维度的问项，并进行一次小规模的测试和信度分析，调整问项，确定量表。再进行一次预调查，数据用于信度与效度分析，通过后进行正式调查，收集数据再进一步进行信度和效度分析，最终确定评价模型。

（4）根据前述选定的人口统计学变量值和不同的服务产品值拆分不同服务群体的数据，然后根据不同分类情况选用不同的检验和方差分析的方法进行比较研究，分析讨论检验结果，掌握不同服务群体对政府公共文化服务和国家档案馆公共服务的感知质量。

（5）基于上述研究，并结合文献和调查研究，提出提升公众感知政府公共文化服务和国家档案馆公共服务质量的对策。

重点：一是基于公众感知的公共文化服务、国家档案馆公共服务质量维度设计及量表的开发与检验，关系到服务质量测量的准确性。二是不同服务群体感知的公共文化服务和国家档案馆公共服务质量的比较研究，有利于掌握不同服务群体对国家档案馆公共服务质量的期望，并实施差别化对策。

难点与突破点分析：

（1）公众缺乏对公共文化服务、国家档案馆公共服务相关信息与知识的了解，是一个可能遇到的难点，会导致评价结果可信度低、误差较大。突破点是要合理界定和选择评价公众，应是了解公共文化服务、国家档案馆公共服务相关信息与知识的公众。

（2）评价模型维度量表的信度和效度欠缺也是一个可能遇到的难点，将会导致评价结果失去价值。突破点是构建模型量表时，要运用科学的方法对维度量表的信度和效度进行反复检验和调整，直到达到一定的要求。

（3）评价时量表数据的获取，特别是进行大规模调研时，如何保证量表问卷的回收率和有效率也是一个难点，突破点是选择合适的方法发放回收量表问卷，并进行辅导答卷。

1.3.2　研究方法

（1）文献研究法：通过收集有关公共文化服务、国家档案馆公共服务、公众感知服务质量评价等相关文献，并进行鉴别和整理，形成公共文化服务、国家档案馆公共服务的相关概念和分类，明确公众感知服务质量评价的相关标准和方法。

（2）网络调查法：也叫网上调查法，通过互联网了解和掌握公共文化服务、国家档案馆公共服务的各种服务方式，了解它们的各种服务群体及各种服务群体的特征与需求，并进行分类界定。

（3）问卷调研法：通过向调查者发出简明扼要的征询单（表），请示填写对有关问题的意见和建议来间接获得材料和信息的一种方法。本书用问卷形式收集公共文化服务和国家档案馆公共服务的服务质量数据，以便进行服务质量的评价。

（4）统计分析法：就是运用数学方式，建立数学模型，对通过调查获取的各种数据及资料进行数理统计和分析，形成定量的结论。本书主要通过描述性统计、因子分析、t检验等方法对公共文化服务、国家档案馆公共服务的服务质量数据进行统计分析。

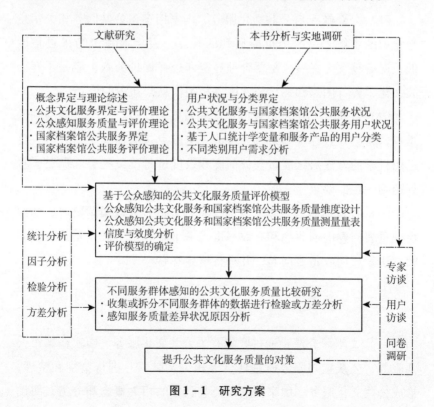

图 1-1　研究方案

公共文化服务及其评价研究

2.1　公共文化服务的界定

　　学者主要从提供公共文化产品和服务的视角进行了界定。认为公共文化服务就是由公共部门或准公共部门共同生产或提供，以满足社会成员的基本文化需求为目的，着眼于提高全体公众的文化素质和文化生活水平的公共产品（陈威，2006）[1]；是基于社会效益，不以营利为目的，为社会提供非竞争性，非排他性的公共文化产品的资源配置活动（周晓丽、毛寿龙，2008）[2]；主要着眼于社会效益，以非营利性为目的，为全社会提供非竞争性、非排他性的公共文化产品和服务（蒋建梅，2008）[3]。公共文化服务就是提供文化产品与文化服务的公共服务（张波、宋林霖，2008）[4]。公共文化服务，是政府和非营利组织提供的、为满足社会成员基本文化需求、提高公众文化素质和生活质量，以及社会发展需要的文化环境和文化条件的公共产品和服务的总称（闫平，2008）[5]。公共文化服务是指由公共部门或准公共部门共同生产或提供的公共产品和服务的行为（牛华、安俊美，2009）[6]。公共文化服务是满足社会的公共文化需求，向公众提供公共文化产品与服务行为及其相关制

度与系统的总称（曹爱军、杨平，2011）[7]。公共文化服务指的是
为满足社会的公共文化需求，向公众提供公共文化产品和服务行
为及其相关制度与系统的总称（曹海琴等，2012）[8]。公共文化
服务由四个部分构成：政府、企业、公共产品与服务、公众；政
府是公共基础设施和文化服务点的建设者，是公共文化服务的监
管者，起到主导的作用，与社会、企业共同生产和推广公共产品
与服务，向公众提供公共文化设施、产品与服务（王学琴、陈
雅，2015）[9]。

　　也有学者从满足公民文化权益或权利的视角进行了界定。认为
公共文化服务是满足"公民基本文化权利"及伴随而来的"公共
文化需求"而提供的"公共文化产品与服务"（蒋晓丽、石磊，
2006）[10]。以保障大众基本文化需求，满足大众的多层次、多样
化、整体性的公共利益为目的的文化机构和服务的总称（王霞，
2007）[11]。公共文化服务，就是指以满足社会成员的基本文化需求
为目的，着眼提高全体公众的文化素质和文化生活水平，营造社会
文化环境，提供公众享有文化享受机会的文化环境与条件的公共产
品和服务行为的总称（蒋永福，2007）[12]。公共文化服务是由政府
主导、社会组织参与，为满足人民基本的文化需求和文化权益，从
社会公益性出发，向人民提供公共文化产品和服务的一种政府公共
服务职能；公共文化服务是基本公共服务的有机组成部分，是政府
基本公共服务职能在文化领域的明确体现（王磊，2014）[13]。公共
文化服务应是一种公民权利（陶东风，2015）[14]。公共文化服务首
要的功能是保障公民基本文化权益及满足公民基本文化需求，这也
是公共文化服务最基本的功能（占绍文、居玲燕，2017）[15]。

　　综上所述，公共文化服务是政府和非营利组织提供的或是由公
共部门和准公共部门共同提供的，具有非竞争性、非排他性的文化
产品和服务，目的是满足公众对公共文化的需求或权益。

2.2 公共文化服务的政策指引

2006 年,《国家"十一五"时期文化发展规划纲要》首次明确提出"公共文化服务"这一概念,从现阶段经济社会发展水平出发,以实现和保障公民基本文化权益、满足广大人民群众基本文化需求为目标,坚持公共服务普遍均等原则,兼顾城乡之间、地区之间的协调发展,统筹规划,合理安排,形成实用、便捷、高效的公共文化服务网络。

中共十七大报告(2007)提出:坚持把发展公益性文化事业作为保障人民基本文化权益的主要途径,加大投入力度,加强社区和乡村文化设施建设。

国家"十二五"时期文化改革发展规划纲要(2012)提出:构建公共文化服务体系。按照公益性、基本性、均等性、便利性的要求,以公共财政为支撑,以公益性文化单位为骨干,以全体人民为服务对象,以保障人民群众看电视、听广播、读书看报、进行公共文化鉴赏、参与公共文化活动等基本文化权益为主要内容,完善覆盖城乡、结构合理、功能健全、实用高效的公共文化服务体系。

文化部"十二五"时期公共文化服务体系建设实施纲要(2013)提出:公共文化服务体系是以公共财政为支撑,以公益性文化单位为骨干,以全体人民为服务对象,向社会提供的公共文化设施、产品、服务及制度体系的总称,其建设基本思想是"政府主导、坚持公益""保障基本、促进公平""统筹城乡、突出基层""创新机制、强化服务"。

国家"十三五"规划纲要(2016)提出构建现代公共文化服务体系,推进基本公共文化服务标准化、均等化,完善公共文化设施网络,加强基层文化服务能力建设,加大对老少边穷地区文化建设帮扶力度，加快公共数字文化建设，加强文化产品、惠民服务与群众文化需求对接，鼓励社会力量参与公共文化服务，继续推进公共文化设施免费开放，繁荣发展文学艺术、新闻出版、广播影视和体育事业，加强老年人、未成年人、农民工、残疾人等群体的文化权益保障。

综上所述，政府主要从政策与管理视角强调了应该如何统筹安排相关公共文化服务工作，构建公共服务体系，以及在现有条件下能够解决哪些问题，基础设施建设、管理体系、财政要求、效果评估都是其重要内涵，标准化、均等化成为主要建设目标，全体民众是其服务的对象。

2.3 公共文化服务的评价

在公共文化服务评价方面，2001 年英国文化传媒体育部制订并实施《全面高效的现代化公共图书馆——标准与评估》，该标准包括八大项目：图书馆管理机构应确保读者能方便到达；提供充足的开放时间；确保读者能够使用电子资源；提供满意的图书借阅与后续服务；鼓励人们充分利用图书馆的服务；确保读者对服务的满意度；提供多样性的图书数据；提供相当水平的员工服务。日本在美术馆业务的评估方面设定了指标，主要涉及：投入指标（如设备费用、人事费用及补助费等）；产出指标（如办展次数、入馆人数等）；成效指标（如入馆满意度、未利用者满意度等）；影响指标。国内学者认为公共文化服务绩效评价指标包括公共图书馆年内人均流通次数、博物馆年内人均参观次数、免费的电台、电视台平均日播出时间、文化知识普及率、平均受教育程度等（蒋建梅，2008）[3]。并对文化信息资源共享工程绩效从以下五个方面进行了评价：发展规模；运行机制；公众满意度；创新能力；发展潜力

（郝春柳，2010）[16]。对农村公共文化服务体系的绩效从三个方面进行评估：一是公共文化服务的供给状况，包括基础设施和场所、农村公共文化活动及农村公共文化信息发布情况；二是公共文化服务的质量评估，包括基础设施和场所的使用率、农村公共文化活动的参与度，以及农民对公共文化信息发布部门和管理部门服务的满意度；三是农村公共文化服务的人才、资金、组织管理、社会参与等保障性指标（李少惠、余君萍，2010）[17]。认为可以用公共文化服务指数进行评价，指标有经济发展，包括对 GDP 的贡献和劳动生产率的提高；社会公正，包括公众的易得性（公共文化设施的覆盖率、千人开放时间、千人访问次数、电子资源的数量及使用率等）、公众参与性（借阅率、公共体育使用的比率等）、政府成本（文图博每人次的平均访问成本、文广新每人次政府承担成本等）、公众满意（公民对文化馆、博物馆、图书馆、体育设施、美术馆、公园等使用的满意度）、社会效益（公民对政府的认同度、政策参与度、文化的提升度等）（焦德武，2011）[18]。公共文化的"非排他性"和"非竞争性"决定了公共文化服务评估不能将效率作为主要目标，而应该将社会公正、和谐、进步等价值因素结合起来（傅利平、何勇军、李军辉，2013）[19]。

以公共文化服务体系的功能为基本评价维度，即从满足基本文化需求、促进文化产业发展、引领社会生活风尚、培育共有精神家园四个方面设计了由 3 个层次、共 16 个指标组成的公共文化服务效能评价指标体系框架（胡守勇，2014）[20]。公共文化服务体系评价指标划分为三个方面：一是文化对经济、社会发展的作用所体现出来的总体指标；二是公共文化服务的有效供给指标；三是公共文化服务的保障指标（张玉兰、张路瑶、姜振娜，2014）[21]。从公共文化服务均等化水平角度出发，以公共文化服务均等化指数为核心，构建了 4 个一级指标，即公共文化服务的外部环境指标、公共文化服务的效率指标、公共文化服务的资金投入指标、公共文化服务的基础设施指标，15 个二级指标，32 个三级指标（单薇，2015）[22]。公共文化服务评价指标体系构建应该以功能为导向，其评价维度可包括公共文化服务均等化、群众参与公共文化服务程度、群众文化创新能力、传统文化产业化发展（占绍文、居玲燕，2017）[15]。应结合公共文化服务标准化制度体系建设，建立健全标准化均等化建设效果的指标体系，对项目实施情况开展定期考核。其中，应将社会公众对公共文化服务的满意度作为绩效考核的重要因素纳入其中，以不断改善公共文化服务供给水平及质量（金慧、余启军，2017）[23]。

综上所述，对于公共文化服务的评价有许多不同的视角，有从图书馆、美术馆、博物馆等有形文化设施的视角，有从电台、电视台、文化信息共享资源工程等无形文化产品的视角，也有从农村公共文化服务，以及服务功能、标准化、均等化这样特殊的视角进行评价，不同的视角评价指标也有所不同，总体上包括投入成本指标、产出效益指标、服务质量和满意度指标等，而基于公众感知的公共文化服务质量评价指标少见。

2.4 国家档案馆的含义、分类与特性

2.4.1 国家档案馆的含义

"国家档案馆"这个概念最早出现于法国，在法国大革命期间，封建的档案工作体制受到冲击，1790 年法国诞生了世界上第一个近现代意义的国家档案馆。根据 1794 年法国政府颁布的档案法令，法国国家档案馆作为中央一级的档案馆，负责接收和保管法国中央各机关的文件，实现了政府档案的集中化管理。当时对"国家档案

馆"的含义有多种解释:一是指国家政府的中央级档案馆,或者说是由中央政府管理并集中保管中央级政府档案的档案馆。二是泛指归国家各级政府管理的各类档案馆,又分为中央国家档案馆和地方国家档案馆。这个范围比前者有所扩大,国家档案馆不仅存在于中央级,还存在于地方政府级。三是作为许多国家中央级(或联邦级)档案馆的名称。具有多种解释的原因在于各国不同的管理体制。

国家档案馆在各国都是非常重要的档案保管机构,但由于各国历史情况不同,因此在称呼上也各不相同。比如加拿大、英国称"公共档案馆",丹麦、挪威、瑞典称"皇家档案馆",墨西哥、西班牙、荷兰称"国家总档案馆",澳大利亚称"联邦档案馆",日本称"国立公文书馆",意大利既有"中央档案馆",也有"罗马国家档案馆"的称呼(陈琼,2000)[24]。

在我国,1954年11月8日,经全国人民代表大会常务委员会批准成立国家档案局。1956年4月16日,国务院发布《关于加强国家档案工作的决定》,要求国家档案局根据国家集中统一与分级负责管理档案的原则,对全国档案馆建设进行规划。

"国家档案馆"这一名词,大约最早见于1987年颁布的《档案法》,但没有特定的含义,1990年颁布的《档案法实施办法》中有如下表述:"各级各类档案馆保管的档案,应当按照《档案法》的规定,分期分批向社会开放。"从这一条文看,"国家档案馆"和"各级各类档案馆"还没有明显的区分(杜长安、李梦军,2009)[25]。

1992年1月27日,经国务院批准,国家档案局发布《全国档案设置原则和布局方案》。设置各级国家档案馆、部门档案馆和企业、事业档案馆。各级国家档案馆,是归口中央或地方各级档案行政管理部门(或与有关部门)直接管理的文化事业或科学技术事业机构。包括综合档案馆和专门档案馆。

（1）综合档案馆

综合档案馆是按行政区划或历史时期设置的，收集和管理所辖范围内多种门类档案的档案馆。

一是在中央设置的3个综合性档案馆，包括中央档案馆、中国第一历史档案馆、中国第二历史档案馆。中央档案馆收集管理中华人民共和国成立前中国共产党中央机关、群众团体中央机构、派出机构及边区政府形成的档案，中华人民共和国成立后中国共产党中央机关及其所属机构、全国人民代表大会及其常务委员会、国务院及其各部委（包括具有行政职能的公司）和各直属机构、最高人民法院、最高人民检察院、政协全国委员会、全国总工会、全国妇联、共青团中央等全国性人民团体及其所属机构形成的档案和民主党派中央机构移交的档案。中国第一历史档案馆收集管理明、清两朝及以前各朝代中央机构形成的档案。中国第二历史档案馆收集管理民国时期（辛亥革命成立的中华民国临时政府、北洋政府、国民党及其政府、汪伪政权）中央机构形成的档案。

二是在地方按行政区划分级设立的综合档案馆。省（自治区、直辖市）、计划单列市、市（地、州、盟）、县（旗、市、区）档案馆，收集管理本级中国共产党的机关及其所属机构、人民代表大会及其常设机构、人民政府、人民法院、人民检察院、政协、工会、共青团、妇联等及其所属机构形成的档案和本级分管范围内各历史时期的有关档案。省辖市的市属区是否设置永久性档案馆由地方档案行政管理部门统筹规划，报同级人民政府批准。

（2）专门档案馆

专门档案馆指收集和管理某一专门领域或某种特殊载体形态档案的档案馆。在中央设置四个专门档案馆。

一是中国照片档案馆（当时已建立），收集管理全国范围内具有重要历史价值和艺术价值的照片档案原件或复制件。

二是中国科学技术档案馆（当时待建立）。收集管理国家级科

学技术成果、全国重点工程项目、重点引进项目的档案或档案复
制件。

三是中国文学艺术档案馆（当时待建立）。收集管理中央直属
艺术团体、全国著名文学家、艺术家及中央各部门所属出版单位形
成的有关文学艺术档案或档案复制件。

四是中国声像档案馆（当时待建立），收集管理中央、国家机
关所属音、像出版，影视制作单位形成的音像档案及各电影制片厂
汇交的影片、录音、录像档案或档案复制件。

省（自治区、直辖市）以及计划单列市、特大城市设置哪些专
门档案馆，按照重点加强各级国家综合档案馆的原则，由同级档案
行政管理部门负责统筹规划，报同级人民政府批准，并报国家档案
局备案。大、中城市设置城市建设档案馆，收集管理有关城市规
划、建设的档案及城市建设管理方面的具有永久保存价值的档案或
档案复制件及有关资料（国家档案局，1992）[26]。

2.4.2 国家档案馆的分类

从不同角度划分，国家档案馆可有多种类型：

（1）根据国家档案馆的级次、种类划分

1）单一级次、单一种类的国家档案馆

联邦制国家的国家档案馆基本上属此类型。联邦制国家的国家
政权只体现在中央一级，因此也只有中央或联邦级这一单一级次的
国家档案馆，而且这一级次的国家档案馆往往只有一种形式，即综
合性国家档案馆，负责保管政府各类永久性档案。属于这类的国家
有英国、加拿大、瑞士、美国等。当然有的国家档案馆具有多个
分馆。

2）单一级次、多种类的国家档案馆

有些联邦制国家的国家档案馆虽只有中央一级，但其种类却不

限于综合性档案馆。它包含保管不同种类文件的若干个分馆。如德国的联邦档案馆，虽是综合性档案馆，但它所属的10个分馆，则是分门别类保管联邦政府各种档案的机构。属于专门性分馆，如有专门保管军事档案的弗赖堡因布赖斯高分馆，有专门保管影片档案的柏林分馆等。

3）多级次、多种类的国家档案馆

中央集权制国家多属此类。实行中央集权制的国家，其国家结构形式决定了该国国家政权呈多级次。因此，国家档案馆也几乎层层都有，形成了等级式的国家档案馆系统。同时每一级次上档案馆的种类也很繁多，如俄罗斯在全国范围内设有五级国家档案馆：第一级，俄中央级国家档案馆（共66个）；第二级，共和国级国家档案馆（共32个）；第三级，边区级国家档案馆（共12个）；第四级，州级国家档案馆（共134个）；第五级，市区级国家档案馆（共2060个）。就中央一级来说，国家档案馆就有十几种，如国家经济档案馆、国家军事档案馆、古代文献馆、历史档案馆、军事历史馆、海军档案馆、文化艺术馆、科学技术文献馆等。意大利、波兰、中国也属这一类型。

4）多级次、单一种类的国家档案馆

有些国家的国家档案馆呈多级次，但每一级次的档案馆却几乎只有单一的类型——综合性档案馆。如法国国家档案馆有中央、省、市镇三级，每一级次却只有一个综合性档案馆。荷兰、芬兰、丹麦属这一类型。

（2）按国家档案馆的职能划分

1）单一型的国家档案馆

所谓单一型的国家档案馆，是指国家档案馆只负责集中统一管理各级政府的所有档案。也就是说，国家档案馆仅作为档案的收藏机构。当今大多数的国家档案馆基本上都属此类。如英国、美国、法国、加拿大、意大利等。

2）兼职型国家档案馆

所谓兼职型国家档案馆，是指国家档案馆既负责管理国家各级政府的档案，同时又行使档案事业管理机关的权力，即负责对档案业务工作进行指导与监督。也就是说，它履行的是双重职能，一般不再单独设档案局。如瑞典、丹麦、挪威、芬兰、冰岛等国（陈琼，2000）[24]。

中国各级国家综合档案馆，一般都采用的是局馆一体化的办公模式。还有些国家综合档案馆是与其他机构一起合署办公的，如与地方志撰写办公室合署办公、与党史研究室合署办公等。

也有学者提出我国的"国家档案馆"概念有必要进行修正，即中华人民共和国国家档案馆由中央管理，收集和保管党中央、中央政府及其他中央机构的档案和具有全国意义的历史档案，它是我国最高级别的档案馆，也是我国最高级别的历史档案信息中心和重要的历史文化研究与教育基地（王天泉，2014）[27]，也即属于单一级次、多种类型的国家档案馆，但本书所述我国国家档案馆属于多级次、多种类的国家档案馆。

2.4.3 国家档案馆的特性

"国家档案馆"应该具有三个特征，或者说具备以下三个条件：一是文化性。我国《档案法》规定，档案馆是："集中管理档案的文化事业单位。"这是对档案馆文化性的法律表述，是档案馆的共性。二是公共性。其一因为这些档案馆的馆藏档案主要是由政府在履行职责、管理和处置公共事务的活动中形成的，属公共财产；其二因为这些档案馆财产及活动经费来源于公众的税款；其三是因为这些档案馆无差别地向社会公众提供利用。三是行政性。其一因为国家机关所形成的档案是社会的公共财产，档案馆管理公共财产的行为属于国家的行政行为；其二是因为国家档案馆收集、管理和开放档案的权力来源于国家法律法规的相关规定，行使的是国家行政职权；其三是因为国家档案馆除了履行管理及提供利用档案的职能之外，依据《档案法》及《档案法实施办法》第 22 条中关于"经档案馆同意"的表述，实际赋予了各级国家档案馆部分行政许可权（杜长安、李梦军，2009）[25]。

国家档案馆的性质：一是国家档案馆具有为政府机关服务的性质，甚至认为档案是行政管理的延伸，国家档案馆是行政管理的工具；二是国家档案馆的科学文化性质，认为国家档案馆纯粹是为科学研究者和公众服务的科学文化机关；三是国家档案馆具有双重性，强调国家档案馆既为政府服务，又为科研和公众服务（陈琼，2000）[24]。

国家综合档案馆与其他档案馆相比，它的性质可以归纳为以下几个方面：一是具有政治性。我国各级国家综合档案馆是行政管理部门，是直接管理文化事业或科学事业技术的事业机构，在政府组织序列之内。所有档案工作都围绕国家的政治、经济、文化、社会发展等主线进行，无论档案是封闭或开放，它所管理和保存的档案都与政治有关、以为政治服务为目标。二是具有涉密性。国家综合档案馆所管理和保管的档案是党和政府机关及其所属机构产生的，这些档案当中，不可避免地要保存和涉及一些秘密档案。三是具有敏感性。国家综合档案馆所管理和保管的档案是党和政府机关及其所属机构产生的，这就决定了它管理和保管的档案有很多都具有政治敏感性。四是具有底线性。档案以公开为原则，不公开为例外是档案馆的普遍做法。国家综合档案馆是党和政府所有信息的最后保管阵地，掌握了国家综合档案馆的档案信息，就等于掌握了全部政治、经济、文化、社会发展的情况。即使是档案开放程序最高的国家，也有它不能开放的档案。那些不开放的档案就是全部信息的最后底线。五是具有主体性。地方各级国家档案馆是本级地区的政府行政管理部门，都拥有对本级地区内档案事业的管理权、监督权、规划权，对本级档案事业的发展起到巨大的领导作用，处于本地区档案体系主体地位，不可动摇（常蕊，2015）[28]。虽然我国各级国家综合档案馆在学界理念与有关法理层面被定性为公共档案馆，但是在现实中其公共属性表现得不够突出，为社会公众服务的能力仍然不足（李宗富，2016）[29]。

综上可知，国家档案馆具有政治行政性、科学文化性，也具有公共服务性，但过去主要是为政府服务，公共性不足，而现在更多地要考虑如何为公众服务。

2.5 档案馆公共服务研究综述

公共服务，是 21 世纪公共行政和政府改革的核心理念，登哈特认为："公共服务就是公共官员要帮助公民表达并满足他们共同的利益需要，而不是试图控制或'掌舵'使社会朝着新的方向发展，并为公共利益承担起相应的责任[30]。"李军鹏（2006）指出公共服务是指政府为满足社会公共需要而提供的产品与服务的总称，它是由以政府机关为主的公共部门产生、供全社会所有公民共同消费、平等享受的社会产品[31]。陈振明（2011）认为公共服务是指政府及其公共部门运用公共权力，通过多种机制和方式的灵活运用，提供各种物质形态或非物质形态的公共物品，以不断回应社会公共需求偏好，维护公共利益的实践活动的总称[32]。公共服务包括加强城乡公共设施建设，发展教育、科技、文化、卫生、体育等公共事业，为社会公众参与社会经济、政治、文化活动等提供保障。

2.5.1 档案馆公共服务的理论基础和内涵

在我国，档案馆是公共文化事业单位，从性质上来说，其权力来源于人民，受人民监督，为人民服务，从这个意义上讲，档案馆必须以公民为主体，增强公共服务能力，并采取相应的措施保证公民档案信息利用需求的实现。王卓君（2009）指出档案馆公共服务有着一定的理论基础，包括：第一，新公共服务理论。是一种全新的公共行政理论，它将公民置于整个政府治理体系的中心，政府要对公民的需求做出及时的回应。第二，和谐社会。档案馆公共服务增加和谐因素，减少不和谐因素。档案馆所保存的各类档案，是对当时发生的历史事件的真实、原始的记录，通过向公民、社会群体、组织提供档案查阅、开具证明性文件，从而解决长期以来的纷争，增加社会的和谐因素。第三，维护公民利益。社会转型期，涉及个人、组织的利益调整，档案作为事件的原始记录，对于维护个人、组织的利益，保护其合法权益，起着无可替代的作用。第四，文化休闲。随着信息化水平和人民物质生活水平的不断提高，公众对于公共服务需求从物质需求向精神需求发展的趋势明显，档案馆公共服务除了在实现公民查阅档案等需求以外，也要满足公民追求自身精神和谐的要求，档案馆应积极拓展公共服务的手段和方式，努力将其打造成市民文化休闲的好去处。第五，法律法规。档案馆公共服务的开展既是《中华人民共和国宪法》《中华人民共和国档案法》及相关法规的要求，同时也离不开这些法律法规的支持[33]。吴大海（2011）指出档案馆公共服务建设的理论基础：第一，档案工作的性质，就其本质来说，档案工作是管理档案和开发档案信息资源为各项社会活动服务的工作。第二，档案记忆观的兴起，强调档案是一种社会、历史、集体的记忆，档案馆是"记忆宫殿"，档案馆理应为公民提供根源感、身份感、地方感和集体记忆。第三，新公共理论的推进，一批公共行政学者提出和建立了一种更加关注民主价值和公共利益、更加适合现代公民社会发展和公共理论实践需要的新的理论——新公共服务理论[34]。

　　"档案公共服务"是指具有公共性质的档案馆受政府委托，为了实现档案领域的"公共利益"而向社会公众提供的"公共产品"[35]。赵珍珍（2012）指出档案馆公共服务体现着一种理念与服务能力的相结合，其内涵有以下几点：第一，公共性。对于档案馆来说，其所保存的各种档案信息资源是一种公有财产，档案馆只是一个保存机构，所有权在于全体公民，因此对于这部分公有财产，必须予以相应的开放，公众都可以顺利地享受档案馆所提供的各种服务。第二，开放性。对于档案信息资源的开放，我国有《档案法》及相关法规的规定，但是如何采取措施将开放落到实处，则是体现档案馆公共服务的应有之意。第三，无偿性。档案馆是由国家财政支持的公共文化事业单位，国家财政收入主要来源于税收，所以从根本上说档案馆各项活动以及档案工作人员的工资收入等都是来源于公民的税收，因此对于公民的档案信息需求应该无偿提供[36]。丁亚婧（2014）指出档案馆公共服务是档案馆为满足公众需求所提供的各种形式的文化产品，包括档案工作者脑力和体力劳动的结晶。档案馆公共服务的内涵包括为主体、客体和形式手段三大内容。档案馆是档案馆开展公共服务的主体，公民用户是档案馆公共服务的客体，而目前档案馆开展的各项公共服务活动具体形式包括查阅接待、档案编研、举办展览、网络服务、文化讲座、社会教育等[37]。

罗军（2015）指出档案馆公共服务是档案馆以满足公民需求、最大限度地保障公民权利为根本目的，主动地、公平地向社会公众提供档案信息服务的活动和过程。其含义重点包括三个方面：第一，档案馆公共服务的供给主体是档案馆工作者；第二，档案馆公共服务过程具有主动性、公平性；第三，档案馆公共服务的目的是满足公民的利益需求[38]。姜梅（2016）指出档案馆公共服务的对象可分为以下三类群体：学术利用型、实际利用型和普遍利用型；在传统环境下，档案馆提供的公共服务内容主要是最基本的查档利用，但在公民维护自身权利意识日益觉醒的今天，以"服务民生"

为内容的多样性的公共服务亟须加强[39]。

综上所述，档案馆公共服务的理论基础主要由新公共服务理论和档案馆工作的性质决定，档案馆工作的性质要求档案馆开放为公众服务、维护公民利益、促进社会和谐、满足文化休闲、提供社会记忆，这就使得档案馆公共服务有了一定的理论基础，其内涵包括公共公平、主动开放、无偿服务等。

2.5.2 档案馆公共服务的功能

于霞（2006）认为档案馆的公共服务已经成为网络信息环境和政府依法行政的平台，要从新的视角思考公共服务功能。首先，要更新观念，提高对档案馆公共服务功能的定位：重新定位服务方向，应是以党政机关为主转向面对全体社会组织的主要导向；重新定位服务内容，不再是单一的档案信息提供，还包括政府公开信息提供；重新定位服务目的，应是实现和维护公民、法人和其他组织的根本利益。其次，要走创新之路，充实和延伸档案馆公共服务功能的内涵：突出资政决策功能，为科学决策提供依据；强化宣传教育功能，举办展览拍摄专题片；提高咨询利用功能，主动全方位服务公众；完善文化交流功能，注重文化产品开发，加强与社科的文化学术交流。再次，坚持科学发展，谋求档案馆公共服务功能的多样化，加强对有地方文化特色的档案资料的收集与利用；努力成为经济信息中心、科技咨询中心和文化旅游场所。最后，要充分利用现代科技手段，提升档案馆公共服务功能[40]。张俊桓（2010）认为档案馆功能应被重新定位为：档案安全保管基地、爱国主义教育基地、档案利用中心、政府信息查阅中心和电子文件中心（"五位一体"）；需着力推进基础设施和基础业务建设，瞄准档案资源、做好征集接收工作，积极开展鉴定开放，运用现代技术，推进档案信息化工作，确保档案安全；需努力提升档案服务工作再上新水平，改进工作方式，提高服务效率；利用档案网站，扩大服务范围；发挥基地作用，增强服务活力；扩大编辑出版，多做服务贡献[41]。

张丽萍（2011）探讨了公共服务背景下档案馆功能向社区拓展的重要性。一是以档案馆为载体实现了社区服务功能，通过调研社区，了解居民对档案馆服务及改进馆内设施的意见和建议，了解社区居民对到档案馆利用档案的需求，掌握服务方向；加强与社区合作，丰富馆藏资源，从各街道、社区和有关单位，接收独生子女档案、婚姻档案、户籍档案、执照档案和相关的声像档案；创新服务形式，树立服务品牌，通过展览大厅、档案文化讲堂、播放档案影视资料等方式，吸引居民主动到档案馆参观、学习和休闲，利用公共服务网站，以网络形式主动将文字、声像档案或档案编研成果提供给社区居民阅读和观看，提高居民对档案文化的兴趣。二是以社区为平台实现社区服务功能，开发档案文化产品，丰富社区文化；开展档案讲座，发展社区教育；加强档案宣传，促进社区文明[42]。

王群（2011）提出要从政府和公民两个方面考虑档案馆的服务功能，尤其要重视对公民的公共服务功能，而要实现区县级国家综合档案馆公共服务功能仍需具有一定条件：一要进一步加强宣传，增强全社会档案意识，因为还是有不少人不知道档案馆是干什么的，在什么地方。二要改变馆藏档案结构，提高馆藏档案质量，因为从内容上来看，区县级国家综合档案馆绝大多数馆藏档案为党政机关形成的文书档案；从门类上来看，文书档案居多，专业、科技、会计、荣誉等其他门类档案较少；从载体上来看，纸质文件多，胶片、磁带、光盘及其他制成材料的少。三要加大档案开放力度，做好档案利用服务工作，当前档案馆档案开放数量偏少，开放范围偏窄，利用率不高。四要大力开展档案资源信息化建设，最大限度地实现档案信息资源整合和共享，各区县档案馆馆际之间不仅档案实体分别保管和利用，而且档案的目录信息也各守一方，互不相通，没有形成合力，无法实现资源共享。五要建设功能齐全、布局合理的新型档案馆，目前大多数区县级国家综合档案馆除办公用房外，就是存放档案的库房，公共服务场所只有档案阅览室，档案陈列展览场地小，没有多媒体视听室[43]。黄喜翠（2012）认为只有拓展综合档案馆服务功能，才能有助于档案事业的发展；只有拓展公共服务功能，才能适应政府行政管理改革的需要。主要有整体推进与单项推进两种方式：整体推进就是通过新建符合规范的档案馆馆库，全面解决场地、设施、设备问题，突出库房建筑的公共服务功能，全面提供各项公共服务，这是拓展档案馆公共服务功能的最有效、最直接的途径；单项推进就是立足档案馆现有的基础条件，通过开展单项性的公共服务来满足社会需求，不断拓展档案馆公共服务功能[44]。

谭华（2013）认为大力推进档案馆公共服务既是档案馆功能建设的关键，也是档案馆的立身之本和发展方向。要拓展多元化的公共服务形式，包括阅览服务、展览服务、网络信息服务、编研产品服务；要夯实高质量的公共服务资源，要更多地整合与公众切身利益密切相关的民事档案，要更多地整合反映地方历史文化的特色档案，要更多地整合人民群众喜闻乐见的情趣档案；要培养高素质的公共服务人才，端正服务意识，提高服务技能[45]。杨美玲（2014）提出要不断完善公共档案馆服务功能，转变观念，强化公共服务意识，充实馆藏资源，优化馆藏结构，加强档案信息化建设，推进档案馆公共服务功能的发挥，简化查阅手续，降低档案馆的"门槛"，注重提高档案馆工作人员的自身素质[46]。

孟健、周东健（2015）指出高校档案馆是文化事业机构，文化性是档案馆的客观属性，高校档案馆应充分利用"文化性"延伸教育对象，拓展服务功能。提出要进行"开放型"的档案展览活动；开展档案推广活动，延伸教育普及对象；开发档案文化产品，活化档案价值[47]。柴瑜、李佳（2016）指出丰富和优化档案馆藏是提升档案馆公共服务功能的基础和保障，要加强基础设施建设，完善安全保障体系，探索大数据时代智能服务，加强人才建设，健全管理机制，引导用户体验档案服务的理念[48]。

综上所述，档案馆公共服务功能，应面向公众、服务内容丰富、服务方式多样，维护公众利益，使档案馆真正成为档案安全保管基地、爱国主义教育基地、档案利用中心、政府信息查阅中心和电子文件中心。

2.5.3 档案馆公共服务存在的问题与能力建设

龙丽旭（2010）认为目前档案馆公共服务存在的问题：公共服务意识淡薄，一直把为党政职能服务作为自身服务的主要方向；馆藏结构单一，馆库内大量充塞的是反映公务性活动的文书档案，缺少同民众日常生活密切相关的专门档案、私人档案；公共服务能力欠缺，为社会提供利用的手段、途径上还存在着不足，被动服务还是许多档案馆的主要服务方式；服务效果不佳，利用率低下[49]。马思睿（2010）调查发现国家档案馆政府信息查阅点利用率不高，主要成因可从公民的需求状况和档案馆的服务水平两个方面分析，公民的需求总体偏低和档案馆服务有待完善[50]。钟伦清（2010）政府信息公开是法治社会和民主政治的重要标志，国家档案馆作为"政府信息查阅场所"是一种现实的选择，但却面临困境。当国家档案馆被纳入政府依法行政框架和信息社会的网络环境之中时，"公共服务"应当成为国家档案馆角色定位的新视角[51]。

杨冬权（2009）要求切实加强公共服务能力建设，建立方便人民群众的档案利用体系。为全社会、为广大人民群众提供便捷的档案信息，是各级国家档案馆履行政府公共服务职能的重要任务。各级国家档案馆要紧紧围绕党和国家工作大局，围绕各级党委、政府的中心工作，围绕领导需要、社会需要和群众需要，运用各种手段和形式，及时提供档案资料，广泛开发档案信息资源，从各个方面加强档案馆的公共服务能力建设，建立方便人民群众的档案利用体系，实现档案信息资源社会共享[52]。向立文（2009）认为加强公共服务能力建设是档案馆自身发展的内在需要，也是社会公众维护自身权益的迫切需要，并且提出需要通过思维观念，增强公共服务意识；充实馆藏资源，优化馆藏结构；拓展服务方式，开辟形式多样的服务渠道；调整服务时间，满足休闲社会公众利用档案信息的时间需求；简化查阅手续，降低社会公众迈进档案馆大门的"门槛"；优化服务环境，为公众提供一个集工作与休闲于一体的好去处；加强队伍建设，增强档案馆工作人员自身的公共服务能力[53]。

龙丽旭（2010）指出加强公共服务能力建设是经济社会发展的客观要求，也是档案馆自身发展的主观需要。要转变观念，强化公共服务意识；要充实馆藏资源，优化馆藏结构；利用手段应多元化；要简化查阅手续，降低社会公众迈进档案馆大门的"门槛"；要优化服务环境，为公众提供一个集工作与休闲于一体的好去处；要全面提高档案馆工作人员的自身素质[49]。易美（2011）认为提高档案馆公共服务能力，一要以强化公共服务理念为先导，转变观念，破除只为官员服务的"官本位"思想，牢固树立以民为本，为民服务的"民本位"意识；二要以加强档案信息资源的整合为核心，一方面可将档案实体进行整合，进一步扩大档案的接收范围，缩短档案的接收期限，另一方面可建立各种档案信息数据库，通过现代信息技术将各种档案信息资源进行"虚拟整合"，以实现更宽广范围内档案信息资源的社会共享；三要以拓展公共服务的窗口为途径，不仅要做实做强传统的阅览窗口，拓展网站窗口，还要不断探索档案馆的流动窗口建设，切实提高档案馆的公共服务能力[54]。曹沛（2011）数字档案馆建设中应注重档案公共服务能力的提高。为此，应从档案公共服务能力价值体系（转变服务观念、提供专家服务、注重用户培训与营销）、多层次的社会服务发展体系（基于局域网建设面向档案用户的馆内档案利用服务平台、利用本地区政务网建设面向本级党政机关各立档单位的电子文件归档和档案信息共享平台、利用公众网建设面向广大社会公众、进行馆际交流的公共档案信息服务平台）和先进技术支持体系（BBS、QQ、博客等）三个方面构建数字档案馆的档案公共服务能力体系[55]。

　　和渝红（2012）指出基层的国家综合档案馆公共服务能力在多种因素的影响下，还没有完全为社会和民众着想，档案馆只有抛弃掉"政府本位"思想，想群众所想，公共服务能力才会有所提升。做好阅览窗口，设置档案引导员，扩大提供利用的范围，调整向公众开放的时间，双休日和节假日照常对外开放。建好网站窗口，在网站的建设过程中突出抓好三大功能建设：一是信息发布功能，公布开放档案目录，有条件的话可进一步公布开放档案全文；二是交流与沟通的互动功能，开设"在线咨询""领导信箱""投诉建议"等栏目，实现与公众的互动；三是网上办事功能，把承担的各项公共服务的内容、办事程序、办事方法等信息向公众公布，并通过网络提供"一站式"服务，办好流动窗口，通过流动窗口进行宣传推介，通过流动窗口进行现场办公，开展送档案上门活动[56]。李素娥（2013）提出以"以人为本"为立足点，加强档案馆公共服务能力建设，在档案利用中贯穿"以人为本"理念，尽量在规章制度中保证用户和公众对档案信息的使用方便，对一些科研项目所利用的科研档案还要根据其特性适当地延长档案的借阅时间和续借时间，针对节假日和周末等服务时间盲区，档案馆还可以在这些时间向用户和社会开放，以此来满足不同人群的需求。在尊重和信任中传递"以人为本"理念，在档案馆管理中应用适当的视频监控技术，实现档案利用中的"宽进严出"。可实行藏、借、阅一体化的开放式管理制度，使公众和用户从繁杂的手续和规定中解放出来，为他们节省时间和精力。在具体服务工作中展现"以人为本"理念，在具体的服务工作中做到礼貌、热情、主动、亲切、耐心、用

"心"去服务，用"心"去营造一种轻松、愉快的良好的人际氛围。在档案馆自身制度建设中，也要建立"以人为本"的民主管理和参与制度，建立"以人为本"的激励制度[57]。于冲（2014）提出引入"合作"提高档案馆公共服务能力，与社会文化事业单位合作，响应档案、图书、情报管理一体化的世界性趋势，发挥三者在功能上的互补，实现信息资源共享的目的。利用图书馆、博物馆的社会普及度和二者共有的休闲娱乐功能，开发档案馆休闲娱乐功能。与政府机关合作，转变档案馆观念，不要把自身定位为政府附属部门，要敢于向政府就现行文件公开提出合理建议，要积极承担起政府信息公开责任，主动收集、定期催促、及时补充现行文件馆藏。与教学单位合作，档案馆在高校得到最前沿的档案学研究成果，指导档案馆建设实践，高校从档案馆得到开展档案工作的实践经验和问题，开发新的档案学理论，培养档案学人才。与信息化技术组织合作，为满足人们日益增长的信息需求，要求档案馆能及时快速地提供档案信息，传统纸质档案显然已不能满足用户的需求，需要与信息化技术组织合作，开展档案信息化[58]。

李明华（2016）指出"十二五"期间档案馆的公共服务能力进一步增强，各级档案馆还借助互联网及时发布开放档案目录和档案信息。中国第一历史档案馆的"皇室成"微信服务号，向社会介绍其馆藏和工作；天津市、上海市、福建省、湖北省、四川省等地的档案微信公众号围绕档案讲述本地区发展历史，获得了很高的社会关注度；青岛市完成微信公共服务平台和在线查档、全域共享平台建设[59]。宋蕴堃、宋欣玉（2016）调研后建议：第一，要加强档案馆公共形象塑造。一要加强宣传，增强社会的档案意识；二要了解公众需求，加强档案利用培训工作；三要强调文化性与艺术性。第二，加强档案信息资源体系建设。一要丰富馆藏资源，加强档案收集力度；二要优化馆藏结构。第三，加强档案信息化建设。一要加强档案网站建设，加强三大功能：信息发布功能，与公众交流沟通功能，网上办事功能；二要加强数据库建设，通过建立各类专题档案目录数据库、全文数据库和建立档案检索工具等措施，进一步提高档案馆现代化管理水平。第四，拓展公共服务内容和方式。拓展服务功能，除了传统的信息查阅功能外，还要进一步拓展展览教育、社会课堂、学术交流等功能[60]。彭枝芳、胡燕（2017）提出档案馆引入志愿服务能够为档案服务社会化带来全新的视角，为提升档案馆公共服务能力提供新的途径。具体要加强立法工作，为档案志愿服务提供保障；建立健全工作机制，实现档案志愿服务的高效运行；挖掘潜能，走智慧服务之路；树立品牌形象，发扬志愿服务精神[61]。

综上所述，档案馆存在着公众档案馆藏缺乏、服务方式单一、公共服务主动性不够、档案馆利用率低等问题。需要转变观念增强公共服务意识和主动性，充实人民群众需要的档案，开展线上线下电子纸质等多元化的服务手段，简化服务程序、优化服务环境、提高人员素质、拓展时间空间，努力为公众提供一个工作与休闲、能得到文化滋养的好场所，从而提高档案馆的利用率。

2.5.4　档案馆公共服务价值取向、新技术挑战与创新

李灵风（2011）指出以维护公民权利为核心，以全休公众为服务对象，以公益性为主要特征，是档案馆公共服务基本价值取向的主要内容[62]。王晓雪（2012）基于我国公共档案馆的社会化服务发展趋势，通过档案文化休闲利用的视角对公共服务型档案馆的实现进行了可行性分析。从档案馆的公共属性与文化属性、人们休闲时间的增多与精神需求的扩大、推动文化产业成为国民经济支柱型产业等方面出发，提出公共服务型档案馆文化休闲功能开发具有一定的必然性，并从资源、服务及制度三个方面探讨其实现的对策[63]。俞佳（2012）从营销管理学的角度重新审视，在论证我国

档案馆公共服务建设中营销理念适用性的基础之上，设想了我国档案馆公共服务的社会营销方案[64]。

王兴娅、沈双洁、颜祥林（2012）通过对美国 50 个州档案馆网站的调研与分析，总结其电子公共服务的特色与优势，包括家谱档案、公共计划、数字档案馆、RSS、网上商店、社会媒体、网站地图等，从而发掘出有助于我国省市档案馆电子公共服务改进的有益借鉴[65]。姜淑芹（2006）认为网络环境下的大数据特点已经在社会的方方面面中显示出来了，相应地，档案馆在资源信息收集、开发利用、服务方式等很多方面都将发生前所未有的变化[66]。杨敏（2009）探讨了在信息化社会中，针对档案馆遇到的诸多新问题，该如何拓展档案信息服务功能，提出了自己的解决方案[67]。曹沛（2011）明确提出了应从档案公共服务能力价值体系、大档案服务大发展体系和先进技术支持体系三个方面构建数字档案馆的档案公共服务能力体系[55]。朱丽梅（2014）要求档案馆应立足于公共服务职能，并通过绩效测评，以应对大数据时代的挑战[68]。

黄项飞（2003）指出现代档案馆的服务只有进行创新了，才能在服务工作中有所作为[69]。王明妍（2012）指出档案馆离不开服务，而且还要积极探索和创新服务方式，最终才会有效地提升档案馆整体发展的综合素质[70]。李小刚、谢诗艺和程舒（2013）认为大数据为档案馆服务带来了数据安全等方面的挑战，档案馆应面对挑战推动服务创新[71]。郑元清（2016）指出个性化服务是数字档案馆创新服务之亮点。数字档案馆通过开展个性化服务，可以为不同档案用户制定适合其自身需求的信息和服务，帮助用户从信息洪流中获取有效的信息，使档案馆各项资源得到合理使用，并使资源利用率得到提高，可以增强数字档案馆的功能，作好档案馆提供利用服务工作[72]。黄霄羽等（2017）指出引入社交媒体可以构建新形式、多层次和富有趣味的档案服务内容，进行档案馆公共服务的创新[73]。

综上所述，档案馆公共服务价值取向是为公众服务，然而在网络信息时代，受到了网络信息技术、大数据技术等新技术的挑战，只有创新服务方式才能在新时代圆满完成档案馆公共服务的任务，而建设档案馆网站、构建数字档案馆、引入社交媒体等都是有效的创新档案馆公共服务的方式。

2.6 档案馆评价研究

赵广友（1990）认为档案馆室效益从所藏档案作用看有社会效益和经济效益，首先是社会效益，其次是经济效益；从档案信息开发利用看有直接效益和间接效益，在搞好间接效益的同时，争取创造直接效益；从档案的保存时限看有当前效益和长远效益，重点在当前效益，当前效益是长远效益的基础；还有从档案信息的作用看有正效益和负效益，要促进正效益、减少负效益[74]。李小明（1995）设计了档案馆基础业务工作的定量评价指标：档案的收集工作用档案接收率测量，档案的编目工作用全宗著录率、档案著录标引率测量，档案的鉴定工作用期满档案鉴定率测量，档案的保管工作用档案褪变损毁率、档案修复率测量，档案的开放工作用开放档案率测量，档案利用工作用档案利用率、无偿利用占比重、收费利用占比重来测量[75]。姚震（2001）认为对档案馆评价有三种评价：政府评价、业务评价和社会评价，目前对政府评价与业务评价比较重视，而对社会评价不够重视。三者间关系为：政府评价演绎细化为业务评价并引导社会评价，业务评价反作用于政府评价并成为社会评价的实现条件，社会评价在归纳的基础上影响政府评价并调节业务评价[76]。

潘积仁（2005）通过资源建设指标、档案管理指标、档案利用指标、档案行政管理指标、发展潜力指标 5 个一级指标和 28 个子指标构建起了一个具体的绩效评估指标体系框架[77]。周林兴（2005）建立数字档案馆评价指标体系分为馆藏、技术、服务三个方面，馆藏指标包括馆藏自然情况、馆藏组织情况、馆藏管理情况；技术指标包括系统技术、用户服务技术；服务指标包括服务范围、服务质量[78]。王中克、赵巍锃（2007）指出要关注档案馆绩效评估顾客导向的重视度、档案馆绩效评估指标体系的顾客满意度和评估过程中的顾客参与度；顾客导向视域下档案馆的绩效评估就是在档案馆的绩效评估中坚持以顾客即档案馆所面对的服务对象为本，绩效评估的重点围绕服务对象的满意度展开，并且在绩效评估的过程中提供给服务对象参与档案馆绩效评估的机会[79]。

吕鸿（2008）对市、县级国家综合档案馆管理质量评价的因素进行了分析，包括档案馆的环境，如国家政策、地域文化经济基础、法律法规的宏观环境和组织制度、人才、技术、设备等微观环境；满足社会公共需求，公共需求已从原来单一、稳定、政策化向多元化、多变化、个性化转变；服务产品，包括直接提供档案信息服务，以及满足社会各界和公众需求的开发文化、知识信息产品；服务过程与手段，从政府部门工作查考的"辅政"过程，向为民众个体提供记忆和休闲服务的"惠民"回归[80]。胡晓庆（2009）依据国际标准化组织 ISO1994 年版的 ISO9004—2《质量管理与质量体系要素》中影响服务质量的六个方面（功能性、经济性、安全性、时间性、舒适性、文明性），结合数字档案馆工作的实际，选取数字档案馆档案信息服务基础条件（档案网络体系、档案门户网站、档案信息资源存储架构）、数字档案馆档案信息资源建设情况（馆藏档案数据库建设、电子档案数据库建设、网络档案资源导航）、数字档案馆档案信息服务过程（服务手段的现代化程度、服务方式的多样化程度、提供服务的快捷程度、服务人员的服务能力与态度)、数字档案馆档案信息服务效果（档案信息需求的满足率、享受服务的经济成本、档案信息用户的满意度）作为准则层构建数字档案馆档案信息服务质量评价指标体系，并认为对数字档案馆档案信息服务质量的评价要遵循定性与定量、档案信息用户与专家相结合的原则[81]。

张庆伟（2010）提出档案馆咨询服务评估指标体系有系统使用评估指标（包括用户度量评价指标，如指标注册用户数、登录次数、用户忠诚度，问题/回答度量评估指标，如接受问题百分比、回答用户问题百分比、问题正确百分比），服务水平评估指标（包括问题响应时间指标、问题响应质量指标），咨询馆员评估指标（包括咨询队伍状况指标、人员培训情况指标）和用户满意度评估指标（用户对咨询回答质量的评价指标、用户对咨询情况的评价指标）[82]。翁敏嫦（2010）指出和谐城建档案馆综合评估体系建立的原则：系统性原则、独立性原则、可比性原则、实用性原则、可操作性原则。从城建档案法律法规、城建档案信息资源、城建档案公共服务、城建档案科技创新四个方面建立和谐城建档案馆的综合评估体系。并采用专家评价法等科学分析方法构建和谐城建档案馆的综合评估指标，旨在使和谐城建档案馆从抽象的理念转化为一套可量化评测的评估体系[83]。

吕元智（2011）构建了公共档案馆服务绩效评价的理论模型，并对该模型的基本要素进行了具体阐析，包括评价主体、本质、假设、目标、标准、证据、控制。认为公共档案馆服务绩效评价主体只是公众或受公众委托的代理机构，评价本质是一种确保公共档案馆服务部门"受托经济责任"全面有效履行的特殊控制活动，评价目标可以界定为经济性（economy）、效率性（eficiency）、效果性（effictiveness），以及公平性（equity）、时效性（timely）、可持续性（continuance）六个方面和其他具体方面[84]。吕元智、朱颖（2011）基于平衡计分卡，提出了公共档案馆服务绩效综合评价指标体系，包括 A1 财务成本（主要考察投入资金及其利用分布）、A2 员工学习与成长（主要考察员工对工作的认同与学习情况等）、A3 内部业务流程（主要考察业务流程是否规范与先进等）、A4 服务效果（主要考察服务效果与影响等）等 4 个维度的 10 个二级指标、29 个三级指标的评价指标体系[85]。

吴加琪、周林兴（2012）我国目前的国家档案馆评价采用"政府主导——上级评价"的运行模式，其单一的评价主体给档案工作造成了负面的影响。公共受托责任是建立国家档案馆多元评价主体体系的理论依据，根据国家档案馆公共受托责任关系链，可将档案行政管理机构、档案协会、各档案馆同行、第三方评价机构和公民等纳入评价主体体系，建立多元的评价主体体系，以提升评价结果的科学性，推动档案事业的科学可持续发展[86]。周林兴（2012）指出了档案馆服务绩效评估的五要素：服务设备，服务资源，服务水平，服务方式，服务态度[87]。赵黎霞（2012）建立了一套档案馆信息化水平评价指标体系，从信息化组织与规划、信息化基础设施、档案数字化采集与处理设备、数据库建设、数字档案利用与开发五个方面进行评价[88]。

聂勇浩、苏玉鹏（2013）认为档案馆公共服务评价的基础在于构建指标体系及确定指标之间的相对重要性，借助平衡计分卡这一理论分析框架，构建了包括用户、内部流程、财务、学习和成长 4 个维度的指标体系。通过设计 Likert 量表测量重庆市和广东省梅州两地档案馆从业人员对各项指标重要性的认知，并且以层次分析法进行数据分析和处理，进一步以实践工作者的专业判断为基础确定了指标之间的相对重要性[89]。沈红雨（2014）指出数字档案馆的服务满意度测评是全面、客观的衡量数字档案馆工作优劣的重要手段。以五所高校的数字档案馆为例，运用坎蒂雷赋权法确定各评价指标的权重，结合灰色关联度分析法评价出各校数字档案馆工作优劣，并对结果进行了分析[90]。吕元智、朱颖（2014）认为数字档案馆服务能力评价系统是一个复杂的系统，在评价过程中会遇到评价因素的随机性、模糊性及指标统计数据不完整等不确定性问题。他们在分析数字档案馆服务评价工作面临不确定问题及其产生原因的基础上，利用 D－S 理论构建数字档案馆服务能力评价模型，并以我国某地区的数字档案馆为实证对象，对该模型进行了验证[91]。

祝洁（2014）提出了档案馆公共能力的主要评价指标，包括馆藏资源、服务保障条件、馆员综合素质、服务内容和方式[92]。侯振兴、闫燕、袁勤俭（2015）认为数字档案馆知识服务能力评价受档案资源、服务、发展能力、管理与成本等多方面因素的影响，以定性分析和定量分析相结合的思路，选取 5 个一级评价指标（馆藏资源与服务建设，服务效率，用户服务水平，发展能力，管理与成本）和 29 个二级评价指标，采用层次分析法确定各指标权重，给出了基于用户视角的数字档案馆知识服务能力评价的方法，并进行了评价验证[93]。王灿荣、王协舟（2015）根据公共档案馆机构的性质和职能，以及信息服务社会化的特点，运用彼得·德鲁克"非营利组织自我评估工具"理论、关键业绩指标法（KPI）、证据证明法分别构建了公共档案馆信息服务社会化绩效评价的一级指标、二级指标和三级指标，一级指标包括开放程度、资源建设、技术水平、服务效果四个方面[94]。

沈显明等（2016）基于 AHP 法，对档案馆设计阶段和运营阶段评价指标的权重分别进行了计算，并基于具体评分指标，细化了评价公式，以期建立较为"公平、合理、客观、全面、有效"的绿色档案馆评价机制[95]。王灿荣、蒋超美（2016）从绩效评价的目的、公共档案馆的职能、档案法的相关规定、信息服务社会化的特点等方面入手，分析、总结、归纳出公共档案馆信息服务社会化绩效评价的指标维度是：开放程度、资源建设、技术水平、服务效果[96]。

综上所述，在对档案馆的评价或评估研究方面，主要着重于经济与法治、效益和效率方面的评价，以及信息化、数字档案馆信息服务质量和档案馆咨询服务质量的评估，而对档案馆公共服务的评价虽已有学者开始研究，但文献较少。

参 考 文 献

［1］陈威. 公共文化服务体系研究［M］. 深圳：深圳报业集团出版社，2006：16.

［2］周晓丽、毛寿龙. 论我国公共文化服务及其模式选择［J］. 江苏社会科学，2008（1）：90 – 95.

［3］蒋建梅. 政府公共文化服务体系绩效评价研究［J］. 上海行政学院学报，2008（4）：60 – 65.

［4］张波、宋林霖. 优化政府公共文化服务成本的制度研究［J］. 理论探讨，2008（6）：82 – 85.

［5］闫平. 服务型政府的公共性特征与公共文化服务体系建设［J］. 理论学刊，2008（12）：90 – 93.

［6］牛华、安俊美. 我国公共文化服务的内涵及其社会价值探析［J］. 北方经济，2009（16）：29 – 30.

［7］曹爱军、杨平. 公共文化服务的理论与实践［M］. 北京：科学出版社，2011：23.

［8］曹海琴、刘志宽、陈冬梅. 公共文化服务均等化与政府的责任［J］. 统计与管理，2012（12）：137 – 138.

［9］王学琴、陈雅. 公共文化服务绩效评估基本理论辨析［J］. 图书馆，2015（7）：18 – 21.

［10］蒋晓丽、石磊. 公益与市场：公共文化建设的路径选择［J］. 广州大学学报（社会科学版），2006（8）：65 – 69.

［11］王霞. 论公共文化服务体系的构建［J］. 南阳师范学院

学报，2007（11）：23-24.

[12] 蒋永福. 文化权利、公共文化服务体系与公共图书馆事业 [J]. 国家图书馆学刊，2007（10）：16-20.

[13] 王磊. 当前我国公共文化服务的理论基础、概念界定与价值取向 [J]. 河南教育学院学报（哲学社会科学版），2014，33（1）：25-30.

[14] 陶东风. 公共文化服务：从民生概念到民权概念 [J]. 中国政法大学学报，2015（3）：5-10.

[15] 占绍文、居玲燕. 基于功能导向的公共文化服务评价体系构建探析 [J]. 广西社会科学，2017（2）：193-197.

[16] 郝春柳. 文化信息资源共享工程绩效评价研究 [J]. 图书情报通讯，2010（2）：16-25.

[17] 李少惠、余君萍. 公共治理视野下我国农村公共文化服务绩效评估研究 [J]. 四川行政学院学报，2010（1）：32-35.

[18] 焦德武. 公共文化服务体系的绩效评价 [J]. 安徽农业大学学报（社会科学版），2011（1）：47-52.

[19] 傅利平、何勇军、李小静. 城市公共文化服务的综合评价模型 [J]. 统计与决策，2013（16）：39-41.

[20] 胡守勇. 公共文化服务效能评价指标体系初探 [J]. 中共福建省委党校学报，2014（2）：45-51.

[21] 张玉兰、张路瑶、姜振娜. 河北省公共文化服务体系综合评价及提升对策 [J]. 企业经济，2014（5）：160-163.

[22] 单薇. 从多维视角综合评价我国公共文化服务均等化水平 [J]. 中国统计，2015（4）：56-58.

[23] 金慧、余启军. 湖北省公共文化服务标准化均等化问题研究 [J]. 湖北社会科学，2017（2）：63-69.

[24] 陈琼. 国家档案馆的含义、类型及性质比较 [J]. 文献工作研究，2000，13（6）：24-28.

［25］杜长安、李梦军. 国家档案馆刍议［J］. 中国档案，2009（11）：44－45.

［26］国家档案局. 全国档案设置原则和布局方案［Z］. 国务院：国家档案局，1992－3－27.

［27］王天泉. 国家档案馆刍议［J］. 中国档案，2014（1）：51－54.

［28］常蕊. 国家综合档案馆档案开放问题与对策研究［D］. 重庆大学，2015（5）：5－6.

［29］李宗富. 影响国家档案馆走向公众的因素分析［J］. 北京档案，2016（4）：15－18.

［30］珍妮特·V. 登哈特、罗伯特·B. 登哈特著，丁煌译. 新公共服务——服务，而不是掌舵［M］. 北京：中国人民大学出版社，2004：7－10.

［31］李军鹏. 公共服务型政府建设指南［M］. 北京：中共党史出版社，2006：19.

［32］陈振明. 公共服务导论［M］. 北京：北京大学出版社，2011：11.

［33］王卓君. 政府公共服务职能与服务型政府研究［M］. 广州：广东人民出版社，2009：34.

［34］吴大海. 档案馆公共服务研究［D］. 郑州大学，2011，5.

［35］戴志强. 论档案公共服务的涵义、理念与信息资源整合［J］. 新上海档案，2004（11）：7－9.

［36］赵珍珍. 公共档案馆培育与提升公共服务能力策略研究［D］. 山东大学，2012，5.

［37］丁亚婧. 档案馆公共服务建设的理论研究［J］. 上海电力学院学报，2014，11：72－74.

［38］罗军. 档案馆公共服务与公民利用档案权利［J］. 档案学研究，2015（1）：72－75.

[39] 姜梅. 我国档案馆公共服务的现状与特点研究 [J]. 山东档案, 2016 (3)：10 - 12.

[40] 于霞. 档案馆公共服务功能之我见 [J]. 山西档案, 2006 (S1)：76 - 77.

[41] 张俊桓. 加强档案馆功能建设提升公共服务水平 [J]. 天津档案, 2010, 1：24 - 25.

[42] 张丽萍. 基于公共服务的档案馆社区服务功能探讨 [J]. 云南档案, 2011 (9)：28 - 29.

[43] 王群. 试论区县级国家综合档案馆公共服务功能及其实现的条件 [J]. 上海档案, 2011 (6)：16 - 18.

[44] 黄喜翠. 关于拓展档案馆公共服务功能的思考 [J]. 兰台内外, 2012 (4)：47.

[45] 谭华. 浅谈新形势下档案馆的公共服务功能 [J]. 黑龙江档案, 2013 (3)：33.

[46] 杨美玲. 对提升档案馆公共服务功能的思考 [J]. 档案天地, 2014 (S1)：181 - 184.

[47] 孟健、周东健. 高校档案馆公共服务探究 [J]. 兰台世界, 2015 (35)：64 - 65.

[48] 柴瑜、李佳. 浅析如何加强档案馆公共服务功能 [J]. 兰台内外, 2016 (1)：42.

[49] 龙丽旭. 论加强档案馆的公共服务能力建设 [J]. 北京档案, 2010 (6)：14 - 15.

[50] 马思睿. 国家档案馆政府信息查阅点利用率现状分析：以江苏省为例 [J]. 档案与建设, 2010 (2)：19 - 21.

[51] 钟伦清. 政府信息公开与国家档案馆的角色定位 [J]. 档案学研究, 2010 (1)：57 - 61.

[52] 杨冬权. 以丰富馆藏、提高安全保障能力和公共服务能力为重点, 实现档案馆事业新跨越——在全国档案馆工作会议上的

讲话 [J]. 中国档案, 2009 (12)：8 - 15.

[53] 向立文. 加强档案馆的公共服务能力建设 [J]. 档案管理, 2009 (2)：35 - 37.

[54] 易美. 提高国家综合档案馆公共服务能力的思考 [J]. 兰台世界：中旬, 2011, 8：6 - 7.

[55] 曹沛. 论数字档案馆的档案公共服务能力 [J]. 档案, 2011 (6)：56 - 58.

[56] 和渝红. 谈如何提高档案馆公共服务能力 [J]. 黑龙江档案, 2012 (1)：66.

[57] 李素娥. 论"以人为本"和档案馆公共服务能力建设 [J]. 科技视界, 2013 (21)：114.

[58] 于冲. 浅议档案馆公共服务能力的提高 [J]. 档案天地, 2014 (S1)：188 - 191.

[59] 李明华. 着力提升服务能力深化"三个体系"建设，大力推进新形势下档案馆工作 [J]. 中国档案, 2016 (11)：14 - 21.

[60] 宋蕴堃、宋欣玉. 档案馆公共服务效果调查分析 [J]. 档案学研究, 2016 (5)：71 - 74.

[61] 彭枝芳、胡燕. 档案馆公共服务能力提升新途径：档案志愿服务 [J]. 档案建设, 2017 (1)：16 - 23.

[62] 李灵风. 从权力到权利——国家档案馆公共服务基本价值取向研究 [J]. 档案学通讯, 2011, 3：33 - 36.

[63] 王晓雪. 我国公共服务型档案馆建设研究——从档案文化休闲视角 [J]. 档案与建设, 2012, 2：25 - 27.

[64] 俞佳. 基于社会营销理论的我国档案馆公共服务策略探析 [J]. 山西档案, 2012, 5：34 - 39.

[65] 王兴娅、沈双洁、颜祥林. 美国各州档案馆的电子公共服务：分析与借鉴 [J]. 北京档案, 2012, 9：36 - 38.

[66] 姜淑芹. 网络环境下我国档案馆服务模式的演变 [J].

山东干部函授大学学报，2006 (6)：46.

[67] 杨敏. 信息社会档案馆公共服务功能的拓展 [J]. 云南档案，2009 (11)：21 –23.

[68] 朱丽梅. 大数据时代档案馆公共服务的探讨 [J]. 兰台世界：中旬，2014 (1)：16 –17.

[69] 黄项飞. 论档案馆的服务创新 [J]. 档案，2003 (3)：38 –41.

[70] 王明妍. 浅析新时期档案馆的服务创新 [J]. 兰台内外，2012 (6)，45 –45.

[71] 李小刚、谢诗艺、程舒. 大数据时代档案馆服务创新研究 [J]. 北京档案，2013 (11)：11 –13.

[72] 郑元清. 个性化服务——数字档案馆创新服务之亮点 [J]. 黑龙江档案，2016 (5)：38 –39.

[73] 黄霄羽等. 档案馆应用社交媒体创新档案服务的内容 [J]. 北京档案，2017 (1)：15 –19.

[74] 赵广友. 试论档案馆室效益及其评价问题 [J]. 档案学通讯，1990 (5)：14 –15.

[75] 李小明. 试论档案馆基础业务工作的定量评价 [J]. 档案学研究，1995 (4)：27 –29.

[76] 姚震. 构筑新形势下的档案馆评价体系 [J]. 档案与建设，2001 (3)：39 –41.

[77] 潘积仁. 论建立档案机构绩效评估体系 [J]. 中国档案，2005 (6)：20 –21.

[78] 周林兴. 论数字档案馆评价指标体系的构建 [J]. 湖北档案，2005 (4)：8 –10.

[79] 王中克、赵巍锃. 顾客导向视域下的档案馆绩效评估 [J]. 科技情报开发与经济，2007 (5)：94 –95.

[80] 吕鸿. 市、县级综合档案馆管理质量评价因素的分析

[J]. 档案学通讯，2008（4）：77-80.

[81] 胡晓庆. 基于模糊综合评判的数字档案馆档案信息服务质量评价 [J]. 云南档案，2009（3）：24-26.

[82] 张庆伟. 图书馆档案馆咨询服务绩效评估体系的构建 [J]. 档案，2010（4）：48-50.

[83] 翁敏嫱. 和谐城建档案馆综合评估体系初探 [J]. 城建档案，2010（7）：23-26.

[84] 吕元智. 公共档案馆服务绩效评价理论模型研究 [J]. 档案学通讯，2011（2）：20-23.

[85] 吕元智、朱颖. 档案馆服务绩效模糊综合评价实现模型研究 [J]. 档案学通讯，2011（6）：77-80.

[86] 吴加琪、周林兴. 论我国国家档案馆评价主体体系的构建——基于公共受托责任视角 [J]. 档案，2012（2）：16-18.

[87] 周林兴. 数字环境下档案馆服务绩效评估研究初探 [J]. 档案建设，2012（4）：14-17.

[88] 赵黎霞. 档案馆信息化水平评价体系构建与测评系统设计 [J]. 产业与科技论坛，2012（5）：69-71.

[89] 聂勇浩、苏玉鹏. 档案馆公共服务评价的指标体系建构 [J]. 档案学研究，2013（2）：22-26.

[90] 沈红雨. 基于坎蒂雷赋权法和灰色关联度的数字档案馆服务评价研究 [J]. 档案建设，2014（12）：17-21.

[91] 吕元智、朱颖. 数字档案馆服务能力评价的 D-S 理论模型构建与验证 [J]. 档案学研究，2014（6）：66-72.

[92] 祝洁. 档案馆公共服务能力评价研究 [J]. 兰台世界，2014（1）（中旬）：18-19.

[93] 侯振兴、闻燕、袁勤俭. 基于用户视角的数字档案馆知识服务能力评价研究 [J]. 现代情报，2015，35（3）：86-90.

[94] 王灿荣、王协舟. 档案信息服务社会化绩效评价指标体

系构建策略［J］. 档案学研究, 2015 (2): 66 – 70.

　　［95］沈显明等. 基于层次分析法对档案馆绿色评价体系的研究探讨［J］. 档案学研究, 2016 (4): 113 – 118.

　　［96］王灿荣、蒋超美. 公共档案馆信息服务社会化绩效评价指标维度构建策略［J］. 档案学研究, 2016 (3): 35 – 37.

感知服务质量及评价研究

在公众感知服务质量评价研究方面，虽对档案馆的研究少见，但对政府行政和公共服务质量、图书馆服务质量的研究已有不少。国外研究多以各种模型设计为主要研究方式，比如 SERVQUAL 模型和 SERVPERF 模型等，它们都在公共服务质量测评中得到了广泛的尝试和应用。国内对政府公共服务质量评价体系的研究起步较晚，多以国外研究成果为基础进行改进和创新。

3.1　国外感知服务质量及评价研究

在感知服务质量的界定上，格郎鲁斯（Gronroos，1982）从认知心理学的角度出发，首次提出"感知服务质量"的概念，认为服务质量从本质上是一种感知，属于主观范畴，它取决于顾客的服务期望与实际感知到的服务之间的比较结果[1]。莱赫蒂宁（Lehtinen，1982）也认为服务质量是顾客所感知的质量，具有主观性，是顾客通过对比他们认为服务提供者应该提供的服务与他们实际感知的服务而产生的，并提出结果质量和过程质量的概念，将服务质量与产品质量从本质上区别开来[2]。帕拉休拉曼、蔡特哈姆尔和贝里（Parasuraman、Zeithaml & Berry，1985）（以下简称 PZB）也认同服务质量应是对服务的一种主观评估，是一种感知的服务质量，它是"顾客对服务的感知与期望之间的差距的程度与方向"[3]。克罗宁和泰勒（Cronin & Taylor，1992）提出服务质量应是消费者实际感受到的服务水平[4]。霍夫曼和贝特森（Hoffman & Bateson，1997）定义服务质量是消费者对服务供应商的表现所做的持续性和整体性的评价，以及由此形成的态度[5]。布雷迪和克罗宁（Brady & Cronin，2001）认为服务质量是顾客对交互质量、有形环境和结果质量等方面的感知[6]。总的来说，感知服务质量具有主观性，与产品质量具有客观性不同，是用户在接受服务前的服务期望与实际感知的服务质量之间的差距，大部分学者认为服务质量本质上是一种感知的质量，包括对服务过程与结果的感知。

在感知服务质量的维度上，格郎鲁斯（Gronroos，1982）提出将服务质量划分为技术质量、功能质量和企业形象3个维度[1]，随后在1984年将服务质量简化为技术质量和功能质量2个维度[7]。莱赫蒂宁（Lehtinen，1982）认为服务质量包含有形质量、交互质量和公司质量3个维度[2]。PZB（1985）通过选择银行、信用卡公司、证券和维修厂四种行业进行深入研究，开发了服务质量的10个维度：可靠性、响应性、胜任性、接近性、礼貌性、沟通性、信用性、安全性、了解顾客及有形性[3]，并于1988年再次选择电器维修业、银行、长途电话公司、证券和信用卡公司5种服务业进行研究，修正了最初的划分，将原来的10个维度合并为有形性、可靠性、保证性、回应性和移情性5个维度[8]。唐·斯科特和戴·维斯尔福（Don Scott & David Shieff，1993）开发了测评地方政府的质量维度，分别是公众与公务员之间的人际互动、互动的速度和政府的可接近性、扩展的服务提供、咨询的开发、计划导向和商业的发展7个维度[9]。拉斯特和奥利弗（Rust & Oliver，1994）认为服务质量应包括服务产品、服务传递和服务环境3个维度[10]。布雷迪和克罗宁（Brady & Cronin，2001）在综合各学派观点的基础上，将服务质量划分为交互质量、实体环境质量和结果质量 3 个维度[6]。阿里·哈拉契米（2003）开发了西班牙马德里地区政府的服务质量指标是易于接近性、透明性、准确性、速度、灵活性和供给范围[11]。蔡特哈姆尔和比特纳（Zeithaml & Bitner，2003）认为"服务质量作为一个评价的焦点，反映顾客对服务要素交互质量、实体环境质量和结果质量的感知"[12]。永和唐娜（Yong & Donna，2004）通过对美国大学校园内 241 个从事体育休闲活动的消费者的研究提出了消费者评价体育休闲活动服务质量的 4 个维度，将服务质量划分为项目质量、交互质量、结果质量和实体环境质量 4 个维度[13]。

在感知服务质量的模型上，主要有 PZB 提出的 SERVQUAL 模型，以及克罗宁和泰勒（Cronin & Taylor）提出的 SERVPERF 模型。

（1）SERVQUAL 模型

SERVQUAL 模型是 20 世纪 80 年代末由 PZB 依据全面质量管理（Total Quality Management，TQM）理论在服务行业中提出的一种新的服务质量评价体系，其理论核心是"服务质量差距模型"，即：服务质量取决于用户所感知的服务水平与用户所期望的服务水平之间的差别程度（因此又称为"期望—感知"模型），用户的期望是开展优质服务的先决条件，提供优质服务的关键就是要超过用户的期望值。其模型为：Servqual 分数 = 实际感受分数 – 期望分数。SERVQUAL 将服务质量分为五个层面：有形性、可靠性、响应性、保证性、移情性，每一层面又被细分为若干个问题，通过调查问卷的方式，让用户对每个问题的期望值、实际感受值及最低可接受值进行评分，并由其确立相关的 22 个具体因素来说明它，然后通过问卷调查、顾客打分和综合计算得出服务质量的分数。近十年来，该模型已被管理者和学者广泛接受和采用。研究表明，SERVQUAL 模型是一个评价服务质量和用来决定提高服务质量行动的有效工具。SERVQUAL 模型量表如表 3 – 1 所示。

表 3-1 SERVQUAL 量表

质量维度	问项
有形性	1）有现代化的服务设施；
	2）服务设施具有吸引力；
	3）员工有整洁的服装和外套；
	4）公司的设施与他们所提供的服务相匹配；
可靠性	5）公司向顾客承诺的事情都能及时完成；
	6）顾客遇到困难时，能表现出关心并帮助；
	7）公司是可靠的；
	8）能准时地提供所承诺的服务；
	9）正确记录相关的记录；
响应性	10）不能指望他们告诉顾客提供服务的准确时间＊；
	11）期望他们提供及时地服务是不现实的＊；
	12）员工并不总是愿意帮助顾客＊；
	13）员工因为太忙以至于无法立即提供服务，满足顾客的需求＊；
保证性	14）员工是值得信赖的；
	15）在从事交易时，顾客会感到放心；
	16）员工是礼貌的；
	17）员工可以从公司得到适当的支持，以提供更好的服务；
移情性	18）公司不会针对顾客提供个别的服务＊；
	19）员工不会给予顾客个别的关心＊；
	20）不能期望员工了解顾客的需求＊；
	21）公司没有优先考虑顾客的利益＊；
	22）公司提供的服务时间不能符合所有顾客的需求＊；

注：问卷采用 7 分制，＊表示评分是反向的。

（2）SERVPERF 模型

克罗宁和泰勒（Cronin & Taylor）1992 年推出了"绩效感知服务质量度量方法"，即 SERVPERF 方法，摒弃了 SERVQUAL 所采用的差异比较法，而只是利用一个变量，即服务绩效来度量顾客感知服务质量。而且在度量的过程中，并不牵涉加权问题，简单实用。

SERPERF 继承了 SERVQUAL 对服务质量维度的划分和度量指标设定，仍然采用了 SERVQUAL 所采用的 5 个维度和 22 个问项的研究模式。

在感知服务质量的评价方法上主要有定性评价法和定量评价法。定性评价法主要是 CIT 法，即关键事件法，包括资料收集、分析、分类及有效性测试、资料汇总等。定量评价法主要运用 SERVQUAL 和 SERPERF 量表进行测量评价[14]。

3.2　国内感知服务质量及评价研究

国内学者在感知服务质量方面也做了不少探索，在不同领域开发了感知服务质量模型或维度。

在政府服务方面，许多学者研究了感知服务质量。依据 SERVQUAL 模型提出了十项测评行政机关的标准，分别是可靠性、回应性、能力、服务通道、服务礼貌、沟通、可信度、安全感、善解人意和有形性（张成福，2001)[15]。政府服务质量的维度包括守法性、服务意识、创新、服务效率和透明性（袁岳，2005)[16]。提出公共服务质量测评模型，包括功能质量和过程质量，功能质量包括标准性、安全性、稳定性和服务补救，过程质量包括服务交互界面、员工服务表现、服务标准、服务流程、服务设施与工具、服务承诺和服务投诉、顾客期望管理等（白长虹、陈晔，2005)[17]。从质量管理的角度出发，政府公共服务质量应符合以下具体标准：规范化和技能化标准；态度和行为标准；可亲近性和灵活性标准；可靠性和忠诚感标准；自我修复标准；名誉和可信性标准（金青梅，2007)[18]。开发了市民评价公共服务质量的测度，维度分别是：有形性、移情性、可靠性、信任感、吻合性、及时性、服务能力和服务声望8个维度（杨永恒、王有强、王磊，2007）[19]。开发了公众感知行政服务质量模型测评维度，包括便利性、响应性、透明性、守法性、实效性、保证性，尤其是守法性、实效性和透明性是政府机关特有的；同时，分别针对不同地区、不同部门、不同学历和不同调查地点的数据进行了比较研究，发现并分析了不同公众类型在感知行政服务质量方面所存在的差异（吕维霞、陈晔、黄晶，2009）[20]。

提出了公众感知政府服务质量的影响因素：服务设计、服务意识、分工合作与社会监督；并将公众感知政府服务质量影响因素与公众感知质量的测评维度进行了整合性实证研究，建立并验证了影响因素与感知质量维度的假设关系；结果显示服务设计对便利性、透明性、守法性、实效性和保证性有显著影响；服务意识对便利性、响应性、守法性、实效性、保证性有显著性影响；分工合作对便利性、响应性、透明性、实效性、保证性有比较显著的影响；社会监督只与响应性有比较显著的影响关系，而对保证性之间的假设没有得到验证（吕维霞，2010）[21]。公众对政府行政服务质量、政府公信力和政府声誉的感知，以及公众满意度不仅是公众评价政府绩效的重要方面，而且它们之间也存在着密切的联系。实证研究发现，便利性、响应性、实效性、保证性对于公众满意度有积极的、显著的影响，而守法性、透明性、实效性对政府公信力有积极的、显著的影响。公众的满意度对于政府的公信力和声誉均有积极影响，而政府的公信力则对政府声誉有积极影响（吕维霞、王永贵，2010）[22]。对公众评价政府公共服务质量的思路、方法、主要内容及影响因素等问题进行了探讨，并结合服务型政府的要求和我国公共服务建设的现状，有针对性地提出政府公共服务改善的对策（吕维霞，2010）[23]。基于公众导向的地方政府公共服务质量指标包括及时性、可靠性、能力、服务通道、沟通、可信度、安全感、有形性、服务礼貌、责任心（王家合，2010）[24]。

在信息服务与图书馆服务方面，许多学者也研究了感知服务质量。高雄（2011）以格郎鲁斯"可感知的服务质量"为切入点，通过构建可感知的个性化信息服务质量框架模型，分析了数字图书馆的个性化信息服务中对用户期望服务质量和实际感知服务质量的影响因素[25]。王天虹（2012）依据用户可感知服务质量理论，以天津高校图书馆的联合虚拟参考咨询工作为出发点，构建用户可感知的天津高校图书馆联合虚拟参考咨询服务质量的影响因素模型，重点分析了影响该项服务质量的各项因素，指出网站宣传、用户需求、图书馆形象是影响期望服务质量的主要因素。而实际感知服务质量主要受到信息资源、系统性能、专家服务、服务对象等因素的影响[26]。

于力、滕丽美、刘松柏（2013）为了使图书馆能够应对环境变化带来的巨大挑战，从市场营销的视角出发，研究读者感知质量对顾客资产增值的驱动作用，从而拓宽图书馆的发展思路。通过读者小组访谈和问卷调查的方法采集数据，并采用路径分析方法探索变量之间的关系。研究发现，响应性、可靠性、有形性和保障性与顾客资产增值具有显著的正相关关系，读者关系收益则作为两者的中介变量起着十分重要的作用[27]。张聪、詹庆东（2013）分析了福州地区大学城文献信息资源共享平台（FULink）文献提供系统的服务特点，结合感知服务质量理论，构建了适合 FULink 文献提供服务的感知服务质量模型及评价方式，对服务质量指标进行因子分析，发现联盟资源建设、检索功能、服务获取效率等因素最能影响用户感知服务质量[28]。宋爽、杜慰纯（2013）指出"SERVQUAL、LibQUAL＋TM"等现有感知服务质量评估模型在数字图书馆领域的应用中存在着与数字图书馆无关的评估指标多、一般用户的感知评价受制于使用相关服务的阅历等问题。从提升评价的客观性角度出发，将图书馆业务人员作为内部用户加入评价，形成包含内外两级用户的广义用户感知模型[29]。

郑德俊、轩双霞、沈军威（2015）提出对移动图书馆服务质量进行评价，有助于找准服务质量改进方向。考虑到移动设备的特点和多变的移动使用情境，应该以用户需求为中心，基于用户感知进行移动服务质量评价。结合定性和定量方法进行筛选，移动图书馆服务质量被划分为"功能满足质量""技术系统质量""用户关怀质量"这3个主维度及相应的观测题项，基于探索性分析和验证性分析，确定移动图书馆服务质量测评模型包含3个主维度、6个子维度的多维多层综合评价模型[30]。施国洪、胡馨月（2015）根据技术接受模型（TAM）理论，构建移动图书馆感知服务质量和用户再使用意向的概念模型。着重分析影响移动图书馆感知服务质量的前置因素，并讨论用户对移动图书馆的感知服务质量和使用态度对其再次使用移动图书馆这一行为意向的影响作用。实证研究发现，感知有用性、感知易用性和使用态度是影响移动图书馆感知服务质量的重要因素。感知服务质量和使用态度显著影响用户再使用意向[31]。施国洪、马怡萍（2015）采用实证研究的方法，从用户的角度研究移动图书馆的可用性，将可用性分为有效性、有效率和满意度，来考虑其对移动服务质量的影响。研究结果表明，移动图书馆的有效率和满意度对移动服务质量都有显著影响[32]。

金小璞、毕新（2016）研究表明基于用户体验的移动图书馆服务质量影响因素：移动图书馆界面、移动图书馆提示信息、移动图书馆信息描述与组织、移动图书馆系统的效率与功能、移动图书馆系统易用性、移动图书馆系统总体功能，合并后主要是考虑移动图书馆界面设计、移动图书馆信息内容、移动图书馆系统性能三个方面[33]。张译文（2017）从用户感知角度，提炼出人才保障、服务保障、资源保障、环境保障4个一级指标要素，以及人员学历、沟通水平、信息素养、服务质量、服务意识、服务能力、网络资源、纸本资源、设备资源、标识明确、安静卫生、座位充足等12个二级指标要素，并采用模糊数学评价方法实现公共图书馆服务质量评价的定量化[34]。梅新娅（2017）对"LibQUAL＋"工具做了几处修改：首先，"LibQUAL＋"由利用3个维度测量服务质量（服务影响、信息控制和图书馆环境）改为4个维度（图书馆工作人员、图书馆服务、图书馆馆藏和图书馆环境）。其次，"LibQUAL＋"将22个项目改有28个项目。最后，要求受访者对28个项目按照从1（低）到9（高）的级别评分，而"LibQUAL＋"工具使用一个1到7的级别评分。以重庆大学图书馆为研究对象，研究结果表明，所有服务质量维度中的差距分析都是正值，感知服务质量水平是受访者实际感知的服务质量水平，在总体上用户对所提供的服务是感到满意的[35]。

综上所述，感知服务质量研究主要以SERVQUAL和SERVPERF模型为基础，有形性、可靠性、响应性、保证性、移情性为基本质量评价维度，结合政府行政和公共服务的特征，学者在原有维度的基础上进行了拓展，增加了包括守法性、创新性、便利性、实效性、服务能力、透明性、专业性等质量维度；许多学者也研究了基于公众感知的图书馆服务质量评价，对传统的"LibQUAL＋TM"模型进行了修正，让其更适合于现代的数字图书馆和移动图书馆。但对档案馆的公众感知服务质量的研究甚少，几近空白，因此有必要开展本研究。

参 考 文 献

［1］Gronroos C. An Applied Service Marketing Theory［J］. European Jounlal of Marketing，1982，16（7）：30－41.

［2］Lehtinen U，Lehtinen J R. Service quality：A study of quality dimensions［M］. Helsinki：Service Management Institutes，1982.

［3］Parasuraman A.，Zeithaml V A.，Berry L. L. . A Conceptual

Model of Service Quality and Its Implication for future research ［J］. Journal of Marketing, 1985, 49: 41 – 50.

［4］ Cronin J. J. , Taylor, S. A.. Measuring Service quality: A Reexamination and Extension ［J］. Journal of Marketing, 1992 (56): 55 – 68.

［5］ Hoffman K D, Bateson J G. Essentials of service marketing ［M］. Orlando FL: The Dryden Press, 1997.

［6］ Brady M K, Cronin J J. Somenew thoughts on conceptualizing perceived service quality: a hierarchical approach ［J］. Journal of Marketing, 2001, 65: 34 – 49.

［7］ Gronroos C. A Service Quality Model and Its Marketing Implication ［J］. Europe an Journal of Marketing, 1984, 18 (4): 36 – 44.

［8］ Parasuraman A, Zeithaml V A, Berry L L. SERVQUAL: A Multiple-Item Scale for Measuring Consumer Perceptions of Service Quality ［J］. Journal of Retailing, 1988, 64 (1): 12 – 40.

［9］ Don Scott, David Shieff. Service Quality Components and Group Criteria in Local Government ［J］. International Journal of Service Industry Management, 1993, 4 (4): 42 – 53.

［10］ Rust R, Oliver R L. Service Quality: New Directions in Theory and Practice ［M］. Thousand Oaks, CA: Sage Publication, 1994: 1 – 19.

［11］ 阿里·哈拉契米. 政府业绩与质量测评——问题与经验. 广州: 中山大学出版社, 2003: 4 – 197.

［12］ Zeithaml V A, Bitner M J. Service marketing: Integrating customer focus across the firm ［M］. New York: McGraw Hill, 2003.

［13］ Yong J K, Donna L P. Current Issues and Conceptualizations of Services Quality in the Recreation Sport Industry ［J］. Sport Marketing Quarterly, 2004, 13 (3): 158 – 166.

[14] 刘晶晶、张清禄. 感知服务质量的研究综述 [J]. 东莞理工学院学报, 2014, 21 (2): 89-95.

[15] 张成福. 公共管理学 [M]. 北京: 中国人民大学出版社, 2001: 313-314.

[16] 袁岳. 新公道公共管理新视野 [M]. 北京: 北京大学出版社, 2005: 87-88.

[17] 白长虹、陈晔. 一个公用服务质量测评模型的构建和分析: 来自中国公用服务业的证据 [J]. 南开管理评论, 2005 (8): 4-11.

[18] 金青梅. 政府公共服务质量的概念界定与基本理论分析 [J]. 集团经济研究, 2007 (01S): 20-21.

[19] 杨永恒、王有强、王磊. 公共服务质量的评价维度和指标: 市民与官员的认知对比 [C]. 绩效评估与政府创新国际研讨会 (浙江) 论文集, 2007: 229-245.

[20] 吕维霞、陈晔、黄晶. 公众感知行政服务质量模型与评价研究——跨地区、跨公众群体的比较研究 [J]. 南开管理评论, 2009 (4): 143-151.

[21] 吕维霞. 公众感知政府服务质量影响因素实证研究 [J]. 国家行政学院学报, 2010 (5): 75-80.

[22] 吕维霞、王永贵. 公众感知行政服务质量对政府声誉的影响机制研究 [J]. 中国人民大学学报, 2010 (4): 117-126.

[23] 吕维霞. 论公众对政府公共服务质量的感知与评价 [J]. 华东经济管理, 2010 (9): 128-132.

[24] 王家合. 我国地方政府公共服务现状及其质量指标构建 [J]. 云梦学刊, 2010 (6): 77-80.

[25] 高雄. 基于可感知的数字图书馆个性化信息服务质量控制 [J]. 2011, 31 (1): 114-116, 134.

[26] 王天虹. 基于用户可感知的联合虚拟参考咨询服务质量的影响因素 [J]. 情报资料工作, 2012 (6): 82-86.

［27］于力、滕丽美、刘松柏．基于读者感知服务质量的图书馆顾客资产增值机制研究［J］．2013，33（5）：11－27.

［28］张聪、詹庆东．FULink 文献提供系统的感知服务质量研究［J］．情报杂志，2013，32（10）：174－177.

［29］宋爽、杜慰纯．高校数字图书馆感知服务质量及控制研究［J］．图书馆建设，2013（7）：70－75.

［30］郑德俊、轩双霞、沈军威．用户感知的移动图书馆服务质量测评模型构建［J］．大学图书馆学报，2015（5）：83－92.

［31］施国洪、胡馨月．移动图书馆感知服务质量的前因及结果实证研究［J］．情报理论与实践，2015，38（10）：104－109.

［32］施国洪、马怡萍．移动图书馆可用性对用户感知服务质量的影响研究［J］．图书馆学研究，2015（6）：46－52.

［33］金小璞、毕新．基于用户体验的移动图书馆服务质量影响因素分析［J］．情报理论与实践，2016，39（6）：99－103.

［34］张译文．基于用户感知的公共图书馆服务质量模糊综合评价研究［J］．农业图书情报学刊，2017，29（3）：5－9.

［35］梅新娅．用户感知大学图书馆服务质量的研究［J］．大学图书情报学刊，2017，35（2）：50－54，71.

公共文化服务群体及其服务质量需求

4.1 公共文化服务群体及其服务质量需求

4.1.1 公共文化服务群体的界定

界定政府公共文化服务群体，是本研究的基础。本研究将基于人口统计学变量和服务产品两类标准来界定政府公共文化服务群体。不同的人口统计学变量值和不同的服务产品形成了不同的服务群体，不同的服务群体具有不同的服务需求和服务质量期望。基于人口统计学变量的分类较为简单，一般按性别、年龄、学历、职业等变量进行划分；基于服务产品的分类将采用文献研究与专家访谈的方法，先确定政府公共文化服务产品的类别，然后依据产品类别界定公共文化服务的不同服务群体，再运用开放式访谈和问卷调研的方法，掌握各个服务群体的服务需求。

公共文化服务是指与经营性文化产业相对应，主要着眼于社会效益，以非营利性为目的，为全社会提供非竞争性、非排他性的公共文化产品和服务的文化领域，它涵盖了广播电视、电影、出版、报刊、互联网、演出、文物、社图和哲学社会科学研究等诸多文化领域，与整个文化领域可以实行市场化、产业化的经营性文化产业一道构成国家文化建设的完整内容。公共文化服务的范畴包括五大类：一是科学知识普及，包括自然科学、社会科学的知识传播；二是大众传媒发展与管理，包括对报刊、电视、互联网、音像制品等媒介的规范；三是公共文化设施和产品提供，主要包括博物馆、公共图书馆、文化馆、青少年活动中心、老年活动中心建设，影剧院规划建设，公益性文艺演出组织等；四是文化遗产保护，包括物质和非物质文化遗产保护等；五是文明行为和健康风尚倡导，包括公民素质教育、公共行为规范和思想道德教育等（张波、宋林霖，2008）[1]。

政府公共文化服务从公众感知的视角出发，主要可从文化服务设施、文化服务产品和工程来进行分类。

按文化服务设施分类有：图书馆、档案馆，博物馆、纪念馆，文化馆、美术馆、群艺馆、音乐厅，体育馆、青少年和老年活动中心，影剧院、大会堂，公园、文物自然遗产保护地等。

按文化服务产品分类有：广播，电视，电影，书籍，报纸杂志，网络信息资源等。

按文化服务工程分类有：大型节会，群众性文化活动，地方特色文艺演出，文化遗产等。

政府公共文化服务方式包括：展览观看、出借查阅、培训讲座、组织活动、展示演出、场设运用、出版播放、资源共享。政府公共文化服务特性包括：公益性、公平性（均等性）、便利性（便民性）、多样性、基本性、公共参与性。

不同的服务设施、服务产品和服务工程，形成了不同的服务群体，由于其服务方式、服务过程、服务内容不一样，使这些群体对服务质量的感知有所不同，同样对服务质量的需求也有所不同。

4.1.2　公共文化服务群体的服务质量需求

图书馆、档案馆的服务方式主要是图书或档案（包括期刊、报刊、政府文件、资料等）的出借查阅、复印等，当然档案的查阅对象、期限和程序有一定的法规性；服务过程包括出示证件（借书证、身份证或单位证明）、填写借阅信息提交、借阅图书或档案等资料，摘录或复印，归还图书或档案等资料。服务内容上有借书或档案，还书或档案，阅览室阅读期刊、报刊、档案、文件，查找电子文献或档案等。

学者曾对图书馆的服务做了以下服务质量需求的调研：一是信息/资源的可获取性方面：期刊的完整性、文献传递与馆际互借及时、重视用户对交叉学科的信息需求、方便的开馆时间、完备的印本资源；二是服务影响方面：愿意帮助用户、工作人员始终彬彬有礼、可靠地解决用户提出的问题、给予用户个别的关注、工作人员待人友善、工作人员具有解答用户咨询的知识、随时准备回答用户的问题、工作人员培养用户的信心、工作人员了解用户的需求；三是图书馆环境方面：有利于安静学习、适于独处、宜于思考、发挥创造力、舒适、有吸引力、启发思考；四是用户个人控制方面：在家中或办公室即可获得电子资源、现代化的设备使用户能够容易地获取所需信息、图书馆网站可以使用户自行查找信息、方便使用的存取工具使用户能够自己找到、使信息便于存取供独立使用、图书馆馆藏能方便地得到利用（常唯，2003）[2]。

研究院图书馆是我国图书馆事业中重要的组成部分，属于科学专业图书馆范畴，读者主要是从事科学研究的科学研究人员，虽然在年龄、造诣及所承担的研究任务上各不相同，但对图书馆的服务质量有许多共同的需求：对图书馆资料的专业性要求较深，针对性要求强，要求内容新，提供快，外文图书资料所占比重大。因此，要配合科研项目进行采购，要使新的图书资料及时投入流通，要开拓资料资源共享的范围，并保证重点，提供个性化服务（高桂枝，2004）[3]。

城市公共图书馆用户需求中，属于基本型需求（M）的项目包括：电子资源，纸质资源，提供读者需要的资源，有提供讨论交流的空间，环境整洁舒适，读者的个人信息和借阅记录准确保密等。属于期望型需求（O）的项目包括：音像资源，能从家/办公室获取图书馆的电子资源，有简便易用的网站、信息系统等，移动图书馆/手机图书馆，馆员乐意帮助读者，馆员快速响应读者要求，馆员始终有礼貌地对待用户，馆员具备解答用户问题的知识和技能，馆员理解用户的需求，馆员言行举止职业规范，在市图书馆，服务点及区馆等任一馆/点都可以借还所有馆/点的书刊等。属于魅力型需求（A）的项目包括：为读者提供及时的服务，馆外（如地铁站、大型社区等）设置自助借还书机，及时有效地处理读者意见和建议，开展对读者有帮助的培训课程和讲座，举办各类阅读推广活动，提供亲子阅读、少儿绘本制作、知识竞赛等少儿文化活动，设备/技术现代化等（韦景竹、曹树金、陈忆金，2015）[4]。

博物馆、纪念馆在展馆或空间性或有形性方面服务质量方面的需求：一是展览的内容丰富真实、与历史相符；二是形式多样（有实物、图片、文字和数字多媒体形式）；三是总体设计、布局合理，展览场地宽敞舒适；四是有安全感、整洁、整齐；五是展品标识清楚。在服务人员队伍方面的需求：一是服务人员服装统一、胸标清楚；二是服务人员素质好、政治文化素养高；三是服务人员文明礼貌，仪表大方。在服务内容方面的需求：一是讲解清楚，能根据对象不同处理讲解内容；二是按有关法律提供服务。

在科技博物馆，内容上用户首先最感兴趣的是展览展品，其次是围绕展览展品相关的科学表演，再次是培训实验和特效电影；参观目的上用户大多数是为了充实知识、休闲娱乐或者教育孩子；用户寻找想要参观内容的渠道首先主要通过展厅公共导览图，其次是宣传介绍的折页或者直接咨询工作人员；用户了解展品更多知识的渠道首先主要是通过手机上网来查询获取，其次是与志愿者或同伴交流；用户服务需求的痛点主要表现在找不到展品位置、难以获取和下载与展品相关的知识扩展，以及没有专门交流的区域；用户对新型信息服务都持有重要或者非常重要的态度，尤其是在提供专用的 APP 软件、基于 LBS 提供导航服务、获取展品相关拓展知识三个方面（胡滨，2015）[5]。

一个优秀的博物馆，不仅包括藏品本身的质量和价值，还包括这个博物馆对藏品之外所附加的服务和参观过程中参观者产生的舒适感，参观者更看重的是在观赏藏品的同时体会到优质的服务并达到他们的预期心理感受。B 博物馆作为国内典型的自然科学类博物馆，其服务质量中存在博物馆硬件设施建设不完善、自助服务不到位、展品展示及解说员讲解不详尽、馆内商品服务定价过高及供应不足、宣传服务不显著、工作人员服务态度参差不齐等问题（赵玉、胡男、刘卓慧，2017）[6]。这些问题也反映出公众对博物馆服务质量的需求。

北京博物馆文化旅游服务存在三个方面的问题：一是供给信息内容单一，游客游前资源认知度偏低；二是游中解说服务的生动性和有效性较弱，体验功能有待完善；三是社会环境载体乏力，游客游后信息传播自觉性不明显（王静、王玉霞，2017）[7]。

文化馆、美术馆、群艺馆、音乐厅、体育馆，以及老年、青少年活动中心，在场地、设施方面的需求：场地面积宽敞、舒适；设施先进、实用、现代化，功能齐全；布局合理、引成网络。在活动体制、内容与形式方面的需求：服务具有公益性，注重社会效益；具有普及性，大多数人可参加；活动有一定品位、格调；活动形式多样、丰富多彩。在服务人员方面的需求：服务人员思想好、业务精，善组织、懂管理；服务人员有奉献精神，无偿为群众服务；服务人员得到了政府部门的支持。在形象方面的需求：有统一的标志（logo），标准色彩，文化口号等（詹美珠、朱晓兰，2011）[8]。

在艺术大繁荣的今天，美术馆需要加强自主策划展览的能力，形成临时展览和固定陈列相结合的形式，以满足人民群众日益增长的审美需求。展览内容要紧扣时代主题和公众需求，不仅要注重艺术形式和创作的多样性，还要注重展览的学术质量，注重展览形式的可看性及趣味性。在教育推广上，根据不同的展览配置讲解员，提供语音导览设备。在展陈设计上，让艺术品更容易为观众所接近、所理解。并且通过数字化美术馆和巡回展览，扩大展览的覆盖面和影响力（廖鹏，2015）[9]。

广播电视台、会堂剧院、新闻出版社在服务设施方面的需求：广播电视信号覆盖率；终端设备普及率。在服务内容方面的需求：节目的丰富度，形式的多样性；节目内容的易接受性；新闻报道及评论的公正性；公众参与程度，有否征集公众意见、与公众互动等；本地节目与自办节目的比例。在服务人员方面的需求：行为规范、服务效率、创新性等；服务态度好；业务能力强（任丙超，2011）[10]。

电视公共服务需具有公知度，即公众对获得的电视公共服务的认知程度；便利性，包括界面的友好性、易操作性、安全性、响应性及专业性，公众一旦选择了电视公共服务系统提供的服务内容，即能够迅速获得响应，放心使用系统，能够方便、顺畅、稳定地收听收看广播电视；丰富性，包括用户可以免费接收广播节目套数和电视节目的套数，用户接收电视传播内容的多元性、均等性，以及电视公共服务的延伸性、互动性和应急性等（谈黎红、邹晶，2013）[11]。

有线电视的服务质量一般包括接触服务质量、业务服务质量和网络服务质量。接触服务质量反映了用户在与有线电视网络公司接触过程当中的接触感受与满意程度的综合效果，包括服务态度、服务用语、服务水平，以及渠道便利性、接触方便性、服务规范性等多个方面；业务服务质量既依赖于网络本身的性能，典型的如节目的收视质量、视频点播的点播成功率、宽带上网的网速与稳定性等，也依赖于业务本身的效果，典型的如业务的设计或创意水平、表现风格及内容的吸引程度等；网络服务质量由网络运行的综合效果来衡量，面向网络提供，反映了网络规划设计、工程建设和运行维护的总体水平（何拥军，2012）[12]。

电影放映服务质量，是影响观众产生不同感受的主要原因，主要是由电影放映设备和放映人员的基础能力和素质所决定的，放映服务质量差主要直观地体现在：电影屏幕画面不清晰、影像过于昏暗、声音画面不协调、重影、回声严重等，而对于这些问题，电影放映人员必须在放映前进行多种措施预防，不可以在电影放映时再进行调节，否则会直接影响观众的观影心情（罗俊，2017）[13]。

技术面上、服务面上和业务/内容面上的质量感知分别体现了有线数字电视服务的业务质量、服务质量和信息内容质量。有线数字电视服务质量评价要素：一是服务，营业厅服务（包括交通便利性、营业厅环境、服务人员态度、业务办理效率、服务用语规范性、服务人员整体形象、解决问题的能力、基本功能区设置等）、客服电话（包括客服电话易接通性、电话语音自动应答系统便捷性、电话人工服务态度、解答问题清晰度、是否能方便快速解决问题等）、电子营业厅（包括美观性、设置易用性、快速办理各类业务、提供服务的全面性等）、业务开通（包括业务办理的方便性、简易性、安装/申报的时效性、迁移/过户时效性、暂停/恢复开通时效性等）、故障维修（包括故障申报的方便性、故障维修时效性、故障维修效果、处理故障的能力等）、投诉（包括投诉处理时效性、对顾客投诉的重视程度、投诉处理结果等）、缴费服务（包括缴费方式的多样性、查询费用的方便性、费用清单的准确透明性等）、上门服务（包括人员整体形象、服务及时性、服务守时性、上门服务规范性等）；二是技术，画面和声音质量（包括画面清晰度，雪花、跳动、横条/黑屏、马赛克等出现情况、声音是否清楚，有无杂音等）、非音视频类业务质量（包括信号传输稳定性等）；三是业务/内容，广播电视基本节目（包括基本节目数量、基本节目多样性、地方自办频道丰富性等）、视频点播（操作是否麻烦，是否花费时间长等）、数据广播（操作是否麻烦，是否花费时间长）、数字电视增值业务（包括收视费用、订购手段是否丰富多样、订购手段是否方便快捷、付费节目打包策略、可提供的增值服务种类等）、机顶盒质量（机顶盒出现故障解决情况）、机顶盒开机情况（包括机顶盒开机时长、机顶盒开机画面）、机顶盒遥控器（包括遥控器操作方便性、按键设计是否合理、遥控器质量、遥控器反应快慢等）（聂明杰等，2014）[14]。

　　基于 SERVQUAL 创建的 HERITQUAL 模型就是遗产旅游地服务质量的评价工具。HERITQUAL 模型主要包括 5 个因子：反应度、承载度、硬件水平、沟通度和社区参与度。反应度包括员工热情度、员工耐心度、员工配备充足度、管理者心态；承载度包括游客密度、游客活动自由度、景点开发度；硬件水平包括遗产保护状况、日常维护水平、吸引力、原真性、绿化率、服务设施；沟通度包括景点人员讲解技巧、解说手册信息丰度、员工知识丰度、指示标志清晰度；社区参与度包括餐馆及菜肴的多样性和丰富度、住宿设施的多样性和丰富度、购物便利度、居民态度、社区环境卫生等（张维亚，2008）[15]。

　　不同的旅游特性，游客的期望服务不同，服务人员的特质不同，使得顾客知觉的服务质量不同。针对世界遗产地旅游服务，研究表明游客知觉的服务质量与解说员特质有显著的相关性。游客知觉的服务质量侧重点不同，偏好的解说员特质也不同，如游客重视仪表仪态因子，是偏好解说员具有"开放性""外向性""稳定性"等特质；游客重视解说态度因子，则偏好解说员有"外向性""宜人性""稳定性"等特质。游客较重视解说员的解说态度，解说员在与游客的互动问答中应当有耐心，认真倾听游客的看法与建议。在讲解过程中，解说员不应把游客只当成听众，而是朋友，让游客全身心地参与到整个体验过程中。解说员针对不同年龄、不同职业的游客，解说方式也应不同，如老年人要考虑到其身体状况，参观和讲解的时间应该更久。解说员最好能将解说内容与游客的社会背景相结合，吸引游客倾听的兴趣。解说员的仪表仪态对服务质量能起到一定的加分作用，如果解说员品貌端正、面带微笑，则会让游客觉得心情愉悦，从而提高游客知觉的服务质量（蔡礼彬、司玲，2015）[16]。

基于旅游的基本要素及旅游主题公园的特点，构建了旅游主题公园服务质量的评价指标体系，包括社区：X1 总体形象，X2 基础设施，X3 游览环境，X4 卫生环境；餐饮：X5 餐饮特色，X6 餐饮服务，X7 餐饮卫生，X8 服务便捷；交通：X9 交通便捷性，X10 交通安全性，X11 交通通畅性，X12 线路安排；购物：X13 商品种类，X14 商品特色，X15 商店服务，X16 商店信誉，X17 商品质量；娱乐：X18 娱乐活动种类，X19 娱乐吸引力，X20 娱乐服务，X21 娱乐设施维护，X22 娱乐安全保护，X23 路标指示；服务人员：X24 导游服务态度，X25 导游讲解服务，X26 景物介绍牌，X27 员工形象，X28 服务热情，X29 服务方式，X30 服务效率；住宿：X31 公共厕所卫生，X32 休息设施，X33 安全设施，X34 设施布置（马骞、宋保平、田祥利，2010）[17]。

城市公园绿地服务质量体系主要包含两个方面：资源质量体系和保障质量体系。保障质量体系是指城市公园绿地设施、服务、管理等，是资源质量体系的基础，其质量评判取决于城市公园绿地服务的软件、硬件两个方面。前者包括服务（交通服务、导游服务和安全服务等）、管理（设计风格、规模大小、容量控制、治安、园林养护、环境清洁等）和氛围（游客素质、居民友好度、空气质量、噪声控制、文化品位等）等；后者包括基础设施（公共厕所数量和位置、环卫设施、绿化面积、休息场所的便捷性、引导标识等）和项目（游玩项目丰富程度、游玩设施的安全性、特色活动、参与性活动的提供、景点的观赏性和丰富性等）等（贺海娇、李书剑，2017）[18]。

综上可知，各类公共文化服务群体在服务质量需求方面是多种多样的，在各个方面都有具体的要求，主要体现在服务设施的性能和先进性，服务形式的多样与创新性，服务内容的丰富和专业性，服务人员的素质和效率性，以及行为、态度、礼仪等方面。这些方面做得好与不好，直接影响着公众对公共文化服务质量的感知。

4.2　国家档案馆公共服务群体及其服务质量需求

认清档案馆的用户群体，还需了解用户的需求、深入研究用户的信息利用规律，做到有的放矢。国际档案界将档案利用的类型概括为学术利用、实际利用和普通利用，我国依据利用档案的目的分为四大类——编史修志、工作查考、学术研究、经济建设。然而今天档案用户的需求已远远超越于此，而且在利用的过程中，用户不仅对检索的准确率和查全率有着较高的要求，而且对于档案的环境、设施、服务方式、态度等较之以往也有更高的要求。

4.2.1　网络调研与文本内容分析

通过网络访问了浙江省档案馆、杭州市档案馆、宁波市档案馆、绍兴市档案馆、绍兴县档案馆、嵊州市档案馆网站，下载和阅读了档案资料查阅须知和指南、档案利用实例、档案工作总结和统计数据、政府信息公开指南等相关文本资料。提取出现的分类变量词句如表4-1所示。

表4-1 提取的分类变量词句

序号	分类变量词句
1	单位，个人；机关、企事业单位、社会团体的工作人员和法律工作者，来自社会各阶层的普通市民
2	单位；职业；文化层次（学历）；婚姻状况；工龄（工种）；招工；房产；调动；知青；支农支边；查阅档案类别；查阅方式；咨询方式
3	编史修志
4	工作查考：文件查考，政策、法规查考
5	学术研究
6	宣传教育
7	出具证明：婚姻证明，房产证明，学历证明，工资证明，调动证明，公证证明，其他证明
8	查阅婚姻档案：补办结婚证、户口迁移、银行按揭、解除婚约、办理准生证以及民事诉讼等
9	会计档案利用：企事业单位转制，职工确定工龄，办理退休手续等原因
10	教学档案利用：搞校庆、各班级为开同学会、各同学间为加强联系，毕业证书存根
11	调档门类，调档全宗
12	电子档案，实体档案
13	档案查阅：查阅档案；复印档案；摘录档案
14	文件查阅：窗口接待查阅文件，调用文件，复印文件
15	资料查阅：接待查阅资料，调资料，复印资料
16	咨询服务：接受咨询，各类回复。来电、来函、来信、网上留言等
17	出具证明：接待受理，填表，调档查阅，复制出证
18	现场查阅咨询；来电查阅咨询；来函查阅咨询；传真查阅咨询；网络直接查阅（仅限现行文件及开放档案目录）、网络留言代为查阅

从提取的分类变量词句中可发现与人有关的变量有：单位性质、职业、学历、婚姻、工龄、工资、房产、户口、同学、知青等。

而与服务有关的变量有：单位、个人、查阅档案、咨询、编史修志、工作查考、学术研究、宣传教育、证明、档案利用、调档、全宗、文件查阅、资料查阅、现场查阅、来电查阅、来函查阅、网络查阅等。

4.2.2　国家档案馆公共服务群体的界定

通过向档案馆管理人员、档案学研究人员与用户访问调研和讨论，认为性别是基本的人口统计学变量应增加，单位性质可直接用单位替代，工龄与年龄有关，工资、房产与职位、职称有关，户口与所属地区有关，同学、知青与经历有关，因此确定用于分类的人口统计学变量为：单位，职业/职位，学历，职称，性别，年龄，婚姻状况。

而从与服务有关的变量分析可知，这些变量主要反映了各种服务主体、服务用途、服务方式和服务内容。因此确定服务主体、服务用途、服务方式和服务内容为基于服务任务分类的变量。从服务主体上，可分为单位和个人用户，单位用户包括机关、企事业单位、社会团体等，个人用户包括社会的各个阶层；从服务用途上，可分为：编史修志、工作查考、学术研究、宣传教育、出具证明等几类；从服务方式上，可分为：现场服务、电话或传真服务、来函服务、网络服务等；从服务内容上，可分为档案查阅、文件查阅、资料查阅、口头或书面咨询等。不同的服务群体服务程序不同，服务的环节、接触的界面、服务的深度和广度不同，感知的服务质量也会有所不同。

4.2.3 国家档案馆公共服务群体服务质量需求

伴随着社会日益多元化、个性化的发展，社会各界人士有了较之以往更鲜明的需求，对于档案信息需求不再仅仅局限于学术研究、增长知识等，更多的教育工作者、各类经营管理者、社会公众等出于不同的目的走进档案馆，或者借助于网络、移动设备等现代化设施享受档案信息服务。公众对国家档案馆公共服务的质量要求也越来越高。

档案馆的服务质量指档案馆提供的服务能够满足规定和潜在需求的特征和特性的总和，是其服务工作能够满足被服务者需求的程度，可以从档案馆的软硬件两个方面来说：在档案馆硬件方面，首要条件是档案馆馆藏的数量与质量，即馆藏档案的规模及档案的真实性和完整性，馆藏门类是否齐全、馆藏内容是否丰富直接决定着档案的查准率和查全率。其次，档案馆服务现代化程度及环境舒适度，档案馆在对外服务中所采用设备的信息化程度标志着档案馆服务现代化水平，同时档案馆的环境对于档案利用者的感官体验也是关键因素。在档案馆软件方面，首先是档案工作人员的服务意识水平，有了高素质的工作人员才会有一流的服务态度与服务水平。其次，档案馆服务方式的合理性，档案服务方式分为文献服务、管理系统检索服务和网络信息服务，档案馆服务方式的优劣，直接影响服务的质量与数量，影响档案价值的充分发挥。最后，档案馆服务的效益性，档案馆服务可以创造社会效益和文化效益，以及间接创造经济效益（谢恺璇，2016）[19]。

研究表明档案馆基础设施建设，包括信息化建设、服务设备、服务环境、业务拓展；档案资源整合与建设，包括全面完整性、真实可靠性、内容清晰性、资源共享性；档案资源开发，包括档案针对性、可用性、实用性；服务队伍建设，包括服务态度、素质能力、服务效率；服务方式及过程，包括服务导航、服务流程、检索方式、系统响应及时性、服务系统多样化、系统稳定性、检索功能准确、服务方式多样化、系统安全性、服务反馈；档案资源利用，包括服务费用、利用数量、利用形式等；这些因素都影响着用户感知的公共档案馆的服务质量（邓君等，2016）[20]，也是用户对公共档案馆服务质量需求所在的方面。

影响档案馆服务质量的四个方面：第一，馆藏资源，馆藏资源充足、类型种类丰富齐全，能够提供有效的开放性服务。第二，查阅方式，网站功能全面、更新及时、主页信息有很好的易用性，能够有效指引用户查找和获取所需信息，查档手续的流程应便捷，方便用户查（借）阅，便捷的检索方式能够使用户迅速找到档案所在位置，可以有效地提高档案馆的服务效率。第三，环境设施，档案馆的总体环境应舒适、安静、整洁、氛围好，物理环境如光线、温度、湿度等要让用户感觉舒适，档案馆馆舍空间和查（借）阅空间应充足，馆舍的地理位置应便于查找，馆内要有明显的指引措施，馆内电脑、复印机、扫描仪等硬件设施应齐全，并在数量、性能、分布等方面能够满足用户的需求。第四，服务队伍，工作人员言谈举止是否得当、穿着服饰是否大方得体，态度友善、彬彬有礼，具备熟练的业务、丰富的工作经验和善于与用户沟通的能力，服务效率、用户获得服务的便捷性等（土悦，2015）[21]。

与传统档案用户相比，数字档案馆用户的档案服务需求有所不同，它具有：一是多元性，数字档案馆用户的多层次决定了信息需求的多样性，同时用户期待更多样的档案形式，如文字、图像、音频和视频等；二是动态性，用户要求有价值的档案信息能动态地、及时地发布出来并推送给用户；三是高效性，用户希望能高效、快捷地查询到所需档案；四是个性化，用户除了对档案查询过程和查询结果关注外，还需要一些个性化服务，如界面和数据库定制服务、信息推送服务、专题信息服务等（蒋萍萍、张宝玲，2015）[22]。

从不同角度展现了用户对公共档案馆微信公众平台服务质量的需求：一是交互与平台系统设计，包括交互品质（交互有效性、交互易用性、交互实时性、反馈及时性、交互流畅性、交互友好性）、平台运行品质（平台运行稳定性、平台设计专业性、平台设计人性化、平台响应速度、平台功能完备性、平台功能扩展性、平台使用便捷性、平台安全性）、平台界面设计（界面友好性、界面美观性、界面清晰性、界面简洁性）。二是服务能力，包括服务品质（服务友好性、服务个性化、服务方式多样性、服务人性化、服务适度性、服务时效性、服务共享性、线上线下服务结合性）、帮助与导航（帮助功能醒目性、帮助功能易用性、导航服务清晰性、导航服务准确性）。三是档案内容价值，包括一般价值（档案内容真实性、档案内容完整性、档案内容可靠性、档案内容丰富性、档案内容针对性、档案内容相关性、档案内容专业性）、扩展价值（档案内容新颖性、档案内容趣味性、档案内容在线共享性、线上线下内容结合性）。四是检索功能，检索功能易用性、检索结果全面性、检索结果易获取、检索途径多元化、检索内容整合性、检索结果准确性（宋雪雁，2016）[23]。

综上所述，档案馆公共服务，首先，在服务内容上，要求更具有广泛性，要求馆藏资源丰富多样结构合理。随着档案信息需求主体多元化的发展，对于档案信息的需求也逐渐多元化，而且不同类型、不同层次、不同级别的用户有着各自的需求。另外，档案利用者的需求在不断地发生变化，不仅对于原始文献有着一定的需求，而且对于其各种类型、形式的信息加工产品也有着明显的需求。其次，在服务的过程上，要求更加便利和及时。传统的档案馆服务有许多程序，特别对公众的开放需要许多的手续，档案的提供由于手工的因素也较缓慢，档案馆的所在地点一般在政府行政大楼、开放时间也是公务员上班时间，不太符合公众对档案馆公共服务质量的需求。公众要求各级各类国家档案馆能以多种方式提供档案资料，包括传统纸质和现代的电子方式；要求服务过程的便利，包括服务程序的方便快捷、服务表格的易于填写等。同时，要求档案馆要能及时响应用户的需求，主动热情、准确及时提供档案信息服务。再次，在服务方式上，更加具有个性化。国家档案馆应在提供纸质档案阅览、复制、展览等基本服务的基础上，进一步提供通过电子邮件、档案馆网站、手机 APP 等方式进行检索、查阅其档案，在时间与空间上做到个性化服务。最后，在服务形象上，要求更加现代化、专业、可靠。国家档案馆应具有现代化服务设施，宽敞明亮的场馆，公众可以在其中舒适地查阅档案；档案馆网站有友好界面，丰富的档案资讯，可以远程登录方便查阅档案。档案馆服务有专业的标准，服务人员操作熟练、主动热情、有礼有节，提供的档案资料准确可靠、承诺的事情能及时完成。同时，要充分体现档案馆的文化性、公共性，积极传递信号，使国家档案馆真正成为一个公共文化服务机构。

参 考 文 献

［1］张波、宋林霖. 优化政府公共文化服务成本的制度研究［J］. 理论探讨，2008（6）：82－85.

［2］常唯. LibQUAL＋TM——图书馆服务质量评价方法新进展［J］. 大学图书馆学报，2003，21（4）：23－26.

［3］高桂枝. 深入研究读者的需求，努力提高读者服务质量［J］. 图书馆，2004（4）：85－88.

［4］韦景竹、曹树金、陈忆金. 基于读者需求的城市公共图书馆服务质量评价模型研究［J］. 图书情报知识，2015（6）：36－47，88.

［5］胡滨. 我国公共文化空间用户信息行为及文化服务需求实证研究［J］. 图书与情报，2015（2）：128－132.

[6] 赵玉、胡男、刘卓慧. B 博物馆服务质量问题及对策研究 [J]. 中国市场, 2017 (6): 235 - 237.

[7] 王静、王玉霞. 北京博物馆文化旅游服务质量提升研究 [J]. 北京联合大学学报 (人文社会科学版), 2017, 15 (3): 26 - 30.

[8] 詹美珠、朱晓兰. 在贴近中提升在服务中推进——以文化馆建设为例, 浅谈公共文化服务体系如何贴近人民生活 [J]. 戏剧之家, 2011 (6): 90 - 91.

[9] 廖鹏. 当前我国公共美术馆的管理与服务 [J]. 艺术百家, 2015, S2: 6 - 8.

[10] 任丙超. 试论我国广播电视公共服务评估体系 [J]. 湖南大众传媒职业技术学院学报, 2011 (6): 21 - 24.

[11] 谈黎红、邹晶. 基于用户的电视公共服务质量评价初探 [J]. 2013 (6): 159 - 160.

[12] 何拥军. 浅谈有线电视服务质量 [J]. 有线电视技术, 2012 (8): 39 - 42.

[13] 罗俊. 如何有效提升电影放映服务 [J]. 中国集体经济, 2017 (10): 94 - 95.

[14] 聂明杰、杨家胜、韩凌、王昕、秦龙、肖红江. 有线数字电视服务质量指标体系 [J]. 广播与电视技术, 2014, 41 (12): 96 - 103.

[15] 张维亚. 遗产旅游地服务质量评价模型研究 [J]. 北京第二外国语学院学报 (旅游版), 2008 (1): 17 - 22.

[16] 蔡礼彬、司玲. 解说员特质与世界遗产地服务质量关系研究 [J]. 华侨大学学报 (哲学社会科学版), 2015 (3): 40 - 54.

[17] 马骞、宋保平、田祥利. 旅游主题公园服务质量评价研究 [J]. 江西农业学报, 2010, 22 (4): 186 - 188.

[18] 贺海娇、李书剑. 城市公园绿地服务质量要求 [J]. 质量与标准化, 2017 (4): 10 - 12.

[19] 谢恺璇. 公众档案意识与档案馆服务质量关系探析 [J]. 2016 (1): 52 - 53.

[20] 邓君等. 基于用户感知的公共档案馆服务质量影响因素研究 [J]. 图书情报工作, 2016, 60 (16): 26 - 38.

[21] 王悦. 谈影响档案馆服务质量的几个因素 [J]. 兰台内外, 2015 (3): 51.

[22] 蒋萍萍、张宝玲. 数字档案馆信息利用服务质量评价体系初探 [J]. 数字兰台, 2015 (8): 38 - 39.

[23] 宋雪雁等. 公共档案馆微信公众平台服务质量评价研究 [J]. 图书情报工作, 2016, 60 (16): 39 - 49.

5

基于公众感知的政府公共文化
服务质量评价模型研究

5.1 基于公众感知的政府公共文化
服务质量评价模型研究

5.1.1 基于公众感知的政府公共文化服务质量评价备选指标

基于文献研究与调研访谈，结合政府公共文化服务的特征，首先选择了便利性、响应性、透明性、守法性、实效性和有用性、专业性和标准性、有形性、可靠性和正确性、服务能力、信任性和保证性、移情性等 11 个维度 41 个问项指标为基于公众感知的政府公共文化服务质量评价备选指标（如表 5 - 1 所示）。设计备选指标的重要性问卷见本书附录 1，进行各问项的重要性调研。

表5-1　　公众感知的政府公共文化服务质量评价备选指标

序号	维度与问项	来源
1	便利性	吕维霞
1.1	可方便找到服务地点或服务人员	访谈讨论，吕维霞
1.2	可方便了解到服务程序和服务要求	访谈讨论，吕维霞
1.3	服务表格易于填写	访谈讨论，吕维霞
1.4	服务程序方便快捷	访谈讨论，吕维霞
2	响应性	PZB
2.1	能告诉用户提供服务的准确时间	访谈讨论，PZB
2.2	能提供及时的服务	访谈讨论，PZB
2.3	服务主动热情，愿意帮助用户	访谈讨论，PZB
2.4	服务态度平和，耐心帮助用户	访谈讨论
3	透明性	阿里·哈拉契米
3.1	服务过程是透明的	访谈讨论
3.2	服务结果是公开的	访谈讨论
3.3	服务渠道是公开的	访谈讨论
3.4	可通过电话、网络等方式提供服务	访谈讨论
4	守法性	袁岳
4.1	服务人员依据政策法规提供服务	访谈讨论
4.2	服务过程和结果是公平公正的	访谈讨论
4.3	应用政策法规时，结合实际灵活应用	访谈讨论
5	实效性和有用性	吕维霞，刘武
5.1	服务人员能及时找到用户需要的信息资料等	访谈讨论
5.2	投诉或留言能得到及时解决或答复	吕维霞
5.3	查到的信息资料等有效用	访谈讨论
5.4	工作时间内能找到服务人员	访谈讨论
6	专业性和标准性	刘武，白长虹
6.1	有专业服务标准	访谈讨论
6.2	服务人员提供专业标准的服务	访谈讨论

续表

序号	维度与问项	来源
7	有形性	PZB
7.1	服务大厅宽敞明亮舒适	访谈讨论，PZB
7.2	有现代化的服务设施，具有吸引力	访谈讨论，PZB
7.3	服务人员有整洁的服装和外表	访谈讨论，PZB
7.4	服务设施与所提供的服务相匹配	访谈讨论，PZB
8	可靠性和准确性	PZB，阿里·哈拉契米
8.1	向用户承诺的事情都能及时完成	访谈讨论，PZB
8.2	用户遇到困难时，能表现出关心并提供帮助	访谈讨论，PZB
8.3	提供的信息资料是准确可靠的	访谈讨论
8.4	准确记录相关的服务	PZB
9	服务能力	张成福
9.1	服务资源丰富和结构合理	访谈讨论
9.2	查阅信息资料的设施和手段先进	访谈讨论
9.3	服务人员的信息素养	访谈讨论
9.4	服务管理水平	访谈讨论
10	信任性和保证性	杨永恒，PZB
10.1	服务人员是值得信赖的	访谈讨论，PZB
10.2	提供的服务用户感到放心	访谈讨论，PZB
10.3	服务人员是有礼貌的	访谈讨论，PZB
10.4	服务人员得到政府支持，以提供好的服务	访谈讨论，PZB
11	移情性	PZB
11.1	会针对不同的用户提供个性化服务	访谈讨论，PZB
11.2	会了解用户的需求	访谈讨论，PZB
11.3	服务方式能满足个性化需求	访谈讨论
11.4	服务时间能满足个性化需求	访谈讨论，PZB

5.1.2 基于公众感知的政府公共文化服务质量评价初始模型

（1）备选指标重要性问卷调研、数据收集与描述性统计

依据备选指标设计重要性问卷，进行各问项指标的重要性调研。向社会公众发放重要性调研问卷 200 份，回收问卷 189 份，剔除随意填写、缺失较多的无效问卷，得到有效问卷 141 份。对这 141 份有效问卷数据进行描述性统计分析如下。

1）样本学历、性别、年龄和婚姻情况

从表 5 - 2 可知，有效样本中小学为 2 人，占 1.4%；初中 20 人，占 14.2%；高中 21 人，占 14.9%；大学 95 人，占 67.4%；研究生 1 人，占 0.7%；缺失 2 人，占 1.4%。

表 5 - 2　　　　　　　　　样本学历情况

状态	学历	频率	百分比	有效百分比	累积百分比
有效	小学	2	1.4	1.4	1.4
	初中	20	14.2	14.4	15.8
	高中	21	14.9	15.1	30.9
	大学	95	67.4	68.3	99.3
	研究生	1	0.7	0.7	100.0
	合计	139	98.6	100.0	
缺失	系统	2	1.4		
合计		141	100.0		

从表 5 - 3 可知，有效样本中男 49 人，占 34.8%；女 90 人，占 63.8%；缺失 2 人，占 1.4%。

表5-3　　　　　　　　　　　样本性别情况

状态	性别	频率	百分比	有效百分比	累积百分比
	男	49	34.8	35.3	35.3
有效	女	90	63.8	64.7	100.0
	合计	139	98.6	100.0	
缺失	系统	2	1.4		
合计		141	100.0		

从表5-4可知，有效样本中10~19岁11人，占7.8%；20~29岁101人，占71.6%；30~39岁9人，占6.4%；40~49岁11人，占7.8%；50~59岁7人，占5.0%；缺失2人，占1.4%。

表5-4　　　　　　　　　　　样本年龄情况

状态	年龄	频率	百分比	有效百分比	累积百分比
	10~19	11	7.8	7.9	7.9
	20~29	101	71.6	72.7	80.6
	30~39	9	6.4	6.5	87.1
有效	40~49	11	7.8	7.9	95.0
	50~59	7	5.0	5.0	100.0
	合计	139	98.6	100.0	
缺失	系统	2	1.4		
合计		141	100.0		

从表5-5可知，有效样本中已婚40人，占28.4%；未婚99人，占70.2%；缺失2人，占1.4%。

表 5 - 5 样本婚姻状况

状态	婚姻状况	频率	百分比	有效百分比	累积百分比
有效	是	40	28.4	28.8	28.8
	否	99	70.2	71.2	100.0
	合计	139	98.6	100.0	
缺失	系统	2	1.4		
合计		141	100.0		

2）接受公共文化服务设施状况

从表 5 - 6 可知，有效样本中最常去的是图书馆 89 人，占 63.1%；其次常去的是公园 61 人，占 43.3%；再次常去的是影剧院 41 人，占 29.1%；然后常去博物馆的有 30 人，占 21.3%；常去活动中心的有 29 人，占 20.6%；常去文化馆的有 26 人，占 18.4%。

表 5 - 6 接受服务设施状况统计

状态	图书馆		博物馆		文化馆		活动中心		影剧院		公园		其他	
	频率	百分比	频率	百分比	频率	百分比	频率	百分比	频率	百分比	频率	百分比	频率	百分比
接受过	89	63.1	30	21.3	26	18.4	29	20.6	41	29.1	61	43.3	2	1.4
未接受	52	36.9	111	78.7	115	81.6	112	79.4	100	70.9	80	56.7	139	98.6
合计	141	100.0	141	100.0	141	100.0	141	100.0	141	100.0	141	100.0	141	100.0

3）接受公共文化服务产品状况

从表 5 - 7 可知，有效样本中最常看的是电视 93 人，占 66.0%；其次是网络信息 83 人，占 58.9%；再次是电影 71 人，占 50.4%；然后分别是书籍和报纸杂志 68 人，占 48.2%；广播 36 人，占 25.5%。

表5－7 　　　　　　　　　　接受服务产品状况统计

状态	广播		电视		电影		书籍		报纸杂志		网络信息		其他	
	频率	百分比	频率	百分比	频率	百分比	频率	百分比	频率	百分比	频率	百分比	频率	百分比
接受过	36	25.5	93	66.0	71	50.4	68	48.2	68	48.2	83	58.9	1	0.7
未接受	105	74.5	48	34.0	70	49.6	73	51.8	73	51.8	58	41.1	140	99.3
合计	141	100.0	141	100.0	141	100.0	141	100.0	141	100.0	141	100.0	141	100.0

4）接受公共文化服务工程状况

从表5－8可知，有效样本中最常参与群众活动60人，占42.6%；其次大型节会47人，占33.3%；再次文化遗产45人，占31.9%；然后是地方特色42人，占29.8%。

表5－8 　　　　　　　　　　接受服务工程状况统计

状态	大型节会		群众活动		地方特色		文化遗产		其他	
	频率	百分比	频率	百分比	频率	百分比	频率	百分比	频率	百分比
接受过	47	33.3	60	42.6	42	29.8	45	31.9	4	2.8
未接受	94	66.7	81	57.4	99	70.2	96	68.1	137	97.2
合计	141	100.0	141	100.0	141	100.0	141	100.0	141	100.0

5）备选指标重要性统计量

备选指标重要性统计量如表5－9所示，通过该表可知各问项指标的重要性全距、均值和标准差等统计量值。

表5－9 　　　　　　　　　　备选指标重要性统计量

问项	N	全距	均值	标准差
x42：服务过程和结果是公平公正的	140	4	6.15	0.944
x14：服务程序方便快捷	140	5	6.15	1.092
x101：服务人员是值得信赖的	140	4	6.14	0.956

问项	N	全距	均值	标准差
x11：可方便找到服务地点或服务人员	140	6	6.11	1.073
x81：向用户承诺的事情都能及时完成	140	5	6.09	1.035
x51：服务人员能及时找到用户需要的信息资料等	140	6	6.08	1.093
x54：工作时间内能找到服务人员	140	4	6.06	1.026
x102：提供的服务用户感到放心	140	4	6.06	1.094
x83：提供的信息资料是准确可靠的	140	6	6.06	1.037
x43：应用政策法规时，结合实际灵活应用	140	5	6.04	1.038
x82：用户遇到困难时，能表现出关心并提供帮助	139	5	6.02	0.981
x41：服务人员依据政策法规提供服务	140	6	6.01	1.073
x52：投诉或留言能得到及时解决或答复	140	5	5.99	1.025
x22：能提供及时的服务	140	6	5.99	1.157
x23：服务主动热情，愿意帮助用户	140	5	5.95	1.095
x103：服务人员是有礼貌的	140	6	5.94	1.078
x53：查到的信息资料等有效用	140	5	5.91	1.083
x12：可方便了解到服务程序和服务要求	140	5	5.91	1.217
x21：能告诉用户提供服务的准确时间	140	5	5.91	1.187
x24：服务态度平和，耐心帮助用户	139	6	5.88	1.104
x33：服务结果是公开的	139	6	5.88	1.201
x104：服务人员得到政府支持，能提供好的服务	140	6	5.87	1.216
x93：服务人员的信息素养	140	4	5.86	0.993
x32：服务结果是公开的	139	5	5.86	1.272
x31：服务过程是透明的	139	6	5.84	1.247
x94：服务管理水平	140	3	5.84	0.964
x34：可通过电话、网络等方式提供服务	139	6	5.77	1.264
x62：服务人员提供专业标准的服务	139	5	5.73	1.081
x84：准确记录相关的服务	138	5	5.72	1.079
x92：查阅信息资料的设施和手段先进	140	5	5.69	1.164

问项	N	全距	均值	标准差
x91：服务资源丰富和结构合理	140	5	5.66	1.043
x61：有专业服务标准	140	6	5.64	1.194
x13：服务表格易于填写	140	6	5.61	1.452
x112：会了解用户的需求	140	6	5.54	1.214
x74：服务设施与所提供的服务相匹配	140	4	5.54	1.055
x114：服务时间能满足个性化需求	140	6	5.53	1.190
x111：会针对不同的用户提供个性化服务	140	6	5.51	1.311
x113：服务方式能满足个性化需求	140	6	5.50	1.267
x73：服务人员有整洁的服装和外表	140	5	5.39	1.142
x71：服务大厅宽敞明亮舒适	140	6	5.29	1.232
x72：有现代化的服务设施，具有吸引力	140	6	5.23	1.202
有效的 N（列表状态）	133			

（2）备选指标的修正

综合备选指标重要性统计量值，并与相关学者反复研讨，考虑到公共文化服务的特征，对指标进行如下调整，得到基于公众感知的政府公共文化服务质量评价初始模型（如表 5 - 10 所示），为了统计方便，增加了简称。

1）删除重要性均值较低的有形性与移情性维度。从备选指标的描述性统计表中可知 x71 - x74 和 x111 - x114 重要性均值较低，正好对应于有形性与移情性 2 个维度的所有问项指标，说明公众对有形性与移情性并不重视，删除此两维度指标。

2）对重要性评分离散程度比较大的变量陈述进行适当修正。

3）依据政府公共文化服务的特征对一些问项的陈述进行修正，加上了公共文化服务等表述。

4）删除了评分离散程度较大并对公共文化服务质量评价意义不是很大的 x24（服务态度平和，耐心帮助用户）和 x34（可通过电话、网络等方式提供服务）2个问项；删除了均值不大并对公共文化服务质量评价意义较小的x84（准确记录相关的服务）问项。

5）依据政府公共文化服务的特征与实际情况，对指标维度与问项次序进行适当调整，为了被调查者易于理解与接受。

表5－10 初始模型

序号	指标	简称
1	便利性	
1.1	可方便找到公共文化服务地点和服务人员	方便找到
1.2	可方便了解到公共文化服务程序	方便了解
1.3	服务程序方便快捷	程序方便
1.4	服务表格易于填写	表格易填
2	响应性	
2.1	能提供及时的公共文化服务	及时提供
2.2	能告诉用户提供服务的准确时间	准确时间
2.3	服务主动热情，愿意帮助公众	服务热情
3	实效性	
3.1	公共文化服务投诉能得到及时答复	及时答复
3.2	公众遇到服务困难时，能关心并提供帮助	提供帮助
3.3	向公众承诺的公共文化服务能按时完成	按时完成
3.4	工作时间内能找到公共文化服务人员	找到人员
4	可靠性	
4.1	提供的公共文化服务内容是健康的	内容健康
4.2	提供的公共文化服务能满足公众的需要	满足需要
4.3	提供的公共文化服务是可靠的	服务可靠
5	服务能力	
5.1	具有训练有素的公共文化服务人员	训练有素
5.2	具有先进的公共文化服务设施和手段	先进设施
5.3	具有良好的公共文化服务管理水平	良好管理

序号	指标	简称
5.4	公共文化服务资源丰富、结构合理	资源丰富
6	信任性	
6.1	提供的公共文化服务用户感到放心	用户放心
6.2	公共文化服务人员是有礼貌的	人员礼貌
6.3	公共文化服务人员得到政府支持	政府支持
6.4	公共文化服务过程值得信赖	值得信赖
7	透明性	
7.1	公共文化服务渠道是公开的	渠道公开
7.2	公共文化服务时间地点内容信息是公开的	内容公开
7.3	服务过程是透明的	过程透明
8	守法性	
8.1	公共文化服务人员能依据政策法规提供服务	依据政法
8.2	能合理应用政策法规	合理应用
8.3	服务过程是公平公正的	公平公正
9	专业性	
9.1	公共文化服务有专业服务标准	专业标准
9.2	公共文化服务人员能提供专业的服务	专业服务

5.1.3 基于公众感知的政府公共文化服务质量评价模型的修正

为了检验初始模型的适用性，也为了了解公众对政府公共文化服务质量的评价，向某市公众用户进行了评价调研，调研问卷以初始模型为依据设计，如附录2所示，采用李克特7级量表。

（1）评价调研与数据收集

1）问卷发放地点的选择

经过对某市的资料调查与实地勘察，发现某市区域内有图书馆、博物馆、大型体育馆和文化广场等若干。而根据文献分析，关于问卷的发放不能简单随意的发放到任何一个人手中，而应该选取有意义的人员，而这个有意义的人员即是对于公共文化服务比较了解并且受用过的，所以选择公共文化服务地点是合适的。另外，不在公共文化服务地点范围内的公众不代表不了解公共文化服务（实际上公共文化服务的范围很广），并且也有他们的看法，所以在相关的一些公共地区发放问卷也是有必要的。

因此，在问卷发放地点的选择方面，主要以各个文化设施周边地区为主，以其他代表性的公共场所为辅发放问卷。以下是发放问卷的具体地点：

某市图书馆、博物馆、体育馆（城东体育馆）、电影院（鲁迅电影院、咸亨影院）、文化广场（城市广场、治水广场、名人广场）、商场（沃尔玛、世贸、肯德基、新华书店）、交通站点（火车站、客运中心、公交站点）。

2）问卷发放群体的选择

如前所述经过人口统计学变量和服务产品两类标准来界定政府公共文化服务群体。因此，对于问卷发放群体的选择，应包括不同年龄、不同性别、不同学历、受用过不同公共文化服务设施或产品的公众。

3）问卷的发放

通过实地进行问卷的发放，共发放了 500 份的纸质问卷，其中图书馆、博物馆、体育馆、文化广场等公共文化服务点发放问卷 300 份，商场和交通站点发放问卷 200 份。在发放问卷的同时，给予填写者一定的小礼物以便被调研者认真配合填写。

4）问卷的收集

现场回收：对于问卷的收集，由于采用的是一对一实地发放问卷，所以在填写者填好问卷之后，即进行问卷的现场回收。为保证问卷质量，进行了现场督导，对于一些年纪较大的人，他们的视力有所下降，采取的是口头我问你答形式，并且对于填写者不懂的地方进行解释。

5）问卷的筛选

在收集完问卷后，对于问卷进行筛选，把明显不符合要求的废卷进行剔除。废弃问卷的筛选依据是一排勾、答非所问、缺失较多等。最后回收问卷481份，剔除随意填写和缺失较多的无效问卷，得有效问卷420份。

（2）描述性统计

1）学历、性别、年龄和婚姻情况

样本中小学学历有16人，占3.8%；初中学历有54人，占12.9%；高中学历有137人，占32.6%；大学学历有196人，占46.7%；研究生学历有17人，占4.0%。男性199人，占47.4%；女性221人，占52.6%。年龄在10～19岁的74人，占17.6%；20～29岁的178人，占42.4%；30～39岁的79人，占18.8%；40～49岁的64人，占15.2%；50～59岁的14人，占3.3%；年龄60～69岁的11人，占2.6%。已婚184人，占43.8%；未婚236人，占56.2%。

2）公共文化服务质量指标描述性分析

依据初始模型，对公众感知公共文化服务质量的检验设置了9个维度30个问项，9个维度分别分为便利性、响应性、实效性、可靠性、服务能力、信任性、透明性、守法性和专业性。问卷中可根据对现有公共文化服务质量的判断在表中相应分值上打勾，采用7分李克特量表：1很不符合，2不符合，3不太符合，4一般符合，5较符合，6符合，7很符合。

对问卷中公共文化服务质量数据进行描述性统计（如表5－11所示），从总体状况来看，公众对某市公共文化服务的质量评价有两个指标：内容健康与服务可靠在5分以上，属较符合以上，其余指标均在4分至5分之间，属一般符合与较符合之间，总体上公众还是认可的，但评价一般。具体分析如下：

从评分均值指标来看，方便找到和及时答复两个指标低于 4.5 分，偏向一般符合，说明公众认可一般；在 4.5~4.7 分的指标有方便了解、提供帮助、训练有素、按时完成、程序方便、及时提供、准确时间、表格易填，这些指标相对也较弱，这样低于 4.7 分的指标主要为便利性、实效性和响应性指标，可见公众对公共文化服务的便利性、实效性和响应性认可相对较弱。而在 4.9~5 分的指标中有值得信赖、合理应用、用户放心、满足需要、政府支持、依据政法，所以高于 4.9 分的指标主要为可靠性、守法性和信任性指标，公众对这些指标认可相对较强一些。处于中间的指标主要为服务能力、透明性和专业性指标。

从评分方差指标来看，便利性的两个指标：表格易填和方便找到的方差都超过了 2，另两个指标：方便了解和程序方便指标也都大于 1.8，说明对便利性指标的认可度争议相对较大；同样实效性有两个指标：及时答复和找到人员，响应性也有两个指标：准确时间和服务热情的方差也大于 1.8，说明这些指标的认可度争议相对较大；而方差小于等于 1.6 的指标主要有可靠性的服务可靠、满足需要，服务能力的先进设施、资源丰富，以及守法性的依据政法和信任性的值得信赖指标，说明这些指标的认可度相对稳定；其余指标处于中间。

表 5 –11　　　　　　　公共文化服务质量指标描述统计量

	指标	N	极小值	极大值	均值	标准差	方差
便利性	方便找到	420	1	7	4.41	1.426	2.033
	方便了解	420	1	7	4.53	1.353	1.830
	程序方便	420	1	7	4.58	1.351	1.824
	表格易填	420	1	7	4.67	1.438	2.069

续表

	指标	N	极小值	极大值	均值	标准差	方差
响应性	及时提供	420	1	7	4.61	1.266	1.603
	准确时间	420	1	7	4.64	1.381	1.907
	服务热情	420	1	7	4.72	1.348	1.816
实效性	及时答复	420	1	7	4.43	1.384	1.916
	提供帮助	420	1	7	4.53	1.276	1.629
	按时完成	420	1	7	4.56	1.335	1.783
	找到人员	420	1	7	4.73	1.346	1.812
可靠性	内容健康	420	1	7	5.21	1.336	1.784
	满足需要	420	2	7	4.95	1.251	1.566
	服务可靠	420	2	7	5.06	1.230	1.512
服务能力	训练有素	420	1	7	4.54	1.352	1.829
	先进设施	420	1	7	4.72	1.235	1.526
	良好管理	420	1	7	4.71	1.281	1.641
	资源丰富	420	1	7	4.83	1.265	1.600
信任性	用户放心	420	1	7	4.93	1.290	1.663
	人员礼貌	420	1	7	4.90	1.332	1.775
	政府支持	420	1	7	4.96	1.312	1.721
	值得信赖	420	1	7	4.91	1.258	1.582
透明性	渠道公开	420	1	7	4.80	1.329	1.767
	内容公开	420	1	7	4.86	1.331	1.771
	过程透明	420	1	7	4.70	1.341	1.798
守法性	依据政法	420	1	7	4.98	1.255	1.575
	合理应用	420	1	7	4.92	1.299	1.688
	公平公正	420	2	7	4.85	1.327	1.762
专业性	专业标准	420	1	7	4.74	1.269	1.611
	专业服务	420	1	7	4.81	1.310	1.717
有效的 N（列表状态）		420					

综上所述，9 个质量评价指标，便利性、实效性、响应性指标公众认可度较低，其中公众对便利性有较深的感触，对可方便找到公共文化服务地点和服务人员、服务表格易于填写指标观点不一，说明存在着问题。其余的 6 项指标中，可靠性、守法性和信任性表现较好，特别对可靠性指标公众意见较统一。

（3）因子分析

为了验证初始模型的结构效度，进一步优化模型结构，进行了探索性因子分析。

第一次因子分析，Bartlett 球形检验的显著性概率是 0.000，小于 1%，同时，KMO 值为 0.974，适宜进行因子分析（如表 5 – 12 所示）。采用主成分分析法提取了 7 个公因子，累积方差 74.120%。计算出用方差最大正交旋转后的因子载荷矩阵如表 5 – 13 所示。

表 5 – 12　　　　　　　　KMO 和 Bartlett 的检验

取样足够度的 Kaiser – Meyer – Olkin 度量。		0.974
Bartlett 的球形度检验	近似卡方	9900.667
	df	435
	Sig.	0.000

容易考查各共同因素所包含的层面题项，发现第一公因子包含六个题项，其中一个载荷较小，并与另外五个不适合构成一个具有明确含义的因子，因此删除此题项；第二个公因子包含五个题项，而有一个载荷较小，并与另外四个题项较难解释在一个公因子中，因此也删除，同理删除第六公因子的最后一个题项；然后进行第二次因子分析。

第二次因子分析，Bartlett 球形检验的显著性概率是 0.000，小于 1%，同时，KMO 值为 0.971，适宜进行因子分析。采用主成分分析法提取了 7 个公因子，累积方差 75.386%，可以接受。

表 5－13 　　　　　　　　　　旋转成分矩阵ª

指标	成分						
	1	2	3	4	5	6	7
表格易填	0.722	0.235	0.136	0.103	0.297	0.121	0.174
方便了解	0.720	0.258	0.236	0.206	0.130	0.175	0.214
方便找到	0.720	0.183	0.223	0.300	0.108	0.095	0.117
程序方便	0.641	0.363	0.247	0.175	0.139	0.223	0.178
准确时间	0.531	0.439	0.267	0.149	0.194	0.215	0.097
及时提供	0.499	0.339	0.310	0.301	0.229	0.194	0.123
及时答复	0.255	0.753	0.213	0.189	0.110	0.136	0.127
按时完成	0.317	0.705	0.144	0.126	0.208	0.242	0.127
提供帮助	0.217	0.700	0.208	0.242	0.214	0.119	0.241
找到人员	0.303	0.582	0.226	0.216	0.254	0.210	0.115
服务热情	0.406	0.484	0.267	0.081	0.163	0.320	0.172
先进设施	0.260	0.205	0.732	0.242	0.186	0.236	0.130
训练有素	0.270	0.305	0.650	0.271	0.213	0.048	0.251
资源丰富	0.267	0.231	0.633	0.121	0.258	0.284	0.150
良好管理	0.338	0.227	0.627	0.180	0.216	0.226	0.240
内容健康	0.228	0.108	0.103	0.752	0.094	0.190	0.276
服务可靠	0.232	0.223	0.255	0.692	0.202	0.197	0.075
满足需要	0.195	0.287	0.224	0.684	0.230	0.179	0.127
专业服务	0.307	0.282	0.325	0.091	0.665	0.116	0.149
专业标准	0.346	0.247	0.307	0.230	0.588	0.129	0.275
公平公正	0.165	0.303	0.208	0.222	0.554	0.408	0.216
依据政法	0.156	0.189	0.221	0.438	0.552	0.224	0.267
合理应用	0.185	0.168	0.158	0.306	0.544	0.372	0.278
政府支持	0.259	0.224	0.262	0.274	0.130	0.681	0.203

指标	成分						
	1	2	3	4	5	6	7
值得信赖	0.193	0.288	0.163	0.255	0.264	0.668	0.207
用户放心	0.235	0.180	0.412	0.274	0.274	0.509	0.225
人员礼貌	0.137	0.321	0.439	0.163	0.211	0.477	0.337
内容公开	0.257	0.194	0.196	0.207	0.221	0.206	0.759
渠道公开	0.172	0.217	0.284	0.282	0.241	0.225	0.706
过程透明	0.350	0.211	0.213	0.141	0.337	0.340	0.528

　　计算出用方差最大正交旋转后的因子载荷矩阵如表 5 - 14 所示，容易考查各共同因子所包含的层面题项，也可看到各公因子可以有一个合理的解释。第一公因子包含方便找到、方便了解、表格易填、程序方便、准确时间等题项，为便利性因子；第二公因子包含及时答复、按时完成、提供帮助、找到人员等题项，为实效性因子；第三公因子包含先进设施、训练有素、资源丰富、良好管理等题项，为服务能力因子；第四公因子包含专业服务、专业标准、依据政法、公平公正、合理应用等题项，为专业守法性因子；第五公因子包含内容健康、服务可靠、满足需要等题项，为可靠性因子；第六公因子包含内容公开、渠道公开、过程透明等题项，为透明性因了；第七公因子包含政府支持、值得信赖、用户放心等题项，为信任性因子。

表 5 - 14　　　　　　　　　　旋转成分矩阵[a]

指标	成分						
	1	2	3	4	5	6	7
方便找到	0.731	0.185	0.224	0.119	0.304	0.108	0.093
方便了解	0.718	0.260	0.242	0.145	0.208	0.216	0.165
表格易填	0.716	0.238	0.153	0.296	0.100	0.176	0.122

指标	成分						
	1	2	3	4	5	6	7
程序方便	0.640	0.369	0.264	0.142	0.170	0.177	0.233
准确时间	0.523	0.431	0.271	0.224	0.162	0.101	0.179
及时答复	0.245	0.755	0.219	0.125	0.187	0.132	0.123
按时完成	0.311	0.716	0.155	0.208	0.112	0.131	0.250
提供帮助	0.215	0.703	0.210	0.226	0.239	0.240	0.105
找到人员	0.297	0.592	0.243	0.237	0.200	0.118	0.235
先进设施	0.241	0.216	0.743	0.182	0.231	0.142	0.244
训练有素	0.258	0.296	0.652	0.225	0.279	0.253	0.027
资源丰富	0.242	0.234	0.646	0.267	0.115	0.165	0.274
良好管理	0.335	0.222	0.634	0.232	0.188	0.234	0.207
专业服务	0.297	0.274	0.336	0.665	0.090	0.149	0.099
专业标准	0.340	0.245	0.311	0.593	0.226	0.274	0.112
依据政法	0.149	0.187	0.210	0.577	0.436	0.268	0.191
公平公正	0.162	0.304	0.210	0.571	0.216	0.215	0.388
合理应用	0.180	0.168	0.156	0.570	0.302	0.277	0.345
内容健康	0.216	0.114	0.105	0.096	0.744	0.290	0.200
服务可靠	0.226	0.218	0.258	0.219	0.698	0.076	0.184
满足需要	0.194	0.278	0.226	0.253	0.695	0.120	0.158
内容公开	0.249	0.193	0.202	0.234	0.204	0.761	0.192
渠道公开	0.156	0.219	0.284	0.258	0.276	0.715	0.205
过程透明	0.339	0.212	0.226	0.348	0.134	0.532	0.332
政府支持	0.231	0.225	0.283	0.148	0.269	0.226	0.679
值得信赖	0.183	0.295	0.183	0.277	0.244	0.214	0.673
用户放心	0.217	0.185	0.417	0.296	0.267	0.239	0.494

（4）信度分析

信度检验采用"Cronbach α"系数，如表5－15所示，所有因子的α系数都在0.7以上，达到了可接受的水平。

表5－15   可靠性统计量

层面名称		Cronbach α	变项数
分层面	便利性	0.897	5
	实效性	0.877	4
	服务能力	0.891	4
	专业守法性	0.892	5
	可靠性	0.828	3
	透明性	0.880	3
	信任性	0.854	3
量表整体信度		0.969	27

（5）结果与讨论

通过因子分析和信度分析，得到了基于公众感知的政府公共文化服务质量评价修正模型（如表5－16所示），共7个维度27个问项指标。用于评价政府公共文化服务的便利性、实效性、服务能力、专业守法性、可靠性、透明性和信任性。

与初始模型不同的是去掉了及时提供、服务热情、人员礼貌3个问项指标，对原有的9个维度进行了适当调整，整合成7个维度，使得指标体系更加简捷有效。从公众感知视角来看，政府提供的公共文化服务需要便利、实效、可靠、透明、信任，并具有好的服务能力和专业守法性。

基于公众感知的政府公共文化服务质量评价模型研究是一个新的课题，笔者对它进行了初步的探索，构建的维度与问项有待进一步改进，愿与其他有兴趣的研究者共同完善基于公众感知的政府公共文化服务质量评价体系，为提升政府公共文化服务质量出一份力。

表 5-16   政府公共文化服务质量评价模型

序号	指标
1	便利性
1.1	可方便找到公共文化服务地点
1.2	可方便了解到公共文化服务程序
1.3	服务表格易于填写
1.4	服务程序方便快捷
1.5	能告诉用户提供服务的准确时间
2	实效性
2.1	公共文化服务投诉能得到及时答复
2.2	向公众承诺的公共文化服务能按时完成
2.3	公众遇到服务困难时，能关心并提供帮助
2.4	工作时间内能找到公共文化服务人员
3	服务能力
3.1	具有先进的公共文化服务设施和手段
3.2	具有训练有素的公共文化服务人员
3.3	公共文化服务资源丰富、结构合理
3.4	具有良好的公共文化服务管理水平
4	专业守法性
4.1	公共文化服务人员能提供专业的服务
4.2	公共文化服务有专业服务标准
4.3	公共文化服务人员能依据政策法规提供服务
4.4	服务过程是公平公正的
4.5	能合理应用政策法规
5	可靠性
5.1	提供的公共文化服务内容是健康的
5.2	提供的公共文化服务是可靠的

续表

序号	指标
5.3	提供的公共文化服务能满足公众的需要
6	透明性
6.1	公共文化服务时间地点内容信息是公开的
6.2	公共文化服务渠道是公开的
6.3	服务过程是透明的
7	信任性
7.1	公共文化服务人员得到政府支持
7.2	公共文化服务过程值得信赖
7.3	提供的公共文化服务用户感到放心

5.2 基于公众感知的国家档案馆公共服务质量评价模型研究

5.2.1 基于公众感知的国家档案馆公共服务质量评价假设模型

（1）指标重要性问卷

基于前述公众感知的政府公共文化服务质量评价备选指标，结合国家档案馆公共服务的特征，选择便利性、响应性、透明性、守法性、实效性和有用性、专业性和标准性、有形性、可靠性和正确性、服务能力、信任性和保证性、移情性11个维度41个问项指标为基于公众感知的国家档案馆公共服务质量评价原始模型（如表5-17所示），设计原始模型的重要性问卷见本书附录4，进行各问项的重要性调研。

表 5 – 17　　　　　　国家档案馆公共服务质量评价原始模型

序号	维度与问项
1	便利性
1.1	可方便找到国家档案馆地点或服务人员
1.2	可方便了解到服务程序和服务要求
1.3	服务表格易于填写
1.4	服务程序方便快捷
2	响应性
2.1	能告诉用户提供服务的准确时间
2.2	能提供及时的服务
2.3	服务主动热情，愿意帮助用户
2.4	服务态度平和，耐心帮助用户
3	透明性
3.1	服务过程是透明的
3.2	服务结果是公开的
3.3	服务渠道是公开的
3.4	可通过电话、网络等方式提供服务
4	守法性
4.1	服务人员依据政策法规提供服务
4.2	服务过程和结果是公平公正的
4.3	应用政策法规时，结合实际灵活应用
5	实效性和有用性
5.1	服务人员能及时找到用户的档案资料文件等
5.2	投诉或留言能得到及时解决或答复
5.3	查到的档案资料文件等有效用
5.4	工作时间内能找到服务人员
6	专业性和标准性
6.1	有专业服务标准
6.2	服务人员提供专业标准的服务

续表

序号	维度与问项
7	有形性
7.1	档案馆服务大厅宽敞明亮舒适
7.2	档案馆有现代化的服务设施，具有吸引力
7.3	服务人员有整洁的服装和外表
7.4	服务设施与所提供的服务相匹配
8	可靠性和准确性
8.1	档案馆向用户承诺的事情都能及时完成
8.2	用户遇到困难时，能表现出关心并提供帮助
8.3	提供的档案资料文件证明是准确可靠的
8.4	准确记录相关的服务
9	服务能力
9.1	馆藏资源和结构
9.2	查阅档案资料文件的设施和手段
9.3	服务人员的信息素养
9.4	档案馆服务管理水平
10	信任性和保证性
10.1	服务人员是值得信赖的
10.2	提供的服务用户感到放心
10.3	服务人员是有礼貌的
10.4	服务人员得到档案馆支持，以提供好的服务
11	移情性
11.1	会针对不同的用户提供个性化服务
11.2	会了解用户的需求
11.3	服务方式能满足个性化需求
11.4	服务时间能满足个性化需求

（2）调研与数据收集

发放问卷对象：档案馆管理人员，常接受档案馆服务人员，包括单位人员和个人。

问卷发放与回收：发放问卷共 50 份，回收 39 份，剔除随意评分等无效问卷 8 份，有效问卷 31 份。

有效问卷中各类用户情况：

用户主体：单位用户 12 人（含档案馆人员 5 人），占 38.7%；个人用户 19 人，占 61.3%；

服务用途：编史修志 1 人，占 3.2%；工作查考 4 人，占 12.9%；学术研究 5 人，占 16.1%；宣传教育 2 人，占 6.5%；出具证明 7 人，占 22.6%；其他 7 人，占 22.6%；档案馆人员 5 人，占 16.1% 不计在内。

服务方式：现场服务 28 人（含档案馆人员 5 人），占 90.3%；电话或传真服务 1 人，占 3.2%；网络服务 3 人（含重复服务 1 人），占 9.7%。

服务内容：档案查阅 16 人（含重复服务 1 人），占 51.6%；文件查阅 3 人（含重复服务 1 人），占 9.7%；资料查阅 7 人，占 22.6%；口头或书面咨询 2 人，占 6.5%；档案馆人员 5 人，占 16.1%，不计在内。

（3）重要性问卷各问项指标描述性统计

重要性问卷中各问项指标描述性统计量的值如表 5 – 18 所示，其中全距（极差），与标准差一起反映评分离散情况，均值即为平均值。Q_{ij} 设为问项 i. j 指标变量。

表 5 – 18 　　　　　　　　　各问项描述性统计量

问项指标	N	全距	均值	标准差
Q21：能告诉用户提供服务的准确时间	31	3	6.52	0.769
Q22：能提供及时的服务	31	2	6.52	0.626

续表

问项指标	N	全距	均值	标准差
Q52：投诉或留言能得到及时解决或答复	31	2	6.42	0.720
Q54：工作时间内能找到服务人员	31	6	6.39	1.174
Q12：可方便了解到服务程序和服务要求	31	2	6.39	0.615
Q11：可方便找到国家档案馆地点或服务人员	31	5	6.39	1.054
Q83：提供的档案资料文件证明是准确可靠的	31	5	6.32	1.045
Q23：服务主动热情，愿意帮助用户	31	3	6.26	0.773
Q51：服务人员能及时找到用户的档案资料文件等	31	3	6.26	0.893
Q24：服务态度平和，耐心帮助用户	31	3	6.19	0.792
Q14：服务程序方便快捷	31	3	6.19	0.910
Q81：档案馆向用户承诺的事情都能及时完成	31	3	6.10	0.908
Q53：查到的档案资料文件等有效用	31	6	6.10	1.165
Q34：可通过电话、网络等方式提供服务	31	6	6.10	1.399
Q102：提供的服务用户感到放心	31	5	6.06	1.093
Q92：查阅档案资料文件的设施和手段	31	6	6.03	1.303
Q101：服务人员是值得信赖的	31	5	6.03	1.197
Q104：服务人员得到档案馆支持，以提供好的服务	31	5	5.97	1.197
Q91：馆藏资源和结构	31	6	5.97	1.378
Q93：服务人员的信息素养	31	6	5.84	1.241
Q94：档案馆服务管理水平	31	6	5.81	1.250
Q42：服务过程和结果是公平公正的	31	6	5.81	1.558
Q103：服务人员是有礼貌的	31	5	5.74	1.154
Q82：用户遇到困难时，能表现出关心并提供帮助	31	4	5.74	0.930
Q41：服务人员依据政策法规提供服务	31	6	5.71	1.296
Q114：服务时间能满足个性化需求	31	4	5.65	1.199
Q13：服务表格易于填写	31	5	5.65	1.142
Q111：会针对不同的用户提供个性化服务	31	5	5.55	1.480
Q112：会了解用户的需求	31	5	5.52	1.387

续表

问项指标	N	全距	均值	标准差
Q31：服务过程是透明的	31	6	5.48	1.503
Q113：服务方式能满足个性化需求	31	5	5.45	1.480
Q43：应用政策法规时，结合实际灵活应用	31	6	5.45	1.480
Q33：服务渠道是公开的	31	6	5.45	1.410
Q72：档案馆有现代化的服务设施，具有吸引力	31	6	5.42	1.311
Q74：服务设施与所提供的服务相匹配	31	6	5.39	1.542
Q71：档案馆服务大厅宽敞明亮舒适	31	6	5.35	1.404
Q84：准确记录相关的服务	31	5	5.26	1.264
Q62：服务人员提供专业标准的服务	31	6	5.23	1.383
Q61：有专业服务标准	31	6	5.23	1.431
Q32：服务结果是公开的	31	6	5.23	1.783
Q73：服务人员有整洁的服装和外表	31	6	4.94	1.389
有效的 N（列表状态）	31			

从表5-18评分均值可看到，只有一个指标为4.94，其余指标均大于5，说明这些指标均较重要，而大于5.5的重要指标为：Q21、Q22、Q52、Q54、Q12、Q11、Q83、Q23、Q51、Q24、Q14、Q81、Q53、Q34、Q102、Q92、Q101、Q104、Q91、Q93、Q94、Q42、Q103、Q82、Q41、Q114、Q13、Q111、Q112。

从表5-18中评分全距和方差可看到，Q54、Q53、Q34、Q92、Q91、Q93、Q94、Q42、Q41这些指标的全距为6最大，且相应方差也较大，在1.165以上，意味着对这些指标的重要性还是存在着较大分歧，这些分歧应是不同被访者不同理解所致，但也有可能是问项表达不清而引起，因此在修正指标时可关注。

（4）基于公众感知的国家档案馆服务质量指标选用和修正

在问卷调研统计分析与专家访谈的基础上，研究人员经过反复讨论思量，对基于公众感知的国家档案馆服务质量指标进行了选用

和修正，依据和说明如下，选用和修正后的问项指标如表 5 – 19
所示。

1）基本选用评分均值大于 5.5 的重要问项指标，如表 5 – 18
可知。但据具体情况适当调整。

2）对评分离散程度较大的问项指标在文字表达上进行修正。
如把 Q91 馆藏资源和结构改为有丰富和合理的馆藏资源；把 Q93
服务人员的信息素养改为有训练有素的服务人员；把 Q94 档案馆服
务管理水平改为有完善的服务管理制度和服务指南；把 Q92 查阅档
案资料文件的设施和手段及 Q34 可通过电话、网络等方式提供服
务，分别改为有现代化的服务设施进行档案、资料查阅及有现场、
来电来函、网络等多种服务手段。

3）对一些意义相近或相同的问项指标给予合并，以减少指标
量。如把 Q22 能提供及时的服务与 Q51 服务人员能及时找到用户
的档案资料文件等，合为能及时提供服务，找到相关档案资料等；
把 Q54 工作时间内能找到服务人员与 Q11 可方便找到国家档案馆
地点或服务人员，合为可方便找到档案馆和服务人员；把 Q23 服务
主动热情、愿意帮助用户与 Q24 服务态度平和、耐心帮助用户，合
为服务主动热情、态度和蔼，能耐心帮助用户；把 Q101 服务人员
是值得信赖的与 Q102 提供的服务用户感到放心，合为服务人员是
值得信赖的，使用户感到放心。

4）从公众感知的视角来确定质量维度，并对相关指标进行分
类。根据指标重要性调研统计分析结果（如表 5 – 18 所示），可知
原维度中的透明性、专业性和标准性、有形性不是很重要，直接删
除；而考虑到守法性对档案馆不是很特需，实质是一种信任和保
证，因此把守法性的几条与信任性和保证性的几条合在一起为信任
保证性；原服务能力维度保留，对问项稍做修正，使其更合理；而
实效性和有用性，与可靠性和准确性相比，对公众而言档案的可靠
性和准确性显得更为重要，并且前面已把实效性和有用性中的

Q51、Q54 合到其他的问项指标中，因此这里把实效性和有用性合到可靠性和准确性中，称为准确可靠性。便利性、响应性和移情性保留，指标适当修正。

5）从国家档案馆公共服务的特殊性出发，来考虑国家档案馆公共服务质量的特殊维度。在上述维度调整中，已考虑档案馆的特殊性，认为服务能力、信任保证性、准确可靠性应是档案馆相对特殊的质量维度。

6）按一定的逻辑顺序来排列相关维度和指标。服务能力体现档案馆硬环境、软环境；信任保证性体现服务人员的可信和档案馆的保证；准确可靠性体现服务内容和产品的准确有效、全面可靠，与档案的查准查全相对应；而便利性、响应性和移情性则体现服务过程的便利、及时、友好和个性化。具体如表 5 - 19 所示，即为基于公众感知的国家档案馆公共服务质量评价假设模型，为了方便表述各问项指标，设置了简称，以后文中将用简称代替各问项指标的表述。

7）另外在本书附录 4 的调研评价表基本信息中增加访问档案馆次数、级别项，主要考虑到不同的访问次数与档案馆级别，服务质量感受不一样；删除电话项，E - mail 可选，因为公众调研一般不愿填写电话与 E - mail；在服务类别中增加了展厅展示、数据提供等类别，这些是一些新的服务方式，得到本书附录 5。

表 5 - 19　　　　　基于公众感知的国家档案馆公共
服务质量评价假设模型

序号	问项指标	简称
1	服务能力	
1.1	有丰富和合理的馆藏资源	丰富馆藏
1.2	有现代化的服务设施进行档案、资料查阅	现代设施
1.3	有现场、来电来函、网络等多种服务手段	多种手段

序号	问项指标	简称
1.4	有完善的服务管理制度和服务指南	服务管理
1.5	有训练有素的服务人员	服务人员
2	信任保证性	
2.1	服务人员是值得信赖的，使用户感到放心	信任放心
2.2	服务人员得到档案馆支持，能提供好的服务	支持服务
2.3	服务人员能依据政策法规提供服务	法规服务
2.4	服务过程和结果是公平公正的	过程公平
3	准确可靠性	
3.1	能准时提供服务	准时服务
3.2	提供的档案、资料准确有效	准确有效
3.3	提供的档案、资料全面可靠	全面可靠
3.4	用户遇到困难时，能表现出关心并提供帮助	关心帮助
4	便利性	
4.1	可方便找到档案馆和服务人员	方便找到
4.2	可方便了解到服务程序和服务要求	方便了解
4.3	设计的服务表格易于填写	表格易填
4.4	服务程序方便快捷	方便快捷
5	响应性	
5.1	能告诉用户提供服务的准确时间	提供时间
5.2	能及时提供服务，找到相关档案资料等	及时服务
5.3	服务主动热情、态度和蔼，能耐心帮助用户	热情帮助
5.4	投诉或留言能得到及时解决或答复	及时答复
6	移情性	
6.1	会针对不同的用户提供个性化服务	用户个性
6.2	会主动了解用户的需求	主动了解
6.3	服务时间和空间能满足用户个性化需求	时空个性

5.2.2 基于公众感知的国家档案馆公共服务质量评价模型的构建

（1）第一次评价调研

在某市级国家档案馆窗口发放评价调研问卷（本书附录5）380份，回收376份，有效问卷187份，其中161份全是满分7分、只有26份有不同级次评分；余下189份为随意填写无效卷，主要表现为全是满分，并且在无问项处也打分。分析原因：一是市属馆服务质量确实不错；二是用户由于情面或不想生事随意打分。

为了增加对市级馆服务质量的可识性，只对26份有不同级次评分的问卷进行统计如下：学历，小学1人、初中3人、高中8人、大学11人、研究生1人、缺失2人；职称，初级1人、中级4人、缺失21人；性别，男14人、女11人、缺失1人；婚姻，已婚13人、未婚11人、缺失2人；服务主体，单位用户5人、个人用户20人、缺失1人；服务用途，编史修志5人、工作查考3人、出具证明4人、其他13人、缺失1人；服务方式，现场服务23人、其他2人、缺失1人；服务内容，档案查阅12人、文件查阅5人、资料查阅3人、其他5人、缺失1人。各服务质量评价指标描述性统计量如表5–20所示，指标均值条形图如图5–1所示。

表5–20　　　　　各服务质量评价指标描述性统计量

指标	N	极小值	极大值	均值	标准差
丰富馆藏	26	6	7	6.96	0.196
现代设施	26	6	7	6.88	0.326
多种手段	26	6	7	6.62	0.496
服务管理	26	6	7	6.92	0.272
服务人员	26	6	7	6.85	0.368
信任放心	26	6	7	6.77	0.430

续表

指标	N	极小值	极大值	均值	标准差
支持服务	26	6	7	6.81	0.402
法规服务	26	6	7	6.69	0.471
过程公平	26	6	7	6.92	0.272
准时服务	26	6	7	6.73	0.452
准确有效	26	6	7	6.73	0.452
全面可靠	26	6	7	6.88	0.326
关心帮助	26	6	7	6.88	0.326
方便找到	26	6	7	6.69	0.471
方便了解	26	6	7	6.58	0.504
表格易填	26	6	7	6.77	0.430
方便快捷	26	6	7	6.77	0.430
提供时间	26	6	7	6.88	0.326
及时服务	26	6	7	6.62	0.496
热情帮助	26	6	7	6.69	0.471
及时答复	26	6	7	6.77	0.430
用户个性	26	6	7	6.92	0.272
主动了解	26	6	7	6.85	0.368
时空个性	26	6	7	6.96	0.196
总体满意	26	7	7	7.00	0.000
有效的 N（列表状态）	25				

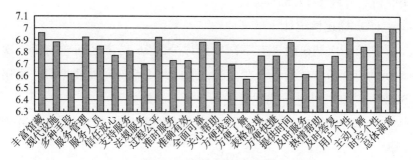

图 5-1 指标均值条形图

从描述统计量可知，对市级馆服务质量评价较高，评分值均在6分以上，总体满意度为7分。相对较弱的指标有方便了解6.58分、多种手段6.62分、及时服务6.62分、法规服务6.69分、方便找到6.69分、热情帮助6.69分，但也可发现这些指标的标准差较大，表示对该指标服务质量的评价存在一定的分歧。

鉴于第一次评价调研在有效性方面存在诸多缺陷，如打全满分、有规律打分、部分问项缺失打分、无问项处打分等。因此无法或无效进行更深入的数据分析，需再进行第二次调研。要求根据实际感受打分，不能随意打分、全打满分、缺失较多，否则视为无效。

（2）第二次评价调研与数据收集

向某市各县级馆发放问卷共500份，每馆100份，要求由专人负责发放问卷并回收，要求不能随意打分、全打满分等。另外在市区一些单位采用访问调研的方式，发放问卷30份。

回收情况（由于调研时承诺不做个案分析，以下分别用A、B、C、D、E五个代码代表五个县级馆）：A县级馆45份，有效40份；B县级馆44份，有效34份；C县级馆100份，有效74份；D县级馆88份，有效37份；E县级馆0份；市区25份，有效14份。累计共回收问卷302份，回收率：302/530＝56.98%；其中有效问卷199份，有效率37.55%。

（3）描述性统计

把第一次调研的具有不同级别评分的26份市区问卷与第二次调研的199份有效问卷合在一起，形成共225份问卷数据集，采用SPSSV 17.0软件进行描述性统计分析，结果如下：

1）学历、职称、性别、年龄、婚姻状况、访问次数、级别情况

从表5－21至表5－27可知，有效问卷样本主要以初高中和大学学历（占85.33%）、中级或无职称（占74.67%）、20～59岁年

龄段（占67.56%）、已婚（占66.67%）、访问档案馆次数1~2次（占72.89%）的公众为主。

表5–21　　　　　　　　　　　　学历

学历	小学	初中	高中	大学	研究生	缺失	合计
频率	16	46	43	103	4	13	225
百分比（%）	7.11	20.44	19.11	45.78	1.78	5.78	100.00

表5–22　　　　　　　　　　　　职称

职称	初级	中级	高级	无	缺失	合计
频率	19	35	10	133	28	225
百分比（%）	8.44	15.56	4.44	59.11	12.44	100.00

表5–23　　　　　　　　　　　　性别

性别	男	女	缺失	合计
频率	110	105	10	225
百分比（%）	48.89	46.67	4.44	100.00

表5–24　　　　　　　　　　　　年龄

年龄（岁）	20~29	30~39	40~49	50~59	60~69	70~79	80~89	缺失	合计
频率	37	57	38	20	9	2	2	60	225
百分比（%）	16.44	25.33	16.89	8.89	4.00	0.89	0.89	26.67	100.00

表5–25　　　　　　　　　　　　婚姻

婚姻	已婚	未婚	缺失	合计
频率	150	53	22	225
百分比（%）	66.67	23.56	9.78	100.00

表 5 - 26   次数

次数	1	2	3	4	5	5 次以上	缺失	合计
频率	137	27	10	1	9	9	32	225
百分比（%）	60.89	12.00	4.44	0.44	4.00	4.00	14.22	100.00

表 5 - 27   级别

级别	县级	市级	缺失	合计
频率	185	40	0	225
百分比（%）	82.22	17.78	0.00	100.00

2）服务主体、服务用途、服务方式、服务内容情况

从表 5 - 28 至表 5 - 31 可知，有效问卷样本主要以个人用户（占 69.78%）、工作查考和出具证明（占 76.44%）、现场服务（占 89.78%）、档案资料查阅（占 81.33%）的公众为主。

表 5 - 28   服务主体

服务主体	单位用户	个人用户	综合	缺失	合计
频率	64	157	1	3	225
百分比（%）	28.44	69.78	0.44	1.33	100.00

表 5 - 29   服务用途

服务用途	编史修志	工作查考	学术研究	宣传教育	出具证明	其他	综合	缺失	合计
频率	10	50	5	3	122	25	6	4	225
百分比（%）	4.44	22.22	2.22	1.33	54.22	11.11	2.67	1.78	100.00

表 5 – 30   服务方式

服务方式	现场服务	电话传真	网络服务	数据提供	其他	综合	缺失	合计
频率	202	1	3	3	2	8	6	225
百分比（%）	89.78	0.44	1.33	1.33	0.89	3.56	2.67	100.00

表 5 – 31   服务内容

服务内容	档案查阅	文件查阅	资料查阅	口书咨询	其他	综合	缺失	合计
频率	138	17	45	3	6	11	5	225
百分比（%）	61.33	7.56	20.00	1.33	2.67	4.89	2.22	100.00

3）各服务质量问项指标的描述性统计量

从表 5 – 32 与图 5 – 2 可知，总体各指标均值也均在 6 分以上，总体评价不错。相对较弱的指标为现代设施 6.23 分、多种手段 6.23 分、用户个性 6.23 分、主动了解 6.24 分、时空个性 6.32 分、方便了解 6.33 分等。

表 5 – 32   各服务质量问项指标描述性统计量

指标	N	极小值	极大值	均值	标准差
关心帮助	225	3	7	6.53	0.707
总体满意	225	4	7	6.52	0.627
准确有效	225	3	7	6.49	0.708
信任放心	224	2	7	6.48	0.751
支持服务	225	4	7	6.48	0.714
热情帮助	224	3	7	6.46	0.791
服务人员	223	3	7	6.44	0.803
过程公平	223	3	7	6.43	0.762

续表

指标	N	极小值	极大值	均值	标准差
全面可靠	225	3	7	6.43	0.736
准时服务	224	4	7	6.42	0.705
及时服务	224	4	7	6.41	0.758
法规服务	224	4	7	6.41	0.782
方便快捷	225	4	7	6.41	0.702
方便找到	224	3	7	6.40	0.757
服务管理	225	4	7	6.39	0.711
及时答复	223	3	7	6.37	0.805
丰富馆藏	224	3	7	6.35	0.844
表格易填	225	4	7	6.35	0.788
提供时间	224	3	7	6.34	0.838
方便了解	222	3	7	6.33	0.793
时空个性	224	3	7	6.32	0.827
主动了解	225	3	7	6.24	0.848
多种手段	223	2	7	6.23	0.971
用户个性	224	2	7	6.23	0.840
现代设施	224	3	7	6.23	0.887
有效的 N（列表状态）	212				

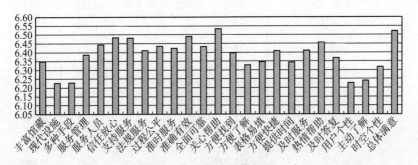

图 5-2　总体均值指标图

4）A 县级馆描述性统计

从表 5 - 33 可知，A 县级馆各指标除现代设施外，均值均在 6 分以上，评价不错。相对较弱的指标为现代设施 5.82 分、丰富馆藏 6.05 分、用户个性 6.12 分、多种手段 6.12 分、提供时间 6.15 分、表格易填 6.18 分等。

表 5 - 33　　　　　　　　A 县级馆描述性统计量

	N	极小值	极大值	均值	标准差
方便找到	40	5	7	6.68	0.572
关心帮助	40	4	7	6.60	0.672
准确有效	40	4	7	6.60	0.672
热情帮助	40	5	7	6.60	0.632
法规服务	40	4	7	6.58	0.675
信任放心	40	5	7	6.58	0.675
准时服务	40	4	7	6.55	0.639
总体满意	40	5	7	6.50	0.555
支持服务	40	4	7	6.48	0.751
服务人员	40	4	7	6.45	0.846
过程公平	40	5	7	6.42	0.636
方便快捷	40	5	7	6.42	0.675
主动了解	40	5	7	6.40	0.709
全面可靠	40	3	7	6.38	0.838
及时服务	40	4	7	6.37	0.838
及时答复	40	4	7	6.37	0.705
服务管理	40	4	7	6.35	0.770
方便了解	40	4	7	6.25	0.776
时空个性	40	3	7	6.23	0.920
表格易填	40	4	7	6.18	0.931
提供时间	40	4	7	6.15	0.975

续表

	N	极小值	极大值	均值	标准差
多种手段	40	3	7	6.12	1.114
用户个性	40	4	7	6.12	0.911
丰富馆藏	40	3	7	6.05	1.085
现代设施	40	3	7	5.82	1.035
有效的 N（列表状态）	40				

5) B 县级馆描述性统计

从表 5-34 可知，B 县级馆各指标除主动了解外，均值均在 6
分以上，评价不错。相对较弱的指标为主动了解 5.97 分、多种手
段 6.03 分、用户个性 6.06 分、现代设施 6.12 分、方便找到 6.15
分、提供时间 6.18 分等。

表 5-34　　　　　　　　　B 县级馆描述性统计量

	N	极小值	极大值	均值	标准差
信任放心	34	5	7	6.56	0.613
全面可靠	34	4	7	6.53	0.706
关心帮助	34	4	7	6.53	0.706
准确有效	34	3	7	6.50	0.862
过程公平	34	5	7	6.50	0.707
丰富馆藏	34	5	7	6.47	0.706
支持服务	34	5	7	6.44	0.660
热情帮助	34	5	7	6.41	0.743
方便了解	34	4	7	6.35	0.812
服务管理	34	5	7	6.35	0.597
准时服务	34	4	7	6.32	0.912
服务人员	34	4	7	6.32	0.843

续表

	N	极小值	极大值	均值	标准差
总体满意	34	5	7	6.29	0.629
及时服务	34	5	7	6.29	0.719
表格易填	34	5	7	6.29	0.676
方便快捷	34	4	7	6.26	0.864
法规服务	34	4	7	6.26	0.931
时空个性	34	5	7	6.24	0.855
及时答复	34	4	7	6.24	0.855
提供时间	34	3	7	6.18	0.968
方便找到	34	5	7	6.15	0.784
现代设施	34	3	7	6.12	0.946
用户个性	34	4	7	6.06	0.952
多种手段	34	2	7	6.03	1.337
主动了解	34	4	7	5.97	0.937
有效的 N（列表状态）	34				

6）C 县级馆描述性统计

从表 5-35 可知，C 县级馆各指标均值均在 6 分以上，评价不错。相对较弱的指标为主动了解 6.01 分、用户个性 6.09 分、现代设施 6.15 分、时空个性 6.15 分、方便找到 6.16 分、多种手段 6.16 分等。

表 5-35　　　　　　　**C 县级馆描述性统计量**

	N	极小值	极大值	均值	标准差
总体满意	74	4	7	6.49	0.646
关心帮助	74	4	7	6.45	0.705
服务人员	74	3	7	6.43	0.829

	N	极小值	极大值	均值	标准差
支持服务	74	4	7	6.41	0.739
信任放心	74	2	7	6.38	0.806
及时服务	73	4	7	6.36	0.823
准确有效	74	4	7	6.32	0.724
及时答复	74	3	7	6.31	0.890
热情帮助	74	3	7	6.31	0.905
表格易填	74	4	7	6.30	0.772
法规服务	74	4	7	6.30	0.754
全面可靠	74	5	7	6.26	0.741
丰富馆藏	73	3	7	6.25	0.795
方便快捷	74	5	7	6.24	0.699
方便了解	73	3	7	6.23	0.858
提供时间	74	3	7	6.23	0.820
服务管理	74	4	7	6.23	0.693
准时服务	74	5	7	6.23	0.609
过程公平	74	3	7	6.18	0.927
多种手段	74	5	7	6.16	0.683
方便找到	74	3	7	6.16	0.892
时空个性	74	4	7	6.15	0.676
现代设施	74	4	7	6.15	0.753
用户个性	74	4	7	6.09	0.686
主动了解	74	3	7	6.01	0.785
有效的 N（列表状态）	72				

7）D 县级馆描述性统计

从表 5-36 可知，D 县级馆各指标均值均在 6 分以上，评价不错。相对较弱的指标为丰富馆藏 6.51 分、服务人员 6.51 分、法规服务 6.53 分、服务管理 6.54 分、全面可靠 6.54 分、表格易填 6.57 分等。（注：取后六个指标）

表 5-36　　　　　　　　D 县级馆描述性统计量

	N	极小值	极大值	均值	标准差
方便快捷	37	6	7	6.73	0.450
关心帮助	37	6	7	6.73	0.450
总体满意	37	5	7	6.70	0.520
时空个性	36	4	7	6.69	0.668
热情帮助	36	5	7	6.69	0.577
准时服务	36	5	7	6.69	0.624
多种手段	35	5	7	6.69	0.583
主动了解	37	6	7	6.68	0.475
方便找到	36	5	7	6.67	0.535
及时答复	35	5	7	6.66	0.539
准确有效	37	5	7	6.65	0.538
方便了解	35	5	7	6.63	0.598
及时服务	37	4	7	6.62	0.639
支持服务	37	5	7	6.62	0.639
现代设施	36	4	7	6.61	0.645
信任放心	36	4	7	6.61	0.645
提供时间	37	5	7	6.59	0.599
用户个性	36	5	7	6.58	0.554
过程公平	35	5	7	6.57	0.655
表格易填	37	4	7	6.57	0.801
全面可靠	37	5	7	6.54	0.558
服务管理	37	5	7	6.54	0.730
法规服务	36	4	7	6.53	0.774
服务人员	35	5	7	6.51	0.612
丰富馆藏	37	4	7	6.51	0.692
有效的 N（列表状态）	27				

8）市级馆描述性统计

从表5-37可知，市级馆各指标均值均在6分以上，评价不错。相对较弱的指标为多种手段6.23分、方便了解6.30分、主动了解6.33分、及时答复6.33分、信任放心6.40分、热情帮助6.40分等。（注：样本为第一次调研的26份和第二调研的14份有效数据）

表5-37 市级馆描述性统计量

	N	极小值	极大值	均值	标准差
过程公平	40	5	7	6.75	0.494
提供时间	39	4	7	6.67	0.662
总体满意	40	4	7	6.63	0.705
全面可靠	40	4	7	6.62	0.740
服务管理	40	4	7	6.60	0.709
丰富馆藏	40	4	7	6.58	0.813
方便快捷	40	4	7	6.53	0.679
准确有效	40	5	7	6.53	0.679
支持服务	40	4	7	6.53	0.751
方便找到	40	5	7	6.52	0.599
现代设施	40	3	7	6.52	0.905
准时服务	40	4	7	6.50	0.716
服务人员	40	3	7	6.50	0.847
法规服务	40	4	7	6.48	0.784
时空个性	40	3	7	6.45	0.986
及时服务	40	4	7	6.45	0.677
表格易填	40	5	7	6.45	0.714
关心帮助	40	3	7	6.45	0.904

续表

	N	极小值	极大值	均值	标准差
用户个性	40	2	7	6.40	1.033
热情帮助	40	3	7	6.40	0.871
信任放心	40	3	7	6.40	0.900
及时答复	40	4	7	6.33	0.859
主动了解	40	3	7	6.33	1.071
方便了解	40	4	7	6.30	0.791
多种手段	40	2	7	6.23	1.097
有效的 N（列表状态）	39				

（4）因子分析

为了验证假设模型的结构效度，进一步提取独立的评价维度，去掉冗余的指标，简化指标体系，下面进行了探索性因子分析。

1）第一次因子分析

从表 5-38 可知，Bartlett 球形检验的显著性概率是 0.000，小于 1%，这说明变量数据间具有相关性，是适宜进行因子分析的；同时，KMO 值为 0.921，适宜进行因子分析。

表 5-38　　　　　　　　KMO 和 Bartlett 的检验

取样足够度的 Kaiser - Meyer - Olkin 度量。		0.921
Bartlett 的球形度检验	近似卡方	2485.933
	df	276
	Sig.	0.000

如表 5-39 所示采用主成分分析法提取了 4 个公因子，累积方差 58.003%，累积方差稍低些。

表 5 - 39   解释的总方差

成分	初始特征值			提取平方和载入			旋转平方和载入		
	合计	方差的 %	累积%	合计	方差的 %	累积%	合计	方差的 %	累积%
1	9.729	40.538	40.538	9.729	40.538	40.538	4.083	17.012	17.012
2	1.695	7.064	47.601	1.695	7.064	47.601	3.869	16.120	33.131
3	1.351	5.629	53.230	1.351	5.629	53.230	3.148	13.117	46.249
4	1.145	4.773	58.003	1.145	4.773	58.003	2.821	11.754	58.003
5	0.932	3.883	61.886						
6	0.840	3.500	65.386						
7	0.804	3.350	68.736						
8	0.770	3.207	71.943						
9	0.713	2.969	74.912						
10	0.652	2.717	77.629						
11	0.588	2.449	80.078						
12	0.533	2.221	82.299						
13	0.507	2.114	84.413						
14	0.471	1.964	86.376						
15	0.454	1.893	88.269						
16	0.426	1.775	90.045						
17	0.379	1.578	91.622						
18	0.359	1.497	93.119						
19	0.333	1.386	94.505						
20	0.314	1.306	95.811						
21	0.286	1.193	97.004						
22	0.271	1.129	98.133						
23	0.243	1.011	99.144						
24	0.205	0.856	100.000						

提取方法：主成分分析。

计算出用方差最大正交旋转后的因子载荷矩阵如表 5 - 40 所示，容易考查各共同因素所包含的层面题项，发现第一公因子包含八个题项，其中两个载荷较小，并与另外六个不适合构成一个具有明确含义的因子，因此删除此两个题项；第二公因子也包含八个题项，而有三个载荷较小，并与另外五个题项较难解释在一个公因子中，因此也删除；上述调整也为了提高公因子累积方差。适当调整后，进行了第二次因子分析结果如表 5 - 41 和表 5 - 42 所示。

表 5 - 40　　　　　　　　　　旋转成分矩阵[a]

指标	成分			
	1	2	3	4
方便了解	0.755	0.122	0.169	0.200
方便找到	0.719	0.384	0.155	0.000
方便快捷	0.658	0.085	0.274	0.276
及时服务	0.638	0.330	0.066	0.204
表格易填	0.634	-0.001	0.228	0.345
及时答复	0.569	0.298	0.113	0.362
热情帮助	0.543	0.450	0.128	0.133
提供时间	0.541	0.327	0.112	0.429
信任放心	0.171	0.677	0.152	0.007
全面可靠	0.138	0.652	0.146	0.285
过程公平	0.265	0.641	0.313	-0.019
关心帮助	0.190	0.639	0.047	0.358
准确有效	0.115	0.594	0.304	0.307
支持服务	0.304	0.496	0.368	0.036
法规服务	0.272	0.488	0.404	0.087
服务人员	0.153	0.483	0.318	0.393
现代设施	0.027	0.154	0.773	0.256
多种手段	0.272	0.121	0.763	0.073

指标	成分			
	1	2	3	4
服务管理	0.192	0.336	0.635	0.216
丰富馆藏	0.120	0.312	0.582	0.291
准时服务	0.387	0.316	0.500	0.005
用户个性	0.267	0.110	0.120	0.747
时空个性	0.208	0.150	0.180	0.742
主动了解	0.307	0.192	0.260	0.658

提取方法：主成分分析法。

旋转法：具有 Kaiser 标准化的正交旋转法。

a. 旋转在 8 次迭代后收敛。

2）第二次因子分析

从表 5 - 41 可知，Bartlett 球形检验的显著性概率是 0.000，小于 1%，这说明变量数据间具有相关性，是适宜进行因子分析的；同时，KMO 值为 0.916，适宜进行因子分析。

表 5 - 41　　　　　　　　　KMO 和 Bartlett 的检验

取样足够度的 Kaiser – Meyer – Olkin 度量。		0.916
Bartlett 的球形度检验	近似卡方	1934.605
	df	171
	Sig.	0.000

采用主成分分析法提取了 4 个公因子如表 5 - 42 所示，累积方差 62.580%，累积方差可以接受。

表5-42　　　　　　　　　　　　解释的总方差

成分	初始特征值			提取平方和载入			旋转平方和载入		
	合计	方差的%	累积%	合计	方差的%	累积%	合计	方差的%	累积%
1	8.124	42.759	42.759	8.124	42.759	42.759	3.465	18.239	18.239
2	1.488	7.829	50.588	1.488	7.829	50.588	3.028	15.938	34.176
3	1.213	6.382	56.970	1.213	6.382	56.970	2.927	15.404	49.580
4	1.066	5.610	62.580	1.066	5.610	62.580	2.470	13.000	62.580
5	0.801	4.217	66.797						
6	0.764	4.023	70.820						
7	0.628	3.305	74.124						
8	0.597	3.141	77.266						
9	0.570	3.000	80.266						
10	0.542	2.853	83.119						
11	0.466	2.452	85.571						
12	0.421	2.215	87.786						
13	0.414	2.181	89.967						
14	0.381	2.005	91.972						
15	0.369	1.944	93.916						
16	0.352	1.854	95.770						
17	0.317	1.666	97.436						
18	0.270	1.419	98.855						
19	0.217	1.145	100.000						

提取方法：主成分分析。

　　计算出用方差最大正交旋转后的因子载荷矩阵如表5-43所示，容易考查各共同因子所包含的层面题项，也可看到各公因子可以有一个合理的解释。第一公因子包含方便了解、方便找到、表格易填、方便快捷、及时服务、及时答复等题项，为方便及时性因子；第二公因子包含全面可靠、信任放心、过程公平、关心帮助、准确有效等题项，为可靠准确性因子；第三公因子包含现代设施、多种手段、服务管理、丰富馆藏、准时服务等题项，为服务能力因子；第四公因子包含用户个性、时空个性、主动了解等题项，为移情性因子。

表 5 – 43　　　　　　　　　　　　旋转成分矩阵[a]

	成分			
	1	2	3	4
方便了解	0.761	0.161	0.188	0.177
方便找到	0.697	0.401	0.166	0.007
表格易填	0.695	0.022	0.182	0.326
方便快捷	0.687	0.109	0.263	0.250
及时服务	0.623	0.347	0.069	0.214
及时答复	0.578	0.283	0.133	0.373
全面可靠	0.149	0.695	0.229	0.207
信任放心	0.180	0.686	0.154	0.129
过程公平	0.289	0.672	0.314	-0.052
关心帮助	0.208	0.658	0.115	0.364
准确有效	0.140	0.590	0.354	0.241
现代设施	0.062	0.176	0.786	0.248
多种手段	0.281	0.129	0.757	0.113
服务管理	0.245	0.293	0.652	0.167
丰富馆藏	0.101	0.323	0.626	0.301
准时服务	0.401	0.313	0.518	-0.018
用户个性	0.247	0.167	0.152	0.784
时空个性	0.239	0.191	0.189	0.754
主动了解	0.296	0.205	0.304	0.674

提取方法：主成分分析法。
旋转法：具有 Kaiser 标准化的正交旋转法。

a. 旋转在 7 次迭代后收敛。

（5）信度分析

信度检验是在因子分析之后，为了对问卷的可靠性与有效性进一步了解而做的一种检验，常用的信度检验方法为"Cronbach α"系数，总量表的信度系数在 0.8 以上，认为是一份信度系数好的量表，还可以接受的范围在 0.7 至 0.8 之间；如果是分量表，最好信度系数在 0.7 以上，还可以接受的范围在 0.6 至 0.7 之间（如表 5 – 44 所示）。

通过了信度检验（如表 5 – 44 所示），所有因子的 α 系数都在 0.7 以上，达到了可接受的水平。

表 5 – 44　　　　　　　　　　信度检验

层面名称		Cronbach α	变项数
分层面	方便及时性	0.859	6
	可靠准确性	0.813	5
	服务能力	0.826	5
	移情性	0.811	3
量表整体信度		0.924	19

（6）结果分析

通过因子分析和信度分析，我们得到了基于公众感知的国家档案馆公共服务质量评价修正模型如表 5 – 45 所示，共 4 个维度 19 个问项指标。用于评价国家档案馆公共服务的方便及时性、可靠准确性、服务能力和移情性。

表 5 – 45　　　　基于公众感知的国家档案馆公共服务质量评价模型

序号	指标
1	方便及时性
1.1	可方便了解到服务程序和服务要求
1.2	可方便找到档案馆和服务人员

续表

序号	指标
1.3	设计的服务表格易于填写
1.4	服务程序方便快捷
1.5	能及时提供服务，找到相关档案资料等
1.6	投诉或留言能得到及时解决或答复
2	可靠准确性
2.1	提供的档案、资料全面可靠
2.2	服务人员是值得信赖的，使用户感到放心
2.3	服务过程和结果是公平公正的
2.4	用户遇到困难时，能表现出关心并提供帮助
2.5	提供的档案、资料准确有效
3	服务能力
3.1	有现代化的服务设施进行档案、资料查阅
3.2	有现场、来电来函、网络等多种服务手段
3.3	有完善的服务管理制度和服务指南
3.4	有丰富和合理的馆藏资源
3.5	能准时提供服务
4	移情性
4.1	会针对不同的用户提供个性化服务
4.2	会主动了解用户的需求
4.3	服务时间和空间能满足用户个性化需求

与假设模型不同的是去掉了热情帮助、提供时间、支持服务、法规服务、服务人员 5 个问项指标，对原来 6 个维度进行了适当调整，整合成 4 个维度，使得指标体系更加简捷有效。从公众感知视角来看，方便及时的服务比态度热情来得重要，准时提供服务比提

供时间来得重要，服务人员有否得到支持、素养如何可从服务能力、服务的及时、可靠准确性中得到体现，而法规在档案馆服务中公众感知显得还是相对淡一些。

根据基于公众感知的国家档案馆公共服务质量评价模型，我们可以制定国家档案馆公共服务质量调研评价表如附录 3 所示。

6

不同服务群体感知的公共文化
服务质量比较研究

不同服务群体会有不同的服务需求与期望，本章基于前述调研数据对不同服务群体感知服务质量进行比较研究，从而来揭示不同服务群体对公共文化服务、国家档案馆公共服务质量期望的差异。

6.1 不同服务群体感知的公共文化
服务质量比较研究

本节分析不同服务群体对公共文化服务质量的感知，并进行对比。对公共文化服务的项目设置了 16 个选项，分别为图书馆、博物馆（纪念馆）、文化馆（群艺馆、美术馆、音乐馆）、活动中心（青少年、老年活动中心）、影剧院（大会堂）、公园（文物自然遗产保护地）、广播、电视、电影、书籍、报纸杂志、网络信息资源、大型节会、群众性文化活动、地方特色文艺演出、文化遗产等。对公共文化服务质量的评价设置了 9 个维度 30 个问项，9 个维度分别分为便利性、响应性、实效性、可靠性、服务能力、信任性、透明性、守法性和专业性。评价调研中，公众根据自己对现有公共文化服务质量的判断在表中相应分值上打勾（采用李克特 7 级量表：

1 很不符合，2 不符合，3 不太符合，4 一般符合，5 较符合，6 符合，7 很符合）。

经过问卷收集和数据整理后，根据本次调研的目的，进行了不同年龄、学历的用户群体参加不同文化设施或服务产品的比较分析，以及不同年龄、学历的用户群体对不同文化设施与服务产品的感知服务质量比较研究。利用独立样本 t 检验进行分析，以下为此次比较研究的详细分析。

6.1.1 不同服务群体选择公共文化服务项目的比较分析

（1）不同年龄用户群体参加公共文化服务项目的比较分析

首先利用独立样本 t 检验进行大于等于 30 岁与小于 30 岁的服务群体参加公共文化服务项目的比较，分组统计量结果如表 6-1 所示，Levene 检验的 F 显著性概率 P 值和 t 统计量显著性概率 P 值及结果如表 6-2 所示。检验中，Levene 检验的 F 显著性概率 P 值如果大于显著性水平 0.05，应该查看 t 检验中上面一行（假设方差相等）的结果，否则应该查看 t 检验中下面一行（假设方差不相等）的结果。如果 t 统计量显著性概率 P 值小于显著性水平 0.05，表示两组有显著差异，否则无显著差异。

从表 6-2 可看出，大于等于 30 岁与小于 30 岁的服务群体在选择图书馆、广播、电视、电影、书籍、地方文艺演出等公共文化服务项目上有显著差异。并从表 6-1 可看出，大于等于 30 岁的服务群体在广播、电视、地方特色文艺演出三种项目上均值大于 30 岁以下的服务群体，即更愿意听广播、看电视和地方特色文艺演出，而对于小于 30 岁的服务群体在图书馆、电影、书籍三个项目上均值大于 30 岁及以上服务群体，即更愿意到图书馆、看电影和书籍。

表 6-1　　　　大于等于 30 岁年龄段组与小于 30 岁年龄段组统计量

公共文化服务项目	年龄	N	均值	标准差	均值的标准误
图书馆	≥30	168	0.40	0.491	0.038
	<30	252	0.75	0.434	0.027
博物馆	≥30	168	0.24	0.427	0.033
	<30	252	0.24	0.429	0.027
文化馆	≥30	168	0.30	0.459	0.035
	<30	252	0.23	0.424	0.027
活动中心	≥30	168	0.32	0.468	0.036
	<30	252	0.24	0.427	0.027
影剧院	≥30	168	0.35	0.479	0.037
	<30	252	0.36	0.480	0.030
公园	≥30	168	0.51	0.501	0.039
	<30	252	0.54	0.499	0.031
广播	≥30	168	0.36	0.482	0.037
	<30	252	0.26	0.441	0.028
电视	≥30	168	0.74	0.438	0.034
	<30	252	0.64	0.481	0.030
电影	≥30	168	0.42	0.494	0.038
	<30	252	0.68	0.466	0.029
书籍	≥30	168	0.42	0.494	0.038
	<30	252	0.59	0.493	0.031
报纸杂志	≥30	168	0.47	0.501	0.039
	<30	252	0.38	0.486	0.031
网络信息资源	≥30	168	0.51	0.501	0.039
	<30	252	0.57	0.496	0.031
大型节会	≥30	168	0.29	0.453	0.035
	<30	252	0.34	0.474	0.030

续表

公共文化服务项目	年龄	N	均值	标准差	均值的标准误
群众性文化活动	≥30	168	0.48	0.501	0.039
	<30	252	0.50	0.501	0.032
地方特色文艺演出	≥30	168	0.44	0.498	0.038
	<30	252	0.28	0.449	0.028
文化遗产	≥30	168	0.30	0.459	0.035
	<30	252	0.30	0.458	0.029

表6－2　大于等于 30 岁年龄段组与小于 30 岁年龄段组独立样本 t 检验

公共文化服务项目		方差方程的 Levene 检验		均值方程的 t 检验				
		F	Sig.	t	df	Sig. （双侧）	均值差值	标准误差值
图书馆	假设方差相等	34.192	0.000	−7.705	418	0.000	−0.351	0.046
	假设方差不相等			−7.517	327.081	0.000	−0.351	0.047
博物馆	假设方差相等	0.035	0.852	−0.093	418	0.926	−0.004	0.043
	假设方差不相等			−0.093	359.164	0.926	−0.004	0.043
文化馆	假设方差相等	8.039	0.005	1.454	418	0.147	0.063	0.044
	假设方差不相等			1.432	338.628	0.153	0.063	0.044
活动中心	假设方差相等	13.189	0.000	1.885	418	0.060	0.083	0.044
	假设方差不相等			1.850	334.760	0.065	0.083	0.045
影剧院	假设方差相等	0.063	0.803	−0.125	418	0.901	−0.006	0.048
	假设方差不相等			−0.125	358.708	0.901	−0.006	0.048
公园	假设方差相等	1.222	0.270	−0.757	418	0.450	−0.038	0.050
	假设方差不相等			−0.756	356.850	0.450	−0.038	0.050
广播	假设方差相等	17.385	0.000	2.220	418	0.027	0.101	0.046
	假设方差不相等			2.180	335.391	0.030	0.101	0.046

续表

公共文化服务项目		方差方程的 Levene 检验		均值方程的 t 检验				
		F	Sig.	t	df	Sig.（双侧）	均值差值	标准误差值
电视	假设方差相等	22.572	0.000	2.274	418	0.023	0.105	0.046
	假设方差不相等			2.317	380.315	0.021	0.105	0.045
电影	假设方差相等	13.939	0.000	−5.586	418	0.000	−0.266	0.048
	假设方差不相等			−5.521	343.464	0.000	−0.266	0.048
书籍	假设方差相等	0.026	0.872	−3.470	418	0.001	−0.171	0.049
	假设方差不相等			−3.468	357.431	0.001	−0.171	0.049
报纸杂志	假设方差相等	9.169	0.003	1.904	418	0.058	0.093	0.049
	假设方差不相等			1.893	350.472	0.059	0.093	0.049
网络信息资源	假设方差相等	3.036	0.082	−1.239	418	0.216	−0.062	0.050
	假设方差不相等			−1.236	355.525	0.217	−0.062	0.050
大型节会	假设方差相等	5.198	0.023	−1.112	418	0.267	−0.052	0.046
	假设方差不相等			−1.122	368.783	0.262	−0.052	0.046
群众文化活动	假设方差相等	0.517	0.472	−0.398	418	0.691	−0.020	0.050
	假设方差不相等			−0.398	358.046	0.691	−0.020	0.050
地方文艺演出	假设方差相等	33.495	0.000	3.483	418	0.001	0.163	0.047
	假设方差不相等			3.411	332.070	0.001	0.163	0.048
文化遗产	假设方差相等	0.000	1.000	0.000	418	1.000	0.000	0.046
	假设方差不相等			0.000	357.775	1.000	0.000	0.046

相同方法从表6-4可看出，20岁年龄段组与30岁年龄段组的服务群体在选择图书馆、影剧院、电影、地方文艺演出等公共文化服务项目上有显著差异。并从表6-3可看出，20岁年龄段组在图书馆、电影两种项目上均值大于30岁年龄段组的服务群体，即更愿意到图书馆、看电影，而30岁年龄段组的服务群体在影剧院、

地方文艺演出两个项目上均值大于 20 岁年龄段组服务群体，即更愿意到影剧院、看地方文艺演出。

表 6 - 3　　　　　　　20 岁年龄段组与 30 岁年龄段组统计量

公共文化服务项目	年龄	N	均值	标准差	均值的标准误
图书馆	20	178	0.71	0.453	0.034
	30	79	0.51	0.503	0.057
博物馆	20	178	0.21	0.411	0.031
	30	79	0.23	0.422	0.047
文化馆	20	178	0.22	0.415	0.031
	30	79	0.33	0.473	0.053
活动中心	20	178	0.20	0.403	0.030
	30	79	0.25	0.438	0.049
影剧院	20	178	0.34	0.476	0.036
	30	79	0.48	0.503	0.057
公园	20	178	0.52	0.501	0.038
	30	79	0.51	0.503	0.057
广播	20	178	0.28	0.448	0.034
	30	79	0.29	0.457	0.051
电视	20	178	0.63	0.484	0.036
	30	79	0.71	0.457	0.051
电影	20	178	0.70	0.461	0.035
	30	79	0.56	0.500	0.056
书籍	20	178	0.53	0.501	0.038
	30	79	0.47	0.502	0.057
报纸杂志	20	178	0.36	0.481	0.036
	30	79	0.43	0.498	0.056
网络信息资源	20	178	0.58	0.494	0.037
	30	79	0.65	0.481	0.054

续表

公共文化服务项目	年龄	N	均值	标准差	均值的标准误
大型节会	20	178	0.36	0.481	0.036
	30	79	0.29	0.457	0.051
群众性文化活动	20	178	0.49	0.501	0.038
	30	79	0.48	0.503	0.057
地方特色文艺演出	20	178	0.26	0.442	0.033
	30	79	0.39	0.491	0.055
文化遗产	20	178	0.24	0.426	0.032
	30	79	0.33	0.473	0.053

表6-4　　　　20岁年龄段组与30岁年龄段组独立样本t检验

公共文化服务项目		方差方程的 Levene 检验		均值方程的 t 检验				
		F	Sig.	t	df	Sig.（双侧）	均值差值	标准误差值
图书馆	假设方差相等	17.436	0.000	3.266	255	0.001	0.207	0.063
	假设方差不相等			3.137	136.538	0.002	0.207	0.066
博物馆	假设方差相等	0.258	0.612	-0.256	255	0.798	-0.014	0.056
	假设方差不相等			-0.254	146.024	0.800	-0.014	0.057
文化馆	假设方差相等	11.835	0.001	-1.878	255	0.062	-0.110	0.059
	假设方差不相等			-1.785	133.506	0.076	-0.110	0.062
活动中心	假设方差相等	3.104	0.079	-0.910	255	0.364	-0.051	0.056
	假设方差不相等			-0.882	139.030	0.380	-0.051	0.058
影剧院	假设方差相等	8.302	0.004	-2.112	255	0.036	-0.138	0.065
	假设方差不相等			-2.068	142.439	0.040	-0.138	0.067
公园	假设方差相等	0.130	0.719	0.238	255	0.812	0.016	0.068
	假设方差不相等			0.238	149.005	0.812	0.016	0.068

续表

公共文化服务项目		方差方程的 Levene 检验		均值方程的 t 检验				
		F	Sig.	t	df	Sig.（双侧）	均值差值	标准误差值
广播	假设方差相等	0.263	0.608	-0.260	255	0.795	-0.016	0.061
	假设方差不相等			-0.258	146.865	0.797	-0.016	0.061
电视	假设方差相等	7.202	0.008	-1.237	255	0.217	-0.080	0.064
	假设方差不相等			-1.265	157.814	0.208	-0.080	0.063
电影	假设方差相等	11.533	0.001	2.183	255	0.030	0.140	0.064
	假设方差不相等			2.116	139.248	0.036	0.140	0.066
书籍	假设方差相等	0.012	0.915	0.882	255	0.379	0.060	0.068
	假设方差不相等			0.881	149.189	0.380	0.060	0.068
报纸杂志	假设方差相等	3.423	0.065	-1.077	255	0.283	-0.071	0.066
	假设方差不相等			-1.062	144.990	0.290	-0.071	0.067
网络信息资源	假设方差相等	4.014	0.046	-0.925	255	0.356	-0.061	0.066
	假设方差不相等			-0.934	153.268	0.352	-0.061	0.066
大型节会	假设方差相等	5.243	0.023	1.068	255	0.287	0.068	0.064
	假设方差不相等			1.089	156.853	0.278	0.068	0.063
群众性文化活动	假设方差相等	0.060	0.806	0.114	255	0.909	0.008	0.068
	假设方差不相等			0.114	149.194	0.909	0.008	0.068
地方特色文艺演出	假设方差相等	12.656	0.000	-2.074	255	0.039	-0.128	0.062
	假设方差不相等			-1.991	136.342	0.048	-0.128	0.064
文化遗产	假设方差相等	8.339	0.004	-1.564	255	0.119	-0.093	0.060
	假设方差不相等			-1.502	136.444	0.136	-0.093	0.062

　　相同方法从表6-6可看出，20岁年龄段组与40岁年龄段组的服务群体在选择图书馆、广播、电视、电影、地方文艺演出等公共文化服务项目上有显著差异。并从表6-5可看出，20岁年龄段组

在图书馆、电影两种项目上均值大于 40 岁年龄段组的服务群体，即更愿意到图书馆、看电影，而 40 岁年龄段组的服务群体在广播、电视、地方文艺演出三个项目上均值大于 20 岁年龄段组服务群体，即更愿意听广播、看电视和地方文艺演出。

表 6-5　　　　　　20 岁年龄段组与 40 岁年龄段组统计量

公共文化服务项目	年龄	N	均值	标准差	均值的标准误
图书馆	20	178	0.71	0.453	0.034
	40	64	0.31	0.467	0.058
博物馆	20	178	0.21	0.411	0.031
	40	64	0.27	0.445	0.056
文化馆	20	178	0.22	0.415	0.031
	40	64	0.31	0.467	0.058
活动中心	20	178	0.20	0.403	0.030
	40	64	0.31	0.467	0.058
影剧院	20	178	0.34	0.476	0.036
	40	64	0.30	0.460	0.058
公园	20	178	0.52	0.501	0.038
	40	64	0.50	0.504	0.063
广播	20	178	0.28	0.448	0.034
	40	64	0.42	0.498	0.062
电视	20	178	0.63	0.484	0.036
	40	64	0.77	0.427	0.053
电影	20	178	0.70	0.461	0.035
	40	64	0.39	0.492	0.061
书籍	20	178	0.53	0.501	0.038
	40	64	0.41	0.495	0.062
报纸杂志	20	178	0.36	0.481	0.036
	40	64	0.48	0.504	0.063

续表

公共文化服务项目	年龄	N	均值	标准差	均值的标准误
网络信息资源	20	178	0.58	0.494	0.037
	40	64	0.45	0.502	0.063
大型节会	20	178	0.36	0.481	0.036
	40	64	0.34	0.479	0.060
群众性文化活动	20	178	0.49	0.501	0.038
	40	64	0.47	0.503	0.063
地方特色文艺演出	20	178	0.26	0.442	0.033
	40	64	0.47	0.503	0.063
文化遗产	20	178	0.24	0.426	0.032
	40	64	0.31	0.467	0.058

表 6 – 6　　　　　　　20 岁年龄段组与 40 岁年龄段组独立样本 t 检验

公共文化服务项目		方差方程的 Levene 检验		均值方程的 t 检验				
		F	Sig.	t	df	Sig.（双侧）	均值差值	标准误差值
图书馆	假设方差相等	0.573	0.450	6.019	240	0.000	0.401	0.067
	假设方差不相等			5.935	108.470	0.000	0.401	0.068
博物馆	假设方差相等	2.655	0.105	− 0.851	240	0.395	− 0.052	0.061
	假设方差不相等			− 0.820	104.041	0.414	− 0.052	0.064
文化馆	假设方差相等	7.491	0.007	− 1.493	240	0.137	− 0.093	0.063
	假设方差不相等			− 1.412	100.892	0.161	− 0.093	0.066
活动中心	假设方差相等	10.674	0.001	− 1.798	240	0.073	− 0.110	0.061
	假设方差不相等			− 1.677	98.671	0.097	− 0.110	0.066
影剧院	假设方差相等	1.997	0.159	0.666	240	0.506	0.046	0.069
	假设方差不相等			0.677	114.669	0.500	0.046	0.068

公共文化服务项目		方差方程的 Levene 检验		均值方程的 t 检验				
		F	Sig.	t	df	Sig.（双侧）	均值差值	标准误差值
公园	假设方差相等	0.128	0.720	0.307	240	0.759	0.022	0.073
	假设方差不相等			0.306	110.733	0.760	0.022	0.073
广播	假设方差相等	11.791	0.001	-2.179	240	0.030	-0.147	0.067
	假设方差不相等			-2.073	101.948	0.041	-0.147	0.071
电视	假设方差相等	21.797	0.000	-1.991	240	0.048	-0.136	0.069
	假设方差不相等			-2.113	125.253	0.037	-0.136	0.065
电影	假设方差相等	4.921	0.027	4.474	240	0.000	0.306	0.068
	假设方差不相等			4.340	105.363	0.000	0.306	0.071
书籍	假设方差相等	4.236	0.041	1.675	240	0.095	0.122	0.073
	假设方差不相等			1.684	112.442	0.095	0.122	0.072
报纸杂志	假设方差相等	5.278	0.022	-1.758	240	0.080	-0.125	0.071
	假设方差不相等			-1.720	107.031	0.088	-0.125	0.073
网络信息资源	假设方差相等	0.795	0.374	1.813	240	0.071	0.131	0.072
	假设方差不相等			1.800	109.868	0.075	0.131	0.073
大型节会	假设方差相等	0.214	0.644	0.226	240	0.822	0.016	0.070
	假设方差不相等			0.226	111.841	0.822	0.016	0.070
群众性文化活动	假设方差相等	0.386	0.535	0.274	240	0.785	0.020	0.073
	假设方差不相等			0.273	110.997	0.785	0.020	0.073
地方特色文艺演出	假设方差相等	17.412	0.000	-3.061	240	0.002	-0.205	0.067
	假设方差不相等			-2.880	100.108	0.005	-0.205	0.071
文化遗产	假设方差相等	4.961	0.027	-1.202	240	0.231	-0.077	0.064
	假设方差不相等			-1.150	102.983	0.253	-0.077	0.067

　　相同方法从表6-8可看出，30岁年龄段组与60岁年龄段组的服务群体在选择活动中心、影剧院、电影、网络信息资源、大型节

会、文化遗产等公共文化服务项目上有显著差异。并从表6－7可看出，30岁年龄段组在影剧院、电影、网络信息资源、大型节会、文化遗产等项目上均值大于60岁年龄段组的服务群体，即更愿意到影剧院、看电影、网络信息资源、大型节会、文化遗产，而60岁年龄段组的服务群体在活动中心项目上均值大于30岁年龄段组服务群体，即更愿意到活动中心。

表6－7　　　　　30岁年龄段组与60岁年龄段组统计量

公共文化服务项目	年龄	N	均值	标准差	均值的标准误
图书馆	30	79	0.51	0.503	0.057
	60	11	0.36	0.505	0.152
博物馆	30	79	0.23	0.422	0.047
	60	11	0.18	0.405	0.122
文化馆	30	79	0.33	0.473	0.053
	60	11	0.09	0.302	0.091
活动中心	30	79	0.25	0.438	0.049
	60	11	0.73	0.467	0.141
影剧院	30	79	0.48	0.503	0.057
	60	11	0.09	0.302	0.091
公园	30	79	0.51	0.503	0.057
	60	11	0.55	0.522	0.157
广播	30	79	0.29	0.457	0.051
	60	11	0.36	0.505	0.152
电视	30	79	0.71	0.457	0.051
	60	11	0.82	0.405	0.122
电影	30	79	0.56	0.500	0.056
	60	11	0.00	0.000	0.000
书籍	30	79	0.47	0.502	0.057
	60	11	0.27	0.467	0.141

续表

公共文化服务项目	年龄	N	均值	标准差	均值的标准误
报纸杂志	30	79	0.43	0.498	0.056
	60	11	0.64	0.505	0.152
网络信息资源	30	79	0.65	0.481	0.054
	60	11	0.00	0.000	0.000
大型节会	30	79	0.29	0.457	0.051
	60	11	0.00	0.000	0.000
群众性文化活动	30	79	0.48	0.503	0.057
	60	11	0.45	0.522	0.157
地方特色文艺演出	30	79	0.39	0.491	0.055
	60	11	0.45	0.522	0.157
文化遗产	30	79	0.33	0.473	0.053
	60	11	0.09	0.302	0.091

表 6 - 8　　　　30 岁年龄段组与 60 岁年龄段组独立样本 t 检验

公共文化服务项目		方差方程的 Levene 检验		均值方程的 t 检验				
		F	Sig.	t	df	Sig.（双侧）	均值差值	标准误差值
图书馆	假设方差相等	6.079	0.016	0.881	88	0.381	0.143	0.162
	假设方差不相等			0.879	12.930	0.395	0.143	0.162
博物馆	假设方差相等	0.525	0.471	0.340	88	0.734	0.046	0.135
	假设方差不相等			0.352	13.223	0.731	0.046	0.131
文化馆	假设方差相等	24.516	0.000	1.621	88	0.109	0.238	0.147
	假设方差不相等			2.261	17.757	0.037	0.238	0.105
活动中心	假设方差相等	0.071	0.790	- 3.340	88	0.001	- 0.474	0.142
	假设方差不相等			- 3.178	12.569	0.008	- 0.474	0.149

续表

公共文化服务项目		方差方程的 Levene 检验		均值方程的 t 检验				
		F	Sig.	t	df	Sig.（双侧）	均值差值	标准误差值
影剧院	假设方差相等	148.793	0.000	2.504	88	0.014	0.390	0.156
	假设方差不相等			3.643	18.882	0.002	0.390	0.107
公园	假设方差相等	0.543	0.463	−0.241	88	0.810	−0.039	0.163
	假设方差不相等			−0.234	12.725	0.819	−0.039	0.167
广播	假设方差相等	0.702	0.404	−0.487	88	0.628	−0.072	0.149
	假设方差不相等			−0.451	12.397	0.659	−0.072	0.161
电视	假设方差相等	3.217	0.076	−0.752	88	0.454	−0.109	0.145
	假设方差不相等			−0.826	13.818	0.423	−0.109	0.132
电影	假设方差相等	817.953	0.000	3.677	88	0.000	0.557	0.151
	假设方差不相等			9.902	78.000	0.000	0.557	0.056
书籍	假设方差相等	16.465	0.000	1.220	88	0.226	0.196	0.160
	假设方差不相等			1.289	13.433	0.219	0.196	0.152
报纸杂志	假设方差相等	1.137	0.289	−1.283	88	0.203	−0.206	0.161
	假设方差不相等			−1.271	12.870	0.226	−0.206	0.162
网络信息资源	假设方差相等	116.136	0.000	4.426	88	0.000	0.646	0.146
	假设方差不相等			11.919	78.000	0.000	0.646	0.054
大型节会	假设方差相等	50.884	0.000	2.102	88	0.038	0.291	0.139
	假设方差不相等			5.660	78.000	0.000	0.291	0.051
群众性文化活动	假设方差相等	0.194	0.661	0.163	88	0.871	0.026	0.163
	假设方差不相等			0.158	12.721	0.877	0.026	0.167
地方特色文艺演出	假设方差相等	0.344	0.559	−0.390	88	0.697	−0.062	0.159
	假设方差不相等			−0.372	12.593	0.716	−0.062	0.167
文化遗产	假设方差相等	24.516	0.000	1.621	88	0.109	0.238	0.147
	假设方差不相等			2.261	17.757	0.037	0.238	0.105

综上可知，不同年龄段公众在选择公共文化服务项目时有差异，主要受到传统习惯、身体、心理、工作或学习要求等多种因素的影响。总的来说，年青的公众更愿意到图书馆、影剧院，看电影、书籍和网络信息资源，参与大型节会等；而中年人更愿意听广播、看电视和地方特色文艺演出等；老年人更愿意到活动中心。限于篇幅，没有对所有年龄段进行两两比较，可能会存在误差，后文同。

（2）不同学历服务群体选择公共文化服务项目的比较分析

同样，利用独立样本 t 检验分析不同学历服务群体在选择公共文化服务上的差异性。从表 6 - 10 可看出，低学历组与高学历组的服务群体在选择图书馆、活动中心、电影、书籍、大型节会、地方特色文艺演出等公共文化服务项目上有显著差异。并从表 6 - 9 可看出，高学历组在图书馆、电影、书籍、大型节会等项目上均值大于低学历组的服务群体，即更愿意到图书馆、看电影、书籍和大型节会，而低学历组的服务群体在活动中心、地方特色文艺演出项目上均值大于高学历组服务群体，即更愿意到活动中心、看地方特色文艺演出。可能学历与年龄有一定联系，高学历组大多为年轻人，而低学历组大多为中老年人，因此呈现出高学历组与年轻人群体、高学历组与中老年人群体在选择公共文化服务项目上有较大的相似性。限于篇幅，没有对所有学历进行两两比较，可能会存在误差，后文同。

表 6 - 9　　　　　　　　低学历组与高学历组统计量

公共文化服务项目	学历	N	均值	标准差	均值的标准误
图书馆	低学历	203	0.54	0.499	0.035
	高学历	217	0.67	0.470	0.032
博物馆	低学历	203	0.24	0.429	0.030
	高学历	217	0.24	0.428	0.029

续表

公共文化服务项目	学历	N	均值	标准差	均值的标准误
文化馆	低学历	203	0.26	0.438	0.031
	高学历	217	0.26	0.441	0.030
活动中心	低学历	203	0.35	0.480	0.034
	高学历	217	0.19	0.396	0.027
影剧院	低学历	203	0.34	0.476	0.033
	高学历	217	0.36	0.482	0.033
公园	低学历	203	0.53	0.500	0.035
	高学历	217	0.53	0.500	0.034
广播	低学历	203	0.33	0.470	0.033
	高学历	217	0.28	0.451	0.031
电视	低学历	203	0.72	0.448	0.031
	高学历	217	0.64	0.481	0.033
电影	低学历	203	0.51	0.501	0.035
	高学历	217	0.64	0.481	0.033
书籍	低学历	203	0.47	0.500	0.035
	高学历	217	0.57	0.497	0.034
报纸杂志	低学历	203	0.41	0.494	0.035
	高学历	217	0.41	0.494	0.034
网络信息资源	低学历	203	0.50	0.501	0.035
	高学历	217	0.59	0.494	0.034
大型节会	低学历	203	0.25	0.432	0.030
	高学历	217	0.38	0.487	0.033
群众性文化活动	低学历	203	0.51	0.501	0.035
	高学历	217	0.47	0.500	0.034
地方特色文艺演出	低学历	203	0.39	0.490	0.034
	高学历	217	0.29	0.457	0.031
文化遗产	低学历	203	0.28	0.448	0.031
	高学历	217	0.32	0.467	0.032

表 6 - 10 低学历组与高学历组独立样本 t 检验

公共文化服务项目		方差方程的 Levene 检验		均值方程的 t 检验				
		F	Sig.	t	df	Sig.（双侧）	均值差值	标准误差值
图书馆	假设方差相等	22.868	0.000	-2.767	418	0.006	-0.131	0.047
	假设方差不相等			-2.762	411.377	0.006	-0.131	0.047
博物馆	假设方差相等	0.007	0.933	0.042	418	0.967	0.002	0.042
	假设方差不相等			0.042	415.990	0.967	0.002	0.042
文化馆	假设方差相等	0.092	0.761	-0.152	418	0.879	-0.007	0.043
	假设方差不相等			-0.152	416.557	0.879	-0.007	0.043
活动中心	假设方差相等	55.817	0.000	3.764	418	0.000	0.161	0.043
	假设方差不相等			3.740	392.513	0.000	0.161	0.043
影剧院	假设方差相等	0.676	0.412	-0.411	418	0.682	-0.019	0.047
	假设方差不相等			-0.411	416.749	0.681	-0.019	0.047
公园	假设方差相等	0.014	0.907	-0.059	418	0.953	-0.003	0.049
	假设方差不相等			-0.059	416.112	0.953	-0.003	0.049
广播	假设方差相等	3.803	0.052	0.980	418	0.328	0.044	0.045
	假设方差不相等			0.979	413.175	0.328	0.044	0.045
电视	假设方差相等	13.470	0.000	1.840	418	0.067	0.084	0.045
	假设方差不相等			1.844	417.993	0.066	0.084	0.045
电影	假设方差相等	17.191	0.000	-2.778	418	0.006	-0.133	0.048
	假设方差不相等			-2.775	413.183	0.006	-0.133	0.048
书籍	假设方差相等	1.790	0.182	-2.031	418	0.043	-0.099	0.049
	假设方差不相等			-2.031	415.725	0.043	-0.099	0.049
报纸杂志	假设方差相等	0.002	0.968	-0.020	418	0.984	0.000	0.048
	假设方差不相等			-0.020	416.149	0.984	0.000	0.048
网络信息资源	假设方差相等	6.035	0.014	-1.806	418	0.072	-0.088	0.049
	假设方差不相等			-1.805	415.225	0.072	-0.088	0.049

公共文化服务项目		方差方程的 Levene 检验		均值方程的 t 检验				
		F	Sig.	t	df	Sig.（双侧）	均值差值	标准误差值
大型节会	假设方差相等	35.758	0.000	-3.024	418	0.003	-0.136	0.045
	假设方差不相等			-3.036	416.819	0.003	-0.136	0.045
群众性文化活动	假设方差相等	0.661	0.417	0.959	418	0.338	0.047	0.049
	假设方差不相等			0.959	416.013	0.338	0.047	0.049
地方特色文艺演出	假设方差相等	17.075	0.000	2.146	418	0.032	0.099	0.046
	假设方差不相等			2.141	410.425	0.033	0.099	0.046
文化遗产	假设方差相等	3.566	0.060	-0.942	418	0.347	-0.042	0.045
	假设方差不相等			-0.943	417.719	0.346	-0.042	0.045

6.1.2 不同服务群体感知公共文化服务质量的比较分析

（1）不同年龄服务群体对公共文化服务质量的感知比较分析

从表 6-12 可看出，30 岁及以上年龄段组与 30 岁以下年龄段组的服务群体在感知公共文化服务质量上无显著差异。从表 6-11 也可看出，两组均值在各服务质量上相差不大。

表 6-11　　30 岁及以上年龄段组与 30 岁以下年龄段组统计量

指标	年龄	N	均值	标准差	均值的标准误
方便找到	≥30	168	4.39	1.422	0.110
	<30	252	4.43	1.431	0.090
方便了解	≥30	168	4.57	1.412	0.109
	<30	252	4.50	1.313	0.083

指标	年龄	N	均值	标准差	均值的标准误
程序方便	≥30	168	4.61	1.380	0.106
	<30	252	4.56	1.333	0.084
表格易填	≥30	168	4.64	1.369	0.106
	<30	252	4.69	1.485	0.094
及时提供	≥30	168	4.56	1.316	0.102
	<30	252	4.65	1.232	0.078
准确时间	≥30	168	4.61	1.401	0.108
	<30	252	4.65	1.370	0.086
服务热情	≥30	168	4.80	1.407	0.109
	<30	252	4.66	1.306	0.082
及时答复	≥30	168	4.44	1.400	0.108
	<30	252	4.42	1.376	0.087
提供帮助	≥30	168	4.51	1.309	0.101
	<30	252	4.54	1.257	0.079
按时完成	≥30	168	4.64	1.350	0.104
	<30	252	4.51	1.325	0.083
找到人员	≥30	168	4.73	1.409	0.109
	<30	252	4.73	1.305	0.082
内容健康	≥30	168	5.26	1.295	0.100
	<30	252	5.18	1.364	0.086
满足需要	≥30	168	4.99	1.248	0.096
	<30	252	4.93	1.256	0.079
服务可靠	≥30	168	5.14	1.168	0.090
	<30	252	5.01	1.269	0.080
训练有素	≥30	168	4.43	1.334	0.103
	<30	252	4.61	1.363	0.086

指标	年龄	N	均值	标准差	均值的标准误
先进设施	≥30	168	4.66	1.285	0.099
	<30	252	4.75	1.202	0.076
良好管理	≥30	168	4.67	1.255	0.097
	<30	252	4.74	1.300	0.082
资源丰富	≥30	168	4.74	1.340	0.103
	<30	252	4.88	1.212	0.076
用户放心	≥30	168	4.92	1.301	0.100
	<30	252	4.94	1.284	0.081
人员礼貌	≥30	168	4.88	1.332	0.103
	<30	252	4.92	1.335	0.084
政府支持	≥30	168	4.93	1.391	0.107
	<30	252	4.98	1.259	0.079
值得信赖	≥30	168	4.88	1.239	0.096
	<30	252	4.94	1.272	0.080
渠道公开	≥30	168	4.76	1.269	0.098
	<30	252	4.82	1.370	0.086
内容公开	≥30	168	4.74	1.328	0.102
	<30	252	4.94	1.329	0.084
过程透明	≥30	168	4.71	1.286	0.099
	<30	252	4.70	1.379	0.087
依据政法	≥30	168	5.00	1.179	0.091
	<30	252	4.97	1.305	0.082
合理应用	≥30	168	4.92	1.276	0.098
	<30	252	4.92	1.317	0.083
公平公正	≥30	168	4.85	1.233	0.095
	<30	252	4.85	1.389	0.087

续表

指标	年龄	N	均值	标准差	均值的标准误
专业标准	≥30	168	4.70	1.222	0.094
	<30	252	4.77	1.302	0.082
专业服务	≥30	168	4.74	1.322	0.102
	<30	252	4.86	1.303	0.082

表6–12　　　30岁及以上年龄段组与30岁以下年龄段组独立样本 t 检验

指标		方差方程的 Levene 检验		均值方程的 t 检验				
		F	Sig.	t	df	Sig.（双侧）	均值差值	标准误差值
方便找到	假设方差相等	0.001	0.978	−0.321	418	0.748	−0.046	0.142
	假设方差不相等			−0.321	359.478	0.748	−0.046	0.142
方便了解	假设方差相等	1.265	0.261	0.559	418	0.576	0.075	0.135
	假设方差不相等			0.551	339.896	0.582	0.075	0.137
程序方便	假设方差相等	0.041	0.841	0.398	418	0.691	0.054	0.135
	假设方差不相等			0.395	349.523	0.693	0.054	0.136
表格易填	假设方差相等	0.433	0.511	−0.374	418	0.709	−0.054	0.143
	假设方差不相等			−0.380	377.413	0.704	−0.054	0.141
及时提供	假设方差相等	1.044	0.307	−0.723	418	0.470	−0.091	0.126
	假设方差不相等			−0.714	341.593	0.476	−0.091	0.128
准确时间	假设方差相等	0.172	0.679	−0.303	418	0.762	−0.042	0.138
	假设方差不相等			−0.301	352.422	0.763	−0.042	0.138
服务热情	假设方差相等	0.889	0.346	1.050	418	0.294	0.141	0.134
	假设方差不相等			1.034	339.529	0.302	0.141	0.136
及时答复	假设方差相等	0.176	0.675	0.144	418	0.886	0.020	0.138
	假设方差不相等			0.143	353.759	0.886	0.020	0.139

续表

指标		方差方程的 Levene 检验		均值方程的 t 检验				
		F	Sig.	t	df	Sig.（双侧）	均值差值	标准误差值
提供帮助	假设方差相等	0.142	0.707	-0.218	418	0.827	-0.028	0.127
	假设方差不相等			-0.216	348.030	0.829	-0.028	0.128
按时完成	假设方差相等	0.217	0.641	0.984	418	0.325	0.131	0.133
	假设方差不相等			0.981	353.396	0.327	0.131	0.134
找到人员	假设方差相等	0.787	0.376	-0.030	418	0.976	-0.004	0.134
	假设方差不相等			-0.029	338.993	0.977	-0.004	0.136
内容健康	假设方差相等	0.196	0.658	0.581	418	0.561	0.077	0.133
	假设方差不相等			0.587	370.550	0.557	0.077	0.132
满足需要	假设方差相等	0.029	0.864	0.445	418	0.656	0.056	0.125
	假设方差不相等			0.446	359.615	0.656	0.056	0.125
服务可靠	假设方差相等	0.163	0.687	1.053	418	0.293	0.129	0.122
	假设方差不相等			1.071	377.582	0.285	0.129	0.120
训练有素	假设方差相等	0.401	0.527	-1.282	418	0.200	-0.173	0.135
	假设方差不相等			-1.288	363.183	0.199	-0.173	0.134
先进设施	假设方差相等	0.898	0.344	-0.758	418	0.449	-0.093	0.123
	假设方差不相等			-0.748	341.449	0.455	-0.093	0.125
良好管理	假设方差相等	0.534	0.465	-0.544	418	0.587	-0.069	0.128
	假设方差不相等			-0.548	366.602	0.584	-0.069	0.127
资源丰富	假设方差相等	1.513	0.219	-1.087	418	0.278	-0.137	0.126
	假设方差不相等			-1.065	332.795	0.288	-0.137	0.129
用户放心	假设方差相等	0.076	0.783	-0.185	418	0.853	-0.024	0.129
	假设方差不相等			-0.185	354.786	0.854	-0.024	0.129
人员礼貌	假设方差相等	0.008	0.927	-0.314	418	0.754	-0.042	0.133
	假设方差不相等			-0.314	358.516	0.754	-0.042	0.133

指标		方差方程的 Levene 检验		均值方程的 t 检验				
		F	Sig.	t	df	Sig.（双侧）	均值差值	标准误差值
政府支持	假设方差相等	3.065	0.081	−0.364	418	0.716	−0.048	0.131
	假设方差不相等			−0.357	333.109	0.721	−0.048	0.133
值得信赖	假设方差相等	0.008	0.929	−0.522	418	0.602	−0.065	0.125
	假设方差不相等			−0.525	364.420	0.600	−0.065	0.125
渠道公开	假设方差相等	0.148	0.701	−0.494	418	0.622	−0.065	0.133
	假设方差不相等			−0.502	376.161	0.616	−0.065	0.131
内容公开	假设方差相等	0.208	0.649	−1.559	418	0.120	−0.206	0.132
	假设方差不相等			−1.560	358.194	0.120	−0.206	0.132
过程透明	假设方差相等	1.358	0.245	0.119	418	0.906	0.016	0.134
	假设方差不相等			0.120	374.582	0.904	0.016	0.132
依据政法	假设方差相等	2.816	0.094	0.254	418	0.800	0.032	0.125
	假设方差不相等			0.259	381.899	0.796	0.032	0.123
合理应用	假设方差相等	0.119	0.730	0.046	418	0.963	0.006	0.130
	假设方差不相等			0.046	365.642	0.963	0.006	0.129
公平公正	假设方差相等	4.031	0.045	−0.030	418	0.976	−0.004	0.132
	假设方差不相等			−0.031	385.481	0.976	−0.004	0.129
专业标准	假设方差相等	0.258	0.612	−0.549	418	0.583	−0.069	0.127
	假设方差不相等			−0.556	373.056	0.579	−0.069	0.125
专业服务	假设方差相等	0.022	0.883	−0.897	418	0.370	−0.117	0.131
	假设方差不相等			−0.894	354.385	0.372	−0.117	0.131

从表 6 – 14 可看出，20 岁年龄段组与 50 岁年龄段组的服务群体只在及时提供服务质量指标上感知有显著差异。并从表 6 – 13 可看出，20 岁年龄段组在及时提供服务质量上均值大于 50 岁年龄段

组的服务群体，即 20 岁年龄段组在及时提供服务质量上感知比 50 岁年龄段组好，或者说 50 岁年龄段组在及时提供服务质量上感知差一些、要求高一些。

表 6-13　　　　　20 岁年龄段组与 50 岁年龄段组统计量

指标	年龄	N	均值	标准差	均值的标准误
方便找到	20	178	4.47	1.419	0.106
	50	14	4.36	1.737	0.464
方便了解	20	178	4.52	1.268	0.095
	50	14	4.29	1.437	0.384
程序方便	20	178	4.49	1.354	0.101
	50	14	3.86	1.231	0.329
表格易填	20	178	4.62	1.518	0.114
	50	14	3.93	1.492	0.399
及时提供	20	178	4.61	1.190	0.089
	50	14	3.79	1.528	0.408
准确时间	20	178	4.56	1.315	0.099
	50	14	4.07	1.385	0.370
服务热情	20	178	4.60	1.321	0.099
	50	14	4.07	1.269	0.339
及时答复	20	178	4.35	1.350	0.101
	50	14	3.93	1.072	0.286
提供帮助	20	178	4.43	1.270	0.095
	50	14	4.14	0.864	0.231
按时完成	20	178	4.44	1.319	0.099
	50	14	4.57	1.016	0.272
找到人员	20	178	4.64	1.300	0.097
	50	14	4.57	1.284	0.343

指标	年龄	N	均值	标准差	均值的标准误
内容健康	20	178	5.12	1.351	0.101
	50	14	5.29	1.590	0.425
满足需要	20	178	4.83	1.237	0.093
	50	14	4.93	1.141	0.305
服务可靠	20	178	4.94	1.249	0.094
	50	14	4.86	0.864	0.231
训练有素	20	178	4.53	1.374	0.103
	50	14	4.00	1.038	0.277
先进设施	20	178	4.72	1.217	0.091
	50	14	4.36	1.008	0.269
良好管理	20	178	4.64	1.317	0.099
	50	14	4.36	0.929	0.248
资源丰富	20	178	4.78	1.213	0.091
	50	14	4.50	1.286	0.344
用户放心	20	178	4.83	1.279	0.096
	50	14	4.93	1.269	0.339
人员礼貌	20	178	4.83	1.327	0.099
	50	14	5.21	1.051	0.281
政府支持	20	178	4.93	1.210	0.091
	50	14	4.79	1.311	0.350
值得信赖	20	178	4.89	1.284	0.096
	50	14	5.00	1.038	0.277
渠道公开	20	178	4.67	1.326	0.099
	50	14	4.57	1.342	0.359
内容公开	20	178	4.80	1.293	0.097
	50	14	4.64	1.082	0.289

续表

指标	年龄	N	均值	标准差	均值的标准误
过程透明	20	178	4.58	1.335	0.100
	50	14	4.57	1.342	0.359
依据政法	20	178	4.87	1.289	0.097
	50	14	4.79	1.251	0.334
合理应用	20	178	4.87	1.271	0.095
	50	14	5.00	1.301	0.348
公平公正	20	178	4.72	1.390	0.104
	50	14	4.50	1.160	0.310
专业标准	20	178	4.66	1.314	0.099
	50	14	4.14	1.027	0.275
专业服务	20	178	4.79	1.357	0.102
	50	14	4.21	1.311	0.350

表 6 – 14　　　　20 岁年龄段组与 50 岁年龄段组独立样本 t 检验

指标		方差方程的 Levene 检验		均值方程的 t 检验				
		F	Sig.	t	df	Sig.（双侧）	均值差值	标准误差值
方便找到	假设方差相等	0.679	0.411	0.273	190	0.785	0.109	0.400
	假设方差不相等			0.229	14.398	0.822	0.109	0.476
方便了解	假设方差相等	0.005	0.946	0.666	190	0.506	0.237	0.355
	假设方差不相等			0.598	14.635	0.559	0.237	0.396
程序方便	假设方差相等	1.160	0.283	1.706	190	0.090	0.637	0.374
	假设方差不相等			1.850	15.579	0.083	0.637	0.344
表格易填	假设方差相等	0.375	0.541	1.638	190	0.103	0.689	0.421
	假设方差不相等			1.663	15.197	0.117	0.689	0.415

续表

指标		方差方程的 Levene 检验		均值方程的 t 检验				
		F	Sig.	t	df	Sig.（双侧）	均值差值	标准误差值
及时提供	假设方差相等	0.310	0.578	2.433	190	0.016	0.821	0.337
	假设方差不相等			1.964	14.266	0.069	0.821	0.418
准确时间	假设方差相等	0.001	0.980	1.323	190	0.187	0.485	0.366
	假设方差不相等			1.266	14.903	0.225	0.485	0.383
服务热情	假设方差相等	0.465	0.496	1.433	190	0.153	0.524	0.366
	假设方差不相等			1.484	15.303	0.158	0.524	0.353
及时答复	假设方差相等	2.161	0.143	1.150	190	0.252	0.425	0.370
	假设方差不相等			1.400	16.431	0.180	0.425	0.304
提供帮助	假设方差相等	2.395	0.123	0.837	190	0.404	0.290	0.346
	假设方差不相等			1.159	17.755	0.262	0.290	0.250
按时完成	假设方差相等	1.309	0.254	−0.353	190	0.724	−0.128	0.361
	假设方差不相等			−0.441	16.651	0.665	−0.128	0.289
找到人员	假设方差相等	0.015	0.902	0.191	190	0.848	0.069	0.360
	假设方差不相等			0.194	15.173	0.849	0.069	0.357
内容健康	假设方差相等	1.436	0.232	−0.427	190	0.670	−0.162	0.380
	假设方差不相等			−0.371	14.516	0.716	−0.162	0.437
满足需要	假设方差相等	0.668	0.415	−0.284	190	0.777	−0.097	0.342
	假设方差不相等			−0.305	15.505	0.765	−0.097	0.319
服务可靠	假设方差相等	1.751	0.187	0.238	190	0.812	0.081	0.341
	假设方差不相等			0.325	17.588	0.749	0.081	0.249
训练有素	假设方差相等	3.766	0.054	1.405	190	0.162	0.528	0.376
	假设方差不相等			1.785	16.811	0.092	0.528	0.296
先进设施	假设方差相等	1.214	0.272	1.084	190	0.280	0.362	0.334
	假设方差不相等			1.272	16.132	0.221	0.362	0.284

续表

指标		方差方程的 Levene 检验		均值方程的 t 检验				
		F	Sig.	t	df	Sig. （双侧）	均值 差值	标准 误差值
良好 管理	假设方差相等	2.054	0.153	0.789	190	0.431	0.283	0.359
	假设方差不相等			1.061	17.405	0.303	0.283	0.267
资源 丰富	假设方差相等	0.203	0.653	0.831	190	0.407	0.281	0.338
	假设方差不相等			0.790	14.878	0.442	0.281	0.356
用户 放心	假设方差相等	0.031	0.860	−0.289	190	0.773	−0.103	0.355
	假设方差不相等			−0.292	15.154	0.775	−0.103	0.352
人员 礼貌	假设方差相等	1.101	0.295	−1.068	190	0.287	−0.388	0.364
	假设方差不相等			−1.304	16.445	0.210	−0.388	0.298
政府 支持	假设方差相等	0.129	0.720	0.435	190	0.664	0.147	0.338
	假设方差不相等			0.406	14.795	0.691	0.147	0.362
值得 信赖	假设方差相等	1.318	0.252	−0.319	190	0.750	−0.112	0.352
	假设方差不相等			−0.383	16.301	0.707	−0.112	0.294
渠道 公开	假设方差相等	0.030	0.863	0.264	190	0.792	0.097	0.369
	假设方差不相等			0.261	15.067	0.798	0.097	0.372
内容 公开	假设方差相等	0.498	0.481	0.452	190	0.652	0.161	0.355
	假设方差不相等			0.526	16.073	0.606	0.161	0.305
过程 透明	假设方差相等	0.005	0.943	0.035	190	0.972	0.013	0.371
	假设方差不相等			0.034	15.093	0.973	0.013	0.372
依据 政法	假设方差相等	0.161	0.689	0.238	190	0.812	0.085	0.357
	假设方差不相等			0.244	15.252	0.810	0.085	0.348
合理 应用	假设方差相等	0.006	0.940	−0.366	190	0.715	−0.129	0.353
	假设方差不相等			−0.358	15.020	0.725	−0.129	0.360
公平 公正	假设方差相等	1.078	0.301	0.574	190	0.567	0.219	0.382
	假设方差不相等			0.670	16.085	0.512	0.219	0.327

续表

指标		方差方程的 Levene 检验		均值方程的 t 检验				
		F	Sig.	t	df	Sig.（双侧）	均值差值	标准误差值
专业标准	假设方差相等	2.275	0.133	1.445	190	0.150	0.520	0.360
	假设方差不相等			1.783	16.544	0.093	0.520	0.292
专业服务	假设方差相等	0.432	0.512	1.523	190	0.129	0.572	0.376
	假设方差不相等			1.568	15.274	0.137	0.572	0.365

综上可知，不同年龄群体对公共文化服务质量的感知差异不大，仅在个别指标上有一些差异。

（2）不同学历服务群体对公共文化服务质量的感知比较分析

从表 6-16 可看出，大学及以上组与大学以下组的服务群体在感知公共文化服务质量上无显著差异。从表 6-15 上也可看出，两组均值在各服务质量上相差不大。

表 6-15　　　　　　　　大学及以上组与大学以下组统计量

指标	学历	N	均值	标准差	均值的标准误
方便找到	大学及以上组	213	4.49	1.449	0.099
	大学以下组	207	4.33	1.400	0.097
方便了解	大学及以上组	213	4.50	1.403	0.096
	大学以下组	207	4.55	1.302	0.090
程序方便	大学及以上组	213	4.56	1.477	0.101
	大学以下组	207	4.60	1.210	0.084
表格易填	大学及以上组	213	4.60	1.531	0.105
	大学以下组	207	4.74	1.336	0.093

续表

指标	学历	N	均值	标准差	均值的标准误
及时提供	大学及以上组	213	4.65	1.314	0.090
	大学以下组	207	4.57	1.216	0.085
准确时间	大学及以上组	213	4.64	1.423	0.097
	大学以下组	207	4.64	1.340	0.093
服务热情	大学及以上组	213	4.65	1.350	0.092
	大学以下组	207	4.79	1.345	0.093
及时答复	大学及以上组	213	4.35	1.441	0.099
	大学以下组	207	4.51	1.321	0.092
提供帮助	大学及以上组	213	4.49	1.355	0.093
	大学以下组	207	4.57	1.192	0.083
按时完成	大学及以上组	213	4.55	1.422	0.097
	大学以下组	207	4.58	1.243	0.086
找到人员	大学及以上组	213	4.70	1.353	0.093
	大学以下组	207	4.75	1.341	0.093
内容健康	大学及以上组	213	5.29	1.339	0.092
	大学以下组	207	5.13	1.331	0.092
满足需要	大学及以上组	213	4.91	1.254	0.086
	大学以下组	207	5.00	1.250	0.087
服务可靠	大学及以上组	213	5.07	1.211	0.083
	大学以下组	207	5.05	1.251	0.087
训练有素	大学及以上组	213	4.61	1.389	0.095
	大学以下组	207	4.47	1.314	0.091
先进设施	大学及以上组	213	4.81	1.261	0.086
	大学以下组	207	4.62	1.204	0.084
良好管理	大学及以上组	213	4.72	1.319	0.090
	大学以下组	207	4.71	1.244	0.086

指标	学历	N	均值	标准差	均值的标准误
资源丰富	大学及以上组	213	4.83	1.325	0.091
	大学以下组	207	4.82	1.204	0.084
用户放心	大学及以上组	213	4.93	1.328	0.091
	大学以下组	207	4.93	1.252	0.087
人员礼貌	大学及以上组	213	4.92	1.408	0.096
	大学以下组	207	4.88	1.253	0.087
政府支持	大学及以上组	213	5.00	1.319	0.090
	大学以下组	207	4.91	1.306	0.091
值得信赖	大学及以上组	213	4.92	1.343	0.092
	大学以下组	207	4.91	1.167	0.081
渠道公开	大学及以上组	213	4.82	1.379	0.094
	大学以下组	207	4.77	1.279	0.089
内容公开	大学及以上组	213	4.87	1.320	0.090
	大学以下组	207	4.85	1.344	0.093
过程透明	大学及以上组	213	4.64	1.392	0.095
	大学以下组	207	4.77	1.286	0.089
依据政法	大学及以上组	213	5.00	1.285	0.088
	大学以下组	207	4.96	1.226	0.085
合理应用	大学及以上组	213	4.97	1.333	0.091
	大学以下组	207	4.87	1.265	0.088
公平公正	大学及以上组	213	4.85	1.357	0.093
	大学以下组	207	4.84	1.299	0.090
专业标准	大学及以上组	213	4.70	1.297	0.089
	大学以下组	207	4.77	1.243	0.086
专业服务	大学及以上组	213	4.85	1.348	0.092
	大学以下组	207	4.78	1.273	0.088

表 6 - 16　　　　　　　　大学及以上组与大学以下组独立样本 t 检验

指标		方差方程的 Levene 检验		均值方程的 t 检验				
		F	Sig.	t	df	Sig.（双侧）	均值差值	标准误差值
方便找到	假设方差相等	0.584	0.445	1.147	418	0.252	0.160	0.139
	假设方差不相等			1.148	417.987	0.252	0.160	0.139
方便了解	假设方差相等	1.759	0.186	- 0.366	418	0.715	- 0.048	0.132
	假设方差不相等			- 0.366	417.120	0.714	- 0.048	0.132
程序方便	假设方差相等	11.670	0.001	- 0.270	418	0.787	- 0.036	0.132
	假设方差不相等			- 0.271	406.472	0.787	- 0.036	0.132
表格易填	假设方差相等	5.563	0.019	- 0.984	418	0.326	- 0.138	0.140
	假设方差不相等			- 0.986	413.280	0.325	- 0.138	0.140
及时提供	假设方差相等	3.654	0.057	0.628	418	0.530	0.078	0.124
	假设方差不相等			0.629	416.992	0.530	0.078	0.124
准确时间	假设方差相等	2.572	0.110	0.006	418	0.995	0.001	0.135
	假设方差不相等			0.006	417.589	0.995	0.001	0.135
服务热情	假设方差相等	0.819	0.366	- 1.025	418	0.306	- 0.135	0.132
	假设方差不相等			- 1.025	417.739	0.306	- 0.135	0.132
及时答复	假设方差相等	1.464	0.227	- 1.219	418	0.223	- 0.165	0.135
	假设方差不相等			- 1.221	416.601	0.223	- 0.165	0.135
提供帮助	假设方差相等	4.522	0.034	- 0.580	418	0.563	- 0.072	0.125
	假设方差不相等			- 0.581	413.962	0.562	- 0.072	0.124
按时完成	假设方差相等	5.158	0.024	- 0.233	418	0.816	- 0.030	0.130
	假设方差不相等			- 0.234	413.429	0.815	- 0.030	0.130
找到人员	假设方差相等	0.033	0.856	- 0.376	418	0.707	- 0.049	0.131
	假设方差不相等			- 0.376	417.843	0.707	- 0.049	0.131
内容健康	假设方差相等	0.002	0.963	1.270	418	0.205	0.165	0.130
	假设方差不相等			1.270	417.787	0.205	0.165	0.130

指标		方差方程的 Levene 检验		均值方程的 t 检验				
		F	Sig.	t	df	Sig.（双侧）	均值差值	标准误差值
满足需要	假设方差相等	0.786	0.376	-0.730	418	0.466	-0.089	0.122
	假设方差不相等			-0.730	417.723	0.466	-0.089	0.122
服务可靠	假设方差相等	0.057	0.812	0.105	418	0.917	0.013	0.120
	假设方差不相等			0.105	416.457	0.917	0.013	0.120
训练有素	假设方差相等	0.466	0.495	1.038	418	0.300	0.137	0.132
	假设方差不相等			1.039	417.699	0.299	0.137	0.132
先进设施	假设方差相等	0.095	0.758	1.531	418	0.126	0.184	0.120
	假设方差不相等			1.532	417.870	0.126	0.184	0.120
良好管理	假设方差相等	0.854	0.356	0.141	418	0.888	0.018	0.125
	假设方差不相等			0.141	417.642	0.888	0.018	0.125
资源丰富	假设方差相等	2.909	0.089	0.079	418	0.937	0.010	0.124
	假设方差不相等			0.079	416.134	0.937	0.010	0.123
用户放心	假设方差相等	0.951	0.330	-0.022	418	0.982	-0.003	0.126
	假设方差不相等			-0.022	417.621	0.982	-0.003	0.126
人员礼貌	假设方差相等	1.982	0.160	0.241	418	0.809	0.031	0.130
	假设方差不相等			0.242	414.774	0.809	0.031	0.130
政府支持	假设方差相等	0.014	0.906	0.753	418	0.452	0.096	0.128
	假设方差不相等			0.753	417.859	0.452	0.096	0.128
值得信赖	假设方差相等	3.144	0.077	0.020	418	0.984	0.002	0.123
	假设方差不相等			0.020	412.866	0.984	0.002	0.123
渠道公开	假设方差相等	0.252	0.616	0.412	418	0.681	0.053	0.130
	假设方差不相等			0.412	417.085	0.680	0.053	0.130
内容公开	假设方差相等	0.449	0.503	0.177	418	0.860	0.023	0.130
	假设方差不相等			0.177	417.089	0.860	0.023	0.130

指标		方差方程的Levene检验		均值方程的t检验				
		F	Sig.	t	df	Sig.（双侧）	均值差值	标准误差值
过程透明	假设方差相等	0.673	0.412	−0.954	418	0.340	−0.125	0.131
	假设方差不相等			−0.956	416.944	0.340	−0.125	0.131
依据政法	假设方差相等	0.125	0.724	0.315	418	0.753	0.039	0.123
	假设方差不相等			0.315	417.862	0.753	0.039	0.123
合理应用	假设方差相等	0.346	0.557	0.769	418	0.442	0.098	0.127
	假设方差不相等			0.770	417.758	0.442	0.098	0.127
公平公正	假设方差相等	0.544	0.461	0.107	418	0.915	0.014	0.130
	假设方差不相等			0.107	417.906	0.915	0.014	0.130
专业标准	假设方差相等	0.297	0.586	−0.554	418	0.580	−0.069	0.124
	假设方差不相等			−0.555	417.925	0.580	−0.069	0.124
专业服务	假设方差相等	0.639	0.425	0.562	418	0.574	0.072	0.128
	假设方差不相等			0.563	417.658	0.574	0.072	0.128

从表6－18可看出，研究生组与初中生组的服务群体在方便了解、找到人员、服务可靠、先进设施、资源丰富、用户放心、人员礼貌、政府支持、值得信赖、内容公开、过程透明、公平公正、专业服务等服务质量指标上感知有显著差异。并从表6－17可看出，研究生组在以上各服务质量指标上均值都大于初中生组的服务群体，即研究生组在以上服务质量指标上感知比初中生组好，或者说初中生学历组在以上服务质量指标上要求更高一些。

表 6-17 初中生组与研究生组统计量

指标	学历	N	均值	标准差	均值的标准误
方便找到	初中生	54	3.96	1.529	0.208
	研究生	17	4.71	1.724	0.418
方便了解	初中生	54	4.11	1.355	0.184
	研究生	17	5.06	1.560	0.378
程序方便	初中生	54	4.31	1.425	0.194
	研究生	17	5.00	1.541	0.374
表格易填	初中生	54	4.33	1.318	0.179
	研究生	17	4.88	1.654	0.401
及时提供	初中生	54	4.39	1.472	0.200
	研究生	17	4.88	1.409	0.342
准确时间	初中生	54	4.24	1.427	0.194
	研究生	17	5.00	1.414	0.343
服务热情	初中生	54	4.61	1.406	0.191
	研究生	17	5.35	1.222	0.296
及时答复	初中生	54	4.37	1.336	0.182
	研究生	17	4.53	1.546	0.375
提供帮助	初中生	54	4.28	1.366	0.186
	研究生	17	4.82	1.425	0.346
按时完成	初中生	54	4.37	1.350	0.184
	研究生	17	5.12	1.616	0.392
找到人员	初中生	54	4.59	1.381	0.188
	研究生	17	5.35	1.169	0.284
内容健康	初中生	54	4.85	1.485	0.202
	研究生	17	5.65	1.455	0.353
满足需要	初中生	54	4.78	1.383	0.188
	研究生	17	5.00	1.369	0.332

续表

指标	学历	N	均值	标准差	均值的标准误
服务可靠	初中生	54	4.70	1.268	0.173
	研究生	17	5.41	1.004	0.243
训练有素	初中生	54	4.44	1.449	0.197
	研究生	17	5.06	1.478	0.358
先进设施	初中生	54	4.43	1.312	0.179
	研究生	17	5.18	1.074	0.261
良好管理	初中生	54	4.48	1.476	0.201
	研究生	17	5.12	1.317	0.319
资源丰富	初中生	54	4.61	1.280	0.174
	研究生	17	5.41	1.176	0.285
用户放心	初中生	54	4.67	1.332	0.181
	研究生	17	5.65	1.455	0.353
人员礼貌	初中生	54	4.67	1.401	0.191
	研究生	17	5.47	1.505	0.365
政府支持	初中生	54	4.50	1.342	0.183
	研究生	17	5.41	1.278	0.310
值得信赖	初中生	54	4.69	1.195	0.163
	研究生	17	5.53	0.874	0.212
渠道公开	初中生	54	4.48	1.450	0.197
	研究生	17	5.06	1.345	0.326
内容公开	初中生	54	4.31	1.527	0.208
	研究生	17	5.18	1.015	0.246
过程透明	初中生	54	4.37	1.350	0.184
	研究生	17	5.24	0.970	0.235
依据政法	初中生	54	4.83	1.437	0.196
	研究生	17	5.18	1.510	0.366

续表

指标	学历	N	均值	标准差	均值的标准误
合理应用	初中生	54	4.61	1.510	0.205
	研究生	17	5.41	1.372	0.333
公平公正	初中生	54	4.50	1.476	0.201
	研究生	17	5.65	1.222	0.296
专业标准	初中生	54	4.33	1.332	0.181
	研究生	17	5.00	1.620	0.393
专业服务	初中生	54	4.50	1.342	0.183
	研究生	17	5.29	1.213	0.294

表 6-18　　　　　　　　　初中生组与研究生组独立样本 t 检验

指标		方差方程的 Levene 检验		均值方程 t 检验				
		F	Sig.	t	df	Sig.（双侧）	均值差值	标准误差值
方便找到	假设方差相等	0.489	0.487	-1.695	69	0.095	-0.743	0.438
	假设方差不相等			-1.591	24.459	0.124	-0.743	0.467
方便了解	假设方差相等	0.952	0.333	-2.425	69	0.018	-0.948	0.391
	假设方差不相等			-2.252	24.094	0.034	-0.948	0.421
程序方便	假设方差相等	0.013	0.911	-1.696	69	0.094	-0.685	0.404
	假设方差不相等			-1.627	25.223	0.116	-0.685	0.421
表格易填	假设方差相等	1.504	0.224	-1.407	69	0.164	-0.549	0.390
	假设方差不相等			-1.250	22.758	0.224	-0.549	0.439
及时提供	假设方差相等	0.175	0.677	-1.217	69	0.228	-0.493	0.405
	假设方差不相等			-1.246	27.889	0.223	-0.493	0.396
准确时间	假设方差相等	0.000	0.997	-1.918	69	0.059	-0.759	0.396
	假设方差不相等			-1.926	27.056	0.065	-0.759	0.394

指标		方差方程的 Levene 检验		均值方程 t 检验				
		F	Sig.	t	df	Sig.（双侧）	均值差值	标准误差值
服务热情	假设方差相等	0.349	0.556	−1.953	69	0.055	−0.742	0.380
	假设方差不相等			−2.103	30.530	0.044	−0.742	0.353
及时答复	假设方差相等	2.227	0.140	−0.412	69	0.681	−0.159	0.386
	假设方差不相等			−0.382	24.008	0.706	−0.159	0.417
提供帮助	假设方差相等	0.034	0.855	−1.423	69	0.159	−0.546	0.384
	假设方差不相等			−1.391	25.940	0.176	−0.546	0.392
按时完成	假设方差相等	0.648	0.423	−1.898	69	0.062	−0.747	0.394
	假设方差不相等			−1.727	23.464	0.097	−0.747	0.433
找到人员	假设方差相等	0.969	0.328	−2.048	69	0.044	−0.760	0.371
	假设方差不相等			−2.235	31.303	0.033	−0.760	0.340
内容健康	假设方差相等	0.007	0.931	−1.935	69	0.057	−0.795	0.411
	假设方差不相等			−1.955	27.318	0.061	−0.795	0.407
满足需要	假设方差相等	0.024	0.877	−0.579	69	0.564	−0.222	0.384
	假设方差不相等			−0.582	27.079	0.565	−0.222	0.382
服务可靠	假设方差相等	1.559	0.216	−2.100	69	0.039	−0.708	0.337
	假设方差不相等			−2.373	33.570	0.024	−0.708	0.298
训练有素	假设方差相等	0.075	0.785	−1.517	69	0.134	−0.614	0.405
	假设方差不相等			−1.502	26.426	0.145	−0.614	0.409
先进设施	假设方差相等	1.334	0.252	−2.141	69	0.036	−0.751	0.351
	假设方差不相等			−2.376	32.387	0.024	−0.751	0.316
良好管理	假设方差相等	0.450	0.505	−1.588	69	0.117	−0.636	0.401
	假设方差不相等			−1.686	29.746	0.102	−0.636	0.377
资源丰富	假设方差相等	0.059	0.809	−2.291	69	0.025	−0.801	0.349
	假设方差不相等			−2.396	28.951	0.023	−0.801	0.334

指标		方差方程的 Levene 检验		均值方程 t 检验				
		F	Sig.	t	df	Sig.（双侧）	均值差值	标准误差值
用户放心	假设方差相等	0.252	0.617	-2.589	69	0.012	-0.980	0.379
	假设方差不相等			-2.471	25.024	0.021	-0.980	0.397
人员礼貌	假设方差相等	0.085	0.771	-2.028	69	0.046	-0.804	0.396
	假设方差不相等			-1.952	25.350	0.062	-0.804	0.412
政府支持	假设方差相等	0.009	0.927	-2.469	69	0.016	-0.912	0.369
	假设方差不相等			-2.535	28.031	0.017	-0.912	0.360
值得信赖	假设方差相等	1.504	0.224	-2.690	69	0.009	-0.844	0.314
	假设方差不相等			-3.159	36.521	0.003	-0.844	0.267
渠道公开	假设方差相等	1.763	0.189	-1.455	69	0.150	-0.577	0.397
	假设方差不相等			-1.514	28.698	0.141	-0.577	0.381
内容公开	假设方差相等	3.505	0.065	-2.174	69	0.033	-0.862	0.396
	假设方差不相等			-2.675	40.718	0.011	-0.862	0.322
过程透明	假设方差相等	3.011	0.087	-2.445	69	0.017	-0.865	0.354
	假设方差不相等			-2.897	37.272	0.006	-0.865	0.299
依据政法	假设方差相等	0.044	0.834	-0.848	69	0.399	-0.343	0.404
	假设方差不相等			-0.827	25.800	0.416	-0.343	0.415
合理应用	假设方差相等	0.220	0.641	-1.946	69	0.056	-0.801	0.411
	假设方差不相等			-2.047	29.244	0.050	-0.801	0.391
公平公正	假设方差相等	3.585	0.062	-2.902	69	0.005	-1.147	0.395
	假设方差不相等			-3.204	32.044	0.003	-1.147	0.358
专业标准	假设方差相等	0.148	0.701	-1.707	69	0.092	-0.667	0.390
	假设方差不相等			-1.541	23.213	0.137	-0.667	0.433
专业服务	假设方差相等	0.354	0.554	-2.174	69	0.033	-0.794	0.365
	假设方差不相等			-2.294	29.404	0.029	-0.794	0.346

从表6-20可看出，高中生组与大学生组的服务群体在表格易填、过程透明、专业标准等服务质量指标上感知有显著差异。并从表6-19可看出，高中生组在以上各服务质量指标上均值都大于大学生组的服务群体，即高中生组在以上服务质量指标上感知比大学生组好，或者说大学生学历组在以上服务质量指标上要求更高一些。

表6-19 高中生组与大学生组统计量

指标	学历	N	均值	标准差	均值的标准误
方便找到	高中生	137	4.46	1.306	0.112
	大学生	196	4.47	1.427	0.102
方便了解	高中生	137	4.72	1.199	0.102
	大学生	196	4.45	1.382	0.099
程序方便	高中生	137	4.71	1.119	0.096
	大学生	196	4.53	1.469	0.105
表格易填	高中生	137	4.93	1.270	0.108
	大学生	196	4.58	1.522	0.109
及时提供	高中生	137	4.66	1.101	0.094
	大学生	196	4.63	1.308	0.093
准确时间	高中生	137	4.79	1.303	0.111
	大学生	196	4.61	1.423	0.102
服务热情	高中生	137	4.85	1.342	0.115
	大学生	196	4.59	1.346	0.096
及时答复	高中生	137	4.54	1.334	0.114
	大学生	196	4.33	1.435	0.102
提供帮助	高中生	137	4.64	1.117	0.095
	大学生	196	4.46	1.349	0.096
按时完成	高中生	137	4.64	1.187	0.101
	大学生	196	4.50	1.398	0.100

指标	学历	N	均值	标准差	均值的标准误
找到人员	高中生	137	4.80	1.300	0.111
	大学生	196	4.65	1.356	0.097
内容健康	高中生	137	5.20	1.248	0.107
	大学生	196	5.26	1.328	0.095
满足需要	高中生	137	5.07	1.217	0.104
	大学生	196	4.90	1.247	0.089
服务可靠	高中生	137	5.15	1.230	0.105
	大学生	196	5.04	1.225	0.088
训练有素	高中生	137	4.51	1.231	0.105
	大学生	196	4.57	1.378	0.098
先进设施	高中生	137	4.70	1.140	0.097
	大学生	196	4.78	1.273	0.091
良好管理	高中生	137	4.82	1.152	0.098
	大学生	196	4.69	1.317	0.094
资源丰富	高中生	137	4.89	1.148	0.098
	大学生	196	4.78	1.327	0.095
用户放心	高中生	137	5.01	1.248	0.107
	大学生	196	4.87	1.302	0.093
人员礼貌	高中生	137	4.99	1.213	0.104
	大学生	196	4.87	1.393	0.100
政府支持	高中生	137	5.02	1.257	0.107
	大学生	196	4.97	1.320	0.094
值得信赖	高中生	137	4.99	1.154	0.099
	大学生	196	4.86	1.365	0.097
渠道公开	高中生	137	4.91	1.162	0.099
	大学生	196	4.80	1.383	0.099

续表

指标	学历	N	均值	标准差	均值的标准误
内容公开	高中生	137	5.09	1.197	0.102
	大学生	196	4.85	1.342	0.096
过程透明	高中生	137	4.96	1.218	0.104
	大学生	196	4.59	1.413	0.101
依据政法	高中生	137	5.08	1.138	0.097
	大学生	196	4.98	1.267	0.090
合理应用	高中生	137	4.99	1.121	0.096
	大学生	196	4.93	1.326	0.095
公平公正	高中生	137	5.00	1.163	0.099
	大学生	196	4.79	1.349	0.096
专业标准	高中生	137	4.97	1.124	0.096
	大学生	196	4.68	1.266	0.090
专业服务	高中生	137	4.91	1.200	0.103
	大学生	196	4.81	1.355	0.097

表 6 - 20　　　　　　　高中生组与大学生组独立样本 t 检验

指标		方差方程的 Levene 检验		均值方程的 t 检验				
		F	Sig.	t	df	Sig.（双侧）	均值差值	标准误差值
方便找到	假设方差相等	1.680	0.196	-0.095	331	0.924	-0.015	0.154
	假设方差不相等			-0.097	308.005	0.923	-0.015	0.151
方便了解	假设方差相等	3.906	0.049	1.841	331	0.067	0.269	0.146
	假设方差不相等			1.888	315.929	0.060	0.269	0.142
程序方便	假设方差相等	14.906	0.000	1.226	331	0.221	0.183	0.149
	假设方差不相等			1.286	328.523	0.199	0.183	0.142

续表

指标		方差方程的 Levene 检验		均值方程的 t 检验				
		F	Sig.	t	df	Sig.（双侧）	均值差值	标准误差值
表格易填	假设方差相等	8.491	0.004	2.210	331	0.028	0.350	0.159
	假设方差不相等			2.282	320.743	0.023	0.350	0.154
及时提供	假设方差相等	8.313	0.004	0.178	331	0.859	0.024	0.137
	假设方差不相等			0.183	319.677	0.855	0.024	0.133
准确时间	假设方差相等	3.786	0.053	1.183	331	0.237	0.181	0.153
	假设方差不相等			1.202	307.980	0.230	0.181	0.151
服务热情	假设方差相等	0.953	0.330	1.751	331	0.081	0.262	0.150
	假设方差不相等			1.752	293.306	0.081	0.262	0.150
及时答复	假设方差相等	0.353	0.553	1.343	331	0.180	0.209	0.155
	假设方差不相等			1.360	305.533	0.175	0.209	0.153
提供帮助	假设方差相等	7.556	0.006	1.218	331	0.224	0.171	0.140
	假设方差不相等			1.259	321.521	0.209	0.171	0.136
按时完成	假设方差相等	6.963	0.009	0.922	331	0.357	0.135	0.146
	假设方差不相等			0.949	318.592	0.343	0.135	0.142
找到人员	假设方差相等	0.969	0.326	1.044	331	0.297	0.155	0.148
	假设方差不相等			1.052	300.456	0.294	0.155	0.147
内容健康	假设方差相等	0.250	0.617	−0.438	331	0.662	−0.063	0.144
	假设方差不相等			−0.442	303.777	0.658	−0.063	0.143
满足需要	假设方差相等	0.618	0.432	1.236	331	0.217	0.170	0.137
	假设方差不相等			1.242	297.267	0.215	0.170	0.137
服务可靠	假设方差相等	0.168	0.682	0.860	331	0.390	0.118	0.137
	假设方差不相等			0.860	292.075	0.391	0.118	0.137
训练有素	假设方差相等	1.416	0.235	−0.377	331	0.707	−0.055	0.147
	假设方差不相等			−0.384	311.684	0.701	−0.055	0.144

指标		方差方程的 Levene 检验		均值方程的 t 检验				
		F	Sig.	t	df	Sig.（双侧）	均值差值	标准误差值
先进设施	假设方差相等	1.460	0.228	−0.550	331	0.582	−0.075	0.136
	假设方差不相等			−0.561	311.435	0.575	−0.075	0.133
良好管理	假设方差相等	3.778	0.053	0.924	331	0.356	0.129	0.139
	假设方差不相等			0.946	314.747	0.345	0.129	0.136
资源丰富	假设方差相等	4.902	0.028	0.785	331	0.433	0.110	0.140
	假设方差不相等			0.805	316.254	0.421	0.110	0.136
用户放心	假设方差相等	0.546	0.460	1.033	331	0.302	0.147	0.143
	假设方差不相等			1.041	300.324	0.299	0.147	0.142
人员礼貌	假设方差相等	4.090	0.044	0.802	331	0.423	0.118	0.147
	假设方差不相等			0.822	315.463	0.412	0.118	0.144
政府支持	假设方差相等	0.663	0.416	0.364	331	0.716	0.053	0.144
	假设方差不相等			0.367	301.512	0.714	0.053	0.143
值得信赖	假设方差相等	5.688	0.018	0.914	331	0.362	0.130	0.143
	假设方差不相等			0.941	319.208	0.347	0.130	0.139
渠道公开	假设方差相等	4.336	0.038	0.721	331	0.472	0.104	0.144
	假设方差不相等			0.743	319.910	0.458	0.104	0.140
内容公开	假设方差相等	0.735	0.392	1.682	331	0.094	0.241	0.143
	假设方差不相等			1.716	312.004	0.087	0.241	0.140
过程透明	假设方差相等	4.217	0.041	2.448	331	0.015	0.364	0.149
	假设方差不相等			2.514	316.748	0.012	0.364	0.145
依据政法	假设方差相等	1.115	0.292	0.706	331	0.481	0.096	0.135
	假设方差不相等			0.720	310.943	0.472	0.096	0.133
合理应用	假设方差相等	5.449	0.020	0.462	331	0.644	0.064	0.139
	假设方差不相等			0.476	319.171	0.634	0.064	0.135

续表

指标		方差方程的 Levene 检验		均值方程的 t 检验				
		F	Sig.	t	df	Sig.（双侧）	均值差值	标准误差值
公平公正	假设方差相等	7.727	0.006	1.508	331	0.133	0.214	0.142
	假设方差不相等			1.548	316.727	0.123	0.214	0.138
专业标准	假设方差相等	4.796	0.029	2.169	331	0.031	0.292	0.135
	假设方差不相等			2.215	312.688	0.027	0.292	0.132
专业服务	假设方差相等	3.114	0.079	0.652	331	0.515	0.094	0.144
	假设方差不相等			0.666	313.053	0.506	0.094	0.141

从表 6-22 可看出，大学生组与研究生组的服务群体在服务热情、找到人员、用户放心、值得信赖、公平公正等服务质量指标上感知有显著差异。并从表 6-21 可看出，研究生组在以上各服务质量指标上均值都大于大学生组的服务群体，即研究生组在以上服务质量指标上感知比大学生组好，或者说大学生学历组在以上服务质量指标上要求更高一些。

表 6-21　　　　　　　　大学生组与研究生组统计量

指标	学历	N	均值	标准差	均值的标准误
方便找到	大学生	196	4.47	1.427	0.102
	研究生	17	4.71	1.724	0.418
方便了解	大学生	196	4.45	1.382	0.099
	研究生	17	5.06	1.560	0.378
程序方便	大学生	196	4.53	1.469	0.105
	研究生	17	5.00	1.541	0.374

指标	学历	N	均值	标准差	均值的标准误
表格易填	大学生	196	4.58	1.522	0.109
	研究生	17	4.88	1.654	0.401
及时提供	大学生	196	4.63	1.308	0.093
	研究生	17	4.88	1.409	0.342
准确时间	大学生	196	4.61	1.423	0.102
	研究生	17	5.00	1.414	0.343
服务热情	大学生	196	4.59	1.346	0.096
	研究生	17	5.35	1.222	0.296
及时答复	大学生	196	4.33	1.435	0.102
	研究生	17	4.53	1.546	0.375
提供帮助	大学生	196	4.46	1.349	0.096
	研究生	17	4.82	1.425	0.346
按时完成	大学生	196	4.50	1.398	0.100
	研究生	17	5.12	1.616	0.392
找到人员	大学生	196	4.65	1.356	0.097
	研究生	17	5.35	1.169	0.284
内容健康	大学生	196	5.26	1.328	0.095
	研究生	17	5.65	1.455	0.353
满足需要	大学生	196	4.90	1.247	0.089
	研究生	17	5.00	1.369	0.332
服务可靠	大学生	196	5.04	1.225	0.088
	研究生	17	5.41	1.004	0.243
训练有素	大学生	196	4.57	1.378	0.098
	研究生	17	5.06	1.478	0.358
先进设施	大学生	196	4.78	1.273	0.091
	研究生	17	5.18	1.074	0.261

指标	学历	N	均值	标准差	均值的标准误
良好管理	大学生	196	4.69	1.317	0.094
	研究生	17	5.12	1.317	0.319
资源丰富	大学生	196	4.78	1.327	0.095
	研究生	17	5.41	1.176	0.285
用户放心	大学生	196	4.87	1.302	0.093
	研究生	17	5.65	1.455	0.353
人员礼貌	大学生	196	4.87	1.393	0.100
	研究生	17	5.47	1.505	0.365
政府支持	大学生	196	4.97	1.320	0.094
	研究生	17	5.41	1.278	0.310
值得信赖	大学生	196	4.86	1.365	0.097
	研究生	17	5.53	0.874	0.212
渠道公开	大学生	196	4.80	1.383	0.099
	研究生	17	5.06	1.345	0.326
内容公开	大学生	196	4.85	1.342	0.096
	研究生	17	5.18	1.015	0.246
过程透明	大学生	196	4.59	1.413	0.101
	研究生	17	5.24	0.970	0.235
依据政法	大学生	196	4.98	1.267	0.090
	研究生	17	5.18	1.510	0.366
合理应用	大学生	196	4.93	1.326	0.095
	研究生	17	5.41	1.372	0.333
公平公正	大学生	196	4.79	1.349	0.096
	研究生	17	5.65	1.222	0.296
专业标准	大学生	196	4.68	1.266	0.090
	研究生	17	5.00	1.620	0.393
专业服务	大学生	196	4.81	1.355	0.097
	研究生	17	5.29	1.213	0.294

表6-22   大学生组与研究生组独立样本 t 检验

指标		方差方程的 Levene 检验		均值方程的 t 检验				
		F	Sig.	t	df	Sig.（双侧）	均值差值	标准误差值
方便找到	假设方差相等	1.262	0.262	-0.631	211	0.529	-0.231	0.367
	假设方差不相等			-0.538	17.953	0.597	-0.231	0.430
方便了解	假设方差相等	1.020	0.314	-1.713	211	0.088	-0.605	0.353
	假设方差不相等			-1.546	18.246	0.139	-0.605	0.391
程序方便	假设方差相等	0.769	0.382	-1.273	211	0.205	-0.474	0.373
	假设方差不相等			-1.222	18.612	0.237	-0.474	0.388
表格易填	假设方差相等	0.090	0.764	-0.789	211	0.431	-0.306	0.387
	假设方差不相等			-0.736	18.429	0.471	-0.306	0.416
及时提供	假设方差相等	0.003	0.960	-0.751	211	0.454	-0.250	0.333
	假设方差不相等			-0.705	18.472	0.490	-0.250	0.354
准确时间	假设方差相等	0.030	0.864	-1.093	211	0.276	-0.393	0.360
	假设方差不相等			-1.098	18.921	0.286	-0.393	0.358
服务热情	假设方差相等	0.824	0.365	-2.251	211	0.025	-0.761	0.338
	假设方差不相等			-2.443	19.529	0.024	-0.761	0.312
及时答复	假设方差相等	0.991	0.321	-0.542	211	0.588	-0.198	0.365
	假设方差不相等			-0.509	18.472	0.617	-0.198	0.389
提供帮助	假设方差相等	0.011	0.918	-1.049	211	0.295	-0.359	0.343
	假设方差不相等			-1.002	18.576	0.329	-0.359	0.359
按时完成	假设方差相等	0.381	0.538	-1.726	211	0.086	-0.618	0.358
	假设方差不相等			-1.527	18.139	0.144	-0.618	0.404
找到人员	假设方差相等	1.023	0.313	-2.076	211	0.039	-0.705	0.340
	假设方差不相等			-2.352	19.929	0.029	-0.705	0.300
内容健康	假设方差相等	0.496	0.482	-1.144	211	0.254	-0.387	0.338
	假设方差不相等			-1.059	18.386	0.304	-0.387	0.365

续表

指标		方差方程的 Levene 检验		均值方程的 t 检验				
		F	Sig.	t	df	Sig.（双侧）	均值差值	标准误差值
满足需要	假设方差相等	0.128	0.721	−0.305	211	0.761	−0.097	0.318
	假设方差不相等			−0.282	18.376	0.781	−0.097	0.344
服务可靠	假设方差相等	0.884	0.348	−1.229	211	0.220	−0.376	0.306
	假设方差不相等			−1.454	20.376	0.161	−0.376	0.259
训练有素	假设方差相等	0.006	0.940	−1.406	211	0.161	−0.492	0.350
	假设方差不相等			−1.325	18.495	0.201	−0.492	0.372
先进设施	假设方差相等	1.303	0.255	−1.259	211	0.209	−0.401	0.318
	假设方差不相等			−1.453	20.111	0.162	−0.401	0.276
良好管理	假设方差相等	0.013	0.909	−1.288	211	0.199	−0.429	0.333
	假设方差不相等			−1.288	18.881	0.213	−0.429	0.333
资源丰富	假设方差相等	0.315	0.575	−1.896	211	0.059	−0.631	0.333
	假设方差不相等			−2.100	19.713	0.049	−0.631	0.301
用户放心	假设方差相等	0.356	0.551	−2.347	211	0.020	−0.780	0.332
	假设方差不相等			−2.136	18.292	0.046	−0.780	0.365
人员礼貌	假设方差相等	0.000	0.984	−1.702	211	0.090	−0.603	0.354
	假设方差不相等			−1.595	18.459	0.128	−0.603	0.378
政府支持	假设方差相等	0.157	0.693	−1.329	211	0.185	−0.442	0.333
	假设方差不相等			−1.366	19.087	0.188	−0.442	0.324
值得信赖	假设方差相等	2.685	0.103	−1.978	211	0.049	−0.667	0.337
	假设方差不相等			−2.858	23.390	0.009	−0.667	0.233
渠道公开	假设方差相等	0.767	0.382	−0.739	211	0.461	−0.258	0.349
	假设方差不相等			−0.756	19.059	0.459	−0.258	0.341

指标		方差方程的 Levene 检验		均值方程的 t 检验				
		F	Sig.	t	df	Sig.（双侧）	均值差值	标准误差值
内容公开	假设方差相等	1.055	0.305	-0.987	211	0.325	-0.330	0.334
	假设方差不相等			-1.248	21.188	0.226	-0.330	0.264
过程透明	假设方差相等	3.231	0.074	-1.838	211	0.067	-0.643	0.350
	假设方差不相等			-2.513	22.368	0.020	-0.643	0.256
依据政法	假设方差相等	1.070	0.302	-0.589	211	0.556	-0.192	0.325
	假设方差不相等			-0.508	18.008	0.617	-0.192	0.377
合理应用	假设方差相等	0.315	0.575	-1.437	211	0.152	-0.483	0.336
	假设方差不相等			-1.397	18.689	0.179	-0.483	0.346
公平公正	假设方差相等	1.798	0.181	-2.542	211	0.012	-0.861	0.339
	假设方差不相等			-2.764	19.546	0.012	-0.861	0.312
专业标准	假设方差相等	0.490	0.485	-0.980	211	0.328	-0.321	0.328
	假设方差不相等			-0.797	17.737	0.436	-0.321	0.403
专业服务	假设方差相等	0.371	0.543	-1.420	211	0.157	-0.483	0.340
	假设方差不相等			-1.560	19.634	0.135	-0.483	0.310

综上可知，虽然大学及以上高学历组与大学以下低学历组在总体上对公共文化服务质量的感知无显著差异，但初中生学历组与研究生学历组在感知公共文化服务质量上还是存在许多显著差异，大学生学历组与高中生学历组和研究生学历组也存在着不同程度的差异，并显示出初中生学历组与大学生学历组在感知服务质量上要求更高一些。

6.2 不同服务群体感知的国家档案馆 公共服务质量比较研究

6.2.1 基于人口统计学变量的不同服务群体的比较

首先进行基于人口统计学变量服务群体分类的比较，了解不同学历、性别、年龄、婚姻状况、访问次数和访问馆级别的服务群体感知服务质量的差异。

（1）不同学历服务群体的比较

把调研数据分成大学及以上学历和大学以下学历两个部分，进行独立样本 t 检验，结果如表 6 - 23 和表 6 - 24 所示。

表 6 - 23　　　　　　　　　　　不同学历组统计量

指标	学历	N	均值	标准差	均值的标准误
丰富馆藏	大学及以上	106	6.32	0.921	0.089
	大学以下	105	6.39	0.766	0.075
现代设施	大学及以上	107	6.12	1.016	0.098
	大学以下	105	6.35	0.707	0.069
多种手段	大学及以上	107	6.09	1.186	0.115
	大学以下	103	6.38	0.702	0.069
服务管理	大学及以上	107	6.39	0.737	0.071
	大学以下	105	6.40	0.674	0.066
服务人员	大学及以上	107	6.39	0.877	0.085
	大学以下	103	6.50	0.739	0.073

指标	学历	N	均值	标准差	均值的标准误
信任放心	大学及以上	107	6.44	0.791	0.076
	大学以下	105	6.51	0.722	0.070
支持服务	大学及以上	107	6.47	0.705	0.068
	大学以下	105	6.50	0.735	0.072
法规服务	大学及以上	107	6.40	0.834	0.081
	大学以下	104	6.49	0.668	0.066
过程公平	大学及以上	107	6.49	0.692	0.067
	大学以下	104	6.39	0.829	0.081
准时服务	大学及以上	107	6.35	0.766	0.074
	大学以下	105	6.52	0.606	0.059
准确有效	大学及以上	107	6.48	0.744	0.072
	大学以下	105	6.51	0.681	0.066
全面可靠	大学及以上	107	6.40	0.811	0.078
	大学以下	105	6.46	0.665	0.065
关心帮助	大学及以上	107	6.48	0.757	0.073
	大学以下	105	6.58	0.676	0.066
方便找到	大学及以上	107	6.38	0.760	0.074
	大学以下	104	6.45	0.762	0.075
方便了解	大学及以上	106	6.25	0.849	0.082
	大学以下	103	6.46	0.738	0.073
表格易填	大学及以上	107	6.23	0.819	0.079
	大学以下	105	6.47	0.721	0.070
方便快捷	大学及以上	107	6.34	0.739	0.071
	大学以下	105	6.48	0.652	0.064
提供时间	大学及以上	106	6.25	0.967	0.094
	大学以下	105	6.44	0.720	0.070

续表

指标	学历	N	均值	标准差	均值的标准误
及时服务	大学及以上	107	6.31	0.782	0.076
	大学以下	104	6.52	0.750	0.074
热情帮助	大学及以上	107	6.37	0.819	0.079
	大学以下	104	6.52	0.788	0.077
及时答复	大学及以上	107	6.23	0.864	0.084
	大学以下	103	6.53	0.711	0.070
用户个性	大学及以上	107	6.13	0.962	0.093
	大学以下	105	6.30	0.722	0.070
主动了解	大学及以上	107	6.16	0.982	0.095
	大学以下	105	6.32	0.727	0.071
时空个性	大学及以上	107	6.22	0.935	0.090
	大学以下	104	6.43	0.707	0.069
总体满意	大学及以上	107	6.37	0.666	0.064
	大学以下	105	6.68	0.563	0.055

表 6-24　　　　　　　　　　不同学历独立样本 t 检验

指标		方差方程的 Levene 检验		均值方程的 t 检验				
		F	Sig.	t	df	Sig.（双侧）	均值差值	标准误差值
丰富馆藏	假设方差相等	3.267	0.072	-0.598	209	0.551	-0.070	0.117
	假设方差不相等			-0.598	202.909	0.550	-0.070	0.117
现代设施	假设方差相等	7.527	0.007	-1.917	210	0.057	-0.231	0.120
	假设方差不相等			-1.924	189.392	0.056	-0.231	0.120
多种手段	假设方差相等	7.762	0.006	-2.111	208	0.036	-0.285	0.135
	假设方差不相等			-2.130	173.317	0.035	-0.285	0.134

指标		方差方程的 Levene 检验		均值方程的 t 检验				
		F	Sig.	t	df	Sig.（双侧）	均值差值	标准误差值
服务管理	假设方差相等	0.790	0.375	-0.077	210	0.939	-0.007	0.097
	假设方差不相等			-0.077	208.971	0.939	-0.007	0.097
服务人员	假设方差相等	2.934	0.088	-1.002	208	0.318	-0.112	0.112
	假设方差不相等			-1.005	204.473	0.316	-0.112	0.112
信任放心	假设方差相等	2.125	0.146	-0.721	210	0.472	-0.075	0.104
	假设方差不相等			-0.721	208.910	0.471	-0.075	0.104
支持服务	假设方差相等	0.024	0.878	-0.283	210	0.778	-0.028	0.099
	假设方差不相等			-0.282	209.206	0.778	-0.028	0.099
法规服务	假设方差相等	4.343	0.038	-0.849	209	0.397	-0.089	0.104
	假设方差不相等			-0.852	201.711	0.395	-0.089	0.104
过程公平	假设方差相等	3.065	0.081	0.874	209	0.383	0.092	0.105
	假设方差不相等			0.871	200.378	0.385	0.092	0.105
准时服务	假设方差相等	3.037	0.083	-1.874	210	0.062	-0.178	0.095
	假设方差不相等			-1.878	200.989	0.062	-0.178	0.095
准确有效	假设方差相等	0.221	0.639	-0.384	210	0.701	-0.038	0.098
	假设方差不相等			-0.384	208.990	0.701	-0.038	0.098
全面可靠	假设方差相等	1.882	0.172	-0.542	210	0.588	-0.055	0.102
	假设方差不相等			-0.543	203.647	0.588	-0.055	0.102
关心帮助	假设方差相等	1.833	0.177	-1.058	210	0.291	-0.104	0.099
	假设方差不相等			-1.059	208.197	0.291	-0.104	0.099
方便找到	假设方差相等	0.842	0.360	-0.656	209	0.513	-0.069	0.105
	假设方差不相等			-0.656	208.808	0.513	-0.069	0.105
方便了解	假设方差相等	0.434	0.511	-1.916	207	0.057	-0.211	0.110
	假设方差不相等			-1.920	204.515	0.056	-0.211	0.110

指标		方差方程的 Levene 检验		均值方程的 t 检验				
		F	Sig.	t	df	Sig.（双侧）	均值差值	标准误差值
表格易填	假设方差相等	0.875	0.351	-2.196	210	0.029	-0.233	0.106
	假设方差不相等			-2.199	207.591	0.029	-0.233	0.106
方便快捷	假设方差相等	0.937	0.334	-1.459	210	0.146	-0.140	0.096
	假设方差不相等			-1.461	207.666	0.146	-0.140	0.096
提供时间	假设方差相等	4.194	0.042	-1.562	209	0.120	-0.183	0.117
	假设方差不相等			-1.564	194.025	0.119	-0.183	0.117
及时服务	假设方差相等	0.481	0.489	-1.997	209	0.047	-0.211	0.106
	假设方差不相等			-1.999	208.965	0.047	-0.211	0.105
热情帮助	假设方差相等	1.264	0.262	-1.314	209	0.190	-0.145	0.111
	假设方差不相等			-1.314	208.981	0.190	-0.145	0.111
及时答复	假设方差相等	2.419	0.121	-2.744	208	0.007	-0.300	0.109
	假设方差不相等			-2.754	203.157	0.006	-0.300	0.109
用户个性	假设方差相等	3.340	0.069	-1.486	210	0.139	-0.174	0.117
	假设方差不相等			-1.490	196.590	0.138	-0.174	0.117
主动了解	假设方差相等	6.187	0.014	-1.387	210	0.167	-0.165	0.119
	假设方差不相等			-1.391	195.343	0.166	-0.165	0.119
时空个性	假设方差相等	5.065	0.025	-1.822	209	0.070	-0.208	0.114
	假设方差不相等			-1.829	197.233	0.069	-0.208	0.114
总体满意	假设方差相等	7.997	0.005	-3.565	210	0.000	-0.302	0.085
	假设方差不相等			-3.571	205.518	0.000	-0.302	0.085

　　不同学历组统计量如表6-23所示。Levene检验的f显著性概率P值和t统计量显著性概率P值及结果如表6-24所示。检验中，Levene检验的f显著性概率P值如果大于显著性水平0.05，应该查

看 t 检验中上面一行（假设方差相等）的结果，否则应该查看 t 检验中下面一行（假设方差不相等）的结果。如果 t 统计量显著性概率 P 值小于显著性水平 0.05，表示两组有显著差异，否则无显著差异。

从表 6-24 可看出，大学及以上学历与大学以下学历的用户对多种手段、表格易填、及时服务、及时答复，以及总体满意度上感知有显著差异。并从表 6-23 可看出，大学及以上学历组对多种手段、表格易填、及时服务、及时答复，以及总体满意上评分均低于大学以下学历组，这说明高学历用户在这些方面对服务质量的期望要求较高。

（2）不同性别的比较

把调研数据分成男女两个部分，进行独立样本 t 检验，结果如表 6-25 和表 6-26 所示。

从表 6-26 可知，男女组对档案馆服务质量感知无显著差异，说明男女用户对档案馆服务质量期望要求上基本一致。

表 6-25　　　　　　　　　不同性别组统计量

指标	性别	N	均值	标准差	均值的标准误
丰富馆藏	女	105	6.38	0.848	0.083
	男	109	6.31	0.868	0.083
现代设施	女	104	6.29	0.844	0.083
	男	110	6.18	0.921	0.088
多种手段	女	103	6.18	1.036	0.102
	男	110	6.25	0.943	0.090
服务管理	女	105	6.33	0.703	0.069
	男	110	6.45	0.712	0.068
服务人员	女	105	6.45	0.820	0.080
	男	110	6.45	0.809	0.077

续表

指标	性别	N	均值	标准差	均值的标准误
信任放心	女	105	6.41	0.840	0.082
	男	109	6.56	0.659	0.063
支持服务	女	105	6.49	0.735	0.072
	男	110	6.47	0.700	0.067
法规服务	女	104	6.43	0.785	0.077
	男	110	6.41	0.758	0.072
过程公平	女	104	6.47	0.775	0.076
	男	109	6.41	0.748	0.072
准时服务	女	105	6.34	0.770	0.075
	男	109	6.51	0.633	0.061
准确有效	女	105	6.51	0.637	0.062
	男	110	6.50	0.763	0.073
全面可靠	女	105	6.46	0.694	0.068
	男	110	6.43	0.784	0.075
关心帮助	女	105	6.50	0.735	0.072
	男	110	6.57	0.697	0.066
方便找到	女	104	6.36	0.799	0.078
	男	110	6.45	0.711	0.068
方便了解	女	105	6.34	0.782	0.076
	男	107	6.31	0.817	0.079
表格易填	女	105	6.40	0.754	0.074
	男	110	6.32	0.801	0.076
方便快捷	女	105	6.42	0.704	0.069
	男	110	6.40	0.693	0.066
提供时间	女	104	6.41	0.808	0.079
	男	110	6.26	0.885	0.084

续表

指标	性别	N	均值	标准差	均值的标准误
及时服务	女	104	6.44	0.761	0.075
	男	110	6.38	0.778	0.074
热情帮助	女	105	6.42	0.875	0.085
	男	110	6.48	0.726	0.069
及时答复	女	104	6.33	0.841	0.082
	男	110	6.42	0.771	0.073
用户个性	女	104	6.21	0.921	0.090
	男	110	6.23	0.786	0.075
主动了解	女	105	6.22	0.920	0.090
	男	110	6.25	0.806	0.077
时空个性	女	105	6.32	0.860	0.084
	男	110	6.33	0.803	0.077
总体满意	女	105	6.51	0.681	0.066
	男	110	6.54	0.585	0.056

表 6 – 26　　　　　　　　　不同性别独立样本 t 检验

指标		方差方程的 Levene 检验		均值方程的 t 检验				
		F	Sig.	t	df	Sig.（双侧）	均值差值	标准误差值
丰富馆藏	假设方差相等	0.816	0.367	0.588	212	0.557	0.069	0.117
	假设方差不相等			0.588	211.959	0.557	0.069	0.117
现代设施	假设方差相等	0.717	0.398	0.882	212	0.379	0.107	0.121
	假设方差不相等			0.884	211.802	0.378	0.107	0.121
多种手段	假设方差相等	0.028	0.866	- 0.517	211	0.606	- 0.070	0.136
	假设方差不相等			- 0.515	205.741	0.607	- 0.070	0.136

指标		方差方程的 Levene 检验		均值方程的 t 检验				
		F	Sig.	t	df	Sig.（双侧）	均值差值	标准误差值
服务管理	假设方差相等	0.013	0.911	−1.256	213	0.211	−0.121	0.097
	假设方差不相等			−1.256	212.765	0.210	−0.121	0.096
服务人员	假设方差相等	0.120	0.730	−0.062	213	0.950	−0.007	0.111
	假设方差不相等			−0.062	212.212	0.950	−0.007	0.111
信任放心	假设方差相等	2.095	0.149	−1.458	212	0.146	−0.150	0.103
	假设方差不相等			−1.451	197.100	0.148	−0.150	0.103
支持服务	假设方差相等	0.015	0.902	0.133	213	0.895	0.013	0.098
	假设方差不相等			0.133	211.065	0.895	0.013	0.098
法规服务	假设方差相等	0.031	0.860	0.224	212	0.823	0.024	0.105
	假设方差不相等			0.224	210.219	0.823	0.024	0.106
过程公平	假设方差相等	0.093	0.760	0.559	211	0.577	0.058	0.104
	假设方差不相等			0.558	209.556	0.577	0.058	0.104
准时服务	假设方差相等	3.444	0.065	−1.777	212	0.077	−0.171	0.096
	假设方差不相等			−1.770	201.283	0.078	−0.171	0.097
准确有效	假设方差相等	1.562	0.213	0.149	213	0.882	0.014	0.096
	假设方差不相等			0.149	209.324	0.882	0.014	0.096
全面可靠	假设方差相等	0.791	0.375	0.295	213	0.768	0.030	0.101
	假设方差不相等			0.296	211.820	0.767	0.030	0.101
关心帮助	假设方差相等	0.484	0.488	−0.793	213	0.428	−0.077	0.098
	假设方差不相等			−0.792	210.866	0.429	−0.077	0.098
方便找到	假设方差相等	1.207	0.273	−0.868	212	0.386	−0.090	0.103
	假设方差不相等			−0.865	205.903	0.388	−0.090	0.104
方便了解	假设方差相等	0.654	0.420	0.313	210	0.754	0.034	0.110
	假设方差不相等			0.313	209.871	0.754	0.034	0.110

续表

指标		方差方程的 Levene 检验		均值方程的 t 检验				
		F	Sig.	t	df	Sig.（双侧）	均值差值	标准误差值
表格易填	假设方差相等	0.105	0.746	0.770	213	0.442	0.082	0.106
	假设方差不相等			0.771	212.966	0.441	0.082	0.106
方便快捷	假设方差相等	0.039	0.844	0.200	213	0.842	0.019	0.095
	假设方差不相等			0.200	212.180	0.842	0.019	0.095
提供时间	假设方差相等	2.237	0.136	1.291	212	0.198	0.150	0.116
	假设方差不相等			1.295	211.745	0.197	0.150	0.116
及时服务	假设方差相等	0.128	0.721	0.575	212	0.566	0.060	0.105
	假设方差不相等			0.575	211.749	0.566	0.060	0.105
热情帮助	假设方差相等	2.437	0.120	-0.574	213	0.567	-0.063	0.109
	假设方差不相等			-0.571	202.302	0.569	-0.063	0.110
及时答复	假设方差相等	0.010	0.919	-0.828	212	0.409	-0.091	0.110
	假设方差不相等			-0.826	207.736	0.410	-0.091	0.110
用户个性	假设方差相等	1.405	0.237	-0.135	212	0.893	-0.016	0.117
	假设方差不相等			-0.134	202.813	0.893	-0.016	0.117
主动了解	假设方差相等	0.443	0.507	-0.301	213	0.763	-0.035	0.118
	假设方差不相等			-0.300	206.526	0.764	-0.035	0.118
时空个性	假设方差相等	0.564	0.453	-0.031	213	0.976	-0.003	0.113
	假设方差不相等			-0.030	210.171	0.976	-0.003	0.114
总体满意	假设方差相等	1.202	0.274	-0.255	213	0.799	-0.022	0.086
	假设方差不相等			-0.254	205.100	0.799	-0.022	0.087

（3）不同年龄的比较

先按大于等于 40 岁和小于 40 岁分为两组进行独立样本 t 检验，结果如表 6-27 和表 6-28 所示。

从表 6 - 28 可知，40 岁以下与 40 岁及以上年龄段组服务感知无显著差异。说明中老年人与中青年人在总体上对档案馆服务质量要求没有差异，但并不表示不同年龄段的用户对服务质量要求无差异。因此，再进行 20～29 岁年龄段组与 30～39 岁年龄段组进行比较，通过独立样本 t 检验，结果如表 6 - 29 和表 6 - 30 所示。

表 6 - 27　　　　40 岁及以上年龄段组与 40 岁以下年龄段组统计量

指标	年龄	N	均值	标准差	均值的标准误
丰富馆藏	≥40	71	6.24	1.021	0.121
	<40	93	6.34	0.773	0.080
现代设施	≥40	71	6.20	0.965	0.115
	<40	94	6.16	0.908	0.094
多种手段	≥40	70	6.33	0.912	0.109
	<40	93	6.09	1.158	0.120
服务管理	≥40	71	6.38	0.744	0.088
	<40	94	6.27	0.736	0.076
服务人员	≥40	69	6.39	0.790	0.095
	<40	94	6.36	0.890	0.092
信任放心	≥40	70	6.51	0.830	0.099
	<40	94	6.40	0.752	0.078
支持服务	≥40	71	6.55	0.713	0.085
	<40	94	6.43	0.711	0.073
法规服务	≥40	70	6.44	0.773	0.092
	<40	94	6.31	0.843	0.087
过程公平	≥40	70	6.46	0.811	0.097
	<40	93	6.37	0.734	0.076
准时服务	≥40	70	6.50	0.717	0.086
	<40	94	6.33	0.724	0.075

续表

指标	年龄	N	均值	标准差	均值的标准误
准确有效	≥40	71	6.49	0.652	0.077
	<40	94	6.47	0.786	0.081
全面可靠	≥40	71	6.45	0.628	0.074
	<40	94	6.31	0.868	0.090
关心帮助	≥40	71	6.59	0.645	0.077
	<40	94	6.44	0.797	0.082
方便找到	≥40	70	6.47	0.793	0.095
	<40	94	6.26	0.775	0.080
方便了解	≥40	71	6.39	0.801	0.095
	<40	93	6.24	0.852	0.088
表格易填	≥40	71	6.25	0.857	0.102
	<40	94	6.30	0.760	0.078
方便快捷	≥40	71	6.45	0.672	0.080
	<40	94	6.27	0.750	0.077
提供时间	≥40	71	6.38	0.817	0.097
	<40	93	6.18	0.943	0.098
及时服务	≥40	71	6.49	0.754	0.089
	<40	94	6.28	0.809	0.083
热情帮助	≥40	70	6.40	0.875	0.105
	<40	94	6.36	0.853	0.088
及时答复	≥40	69	6.42	0.830	0.100
	<40	94	6.18	0.867	0.089
用户个性	≥40	71	6.17	0.756	0.090
	<40	94	6.10	0.962	0.099
主动了解	≥40	71	6.14	0.899	0.107
	<40	94	6.19	0.907	0.094

指标	年龄	N	均值	标准差	均值的标准误
时空个性	≥40	70	6.16	0.828	0.099
	<40	94	6.24	0.900	0.093
总体满意	≥40	71	6.59	0.645	0.077
	<40	94	6.39	0.659	0.068

表 6-28　　40 岁及以上年龄段组与 40 岁以下年龄段组独立样本 t 检验

指标		方差方程 Levene 检验		均值方程的 t 检验				
		F	Sig.	t	df	Sig.（双侧）	均值差值	标准误差值
丰富馆藏	假设方差相等	4.271	0.040	-0.747	162	0.456	-0.105	0.140
	假设方差不相等			-0.720	126.310	0.473	-0.105	0.145
现代设施	假设方差相等	0.366	0.546	0.256	163	0.798	0.038	0.147
	假设方差不相等			0.254	145.762	0.800	0.038	0.148
多种手段	假设方差相等	1.126	0.290	1.447	161	0.150	0.243	0.168
	假设方差不相等			1.495	160.636	0.137	0.243	0.162
服务管理	假设方差相等	0.004	0.951	0.984	163	0.327	0.114	0.116
	假设方差不相等			0.982	150.024	0.328	0.114	0.116
服务人员	假设方差相等	0.756	0.386	0.220	161	0.826	0.030	0.135
	假设方差不相等			0.224	155.235	0.823	0.030	0.132
信任放心	假设方差相等	0.016	0.900	0.887	162	0.377	0.110	0.124
	假设方差不相等			0.874	140.343	0.384	0.110	0.126
支持服务	假设方差相等	0.226	0.635	1.106	163	0.270	0.124	0.112
	假设方差不相等			1.106	150.646	0.271	0.124	0.112
法规服务	假设方差相等	0.978	0.324	1.046	162	0.297	0.134	0.128
	假设方差不相等			1.059	155.038	0.291	0.134	0.127

续表

指标		方差方程 Levene 检验		均值方程的 t 检验				
		F	Sig.	t	df	Sig. （双侧）	均值 差值	标准 误差值
过程 公平	假设方差相等	0.166	0.684	0.753	161	0.452	0.092	0.122
	假设方差不相等			0.743	140.325	0.459	0.092	0.123
准时 服务	假设方差相等	0.048	0.828	1.495	162	0.137	0.170	0.114
	假设方差不相等			1.497	149.572	0.137	0.170	0.114
准确 有效	假设方差相等	1.443	0.231	0.216	163	0.829	0.025	0.115
	假设方差不相等			0.222	161.519	0.825	0.025	0.112
全面 可靠	假设方差相等	5.693	0.018	1.169	163	0.244	0.142	0.122
	假设方差不相等			1.221	162.726	0.224	0.142	0.116
关心 帮助	假设方差相等	2.692	0.103	1.343	163	0.181	0.155	0.116
	假设方差不相等			1.383	162.186	0.169	0.155	0.112
方便 找到	假设方差相等	0.522	0.471	1.748	162	0.082	0.216	0.124
	假设方差不相等			1.742	146.877	0.084	0.216	0.124
方便 了解	假设方差相等	0.010	0.922	1.206	162	0.230	0.158	0.131
	假设方差不相等			1.216	155.078	0.226	0.158	0.130
表格 易填	假设方差相等	0.545	0.461	-0.351	163	0.726	-0.044	0.126
	假设方差不相等			-0.345	140.465	0.730	-0.044	0.128
方便 快捷	假设方差相等	0.139	0.709	1.637	163	0.103	0.185	0.113
	假设方差不相等			1.663	158.294	0.098	0.185	0.111
提供 时间	假设方差相等	0.239	0.626	1.406	162	0.162	0.197	0.140
	假设方差不相等			1.434	159.384	0.154	0.197	0.138
及时 服务	假设方差相等	0.534	0.466	1.752	163	0.082	0.216	0.123
	假设方差不相等			1.769	155.934	0.079	0.216	0.122
热情 帮助	假设方差相等	0.194	0.660	0.281	162	0.779	0.038	0.136
	假设方差不相等			0.280	146.750	0.780	0.038	0.137

续表

指标		方差方程 Levene 检验		均值方程的 t 检验				
		F	Sig.	t	df	Sig.（双侧）	均值差值	标准误差值
及时答复	假设方差相等	0.106	0.745	1.774	161	0.078	0.239	0.135
	假设方差不相等			1.786	150.168	0.076	0.239	0.134
用户个性	假设方差相等	1.347	0.247	0.530	163	0.597	0.073	0.138
	假设方差不相等			0.548	162.735	0.585	0.073	0.134
主动了解	假设方差相等	0.136	0.713	−0.356	163	0.722	−0.051	0.142
	假设方差不相等			−0.357	151.586	0.722	−0.051	0.142
时空个性	假设方差相等	0.457	0.500	−0.637	162	0.525	−0.088	0.137
	假设方差不相等			−0.645	154.918	0.520	−0.088	0.136
总体满意	假设方差相等	0.610	0.436	1.927	163	0.056	0.198	0.103
	假设方差不相等			1.932	152.531	0.055	0.198	0.102

从表 6-30 可知，20 岁年龄段组与 30 岁年龄段组在多种手段、服务人员、准时服务、方便找到、方便了解、表格易填、方便快捷、及时服务、热情帮助、及时答复、主动了解、总体满意等多方面服务质量感知有显著差异。显然 20 岁年龄段至 30 岁年龄段，人生有一个大的转折，许多人结婚生子，许多人事业小成或受到挫折，许多用户的心理和生理趋于成熟，因此反映出 20 岁年龄段组与 30 岁年龄段组的用户在诸多方面服务质量感知方面有差异。并从表 6-29 可知，20 岁年龄段组在各方面评分均低于 30 岁年龄段组，表示对服务质量的期望要求高于 30 岁年龄段组。为了考察 40 岁年龄段组的情况，再将 20 岁年龄段组与 40 岁年龄段组进行比较，结果如表 6-31 和表 6-32 所示。

表 6 - 29　　　　　　　　　20 岁年龄段组与 30 岁年龄段组统计量

指标	年龄	N	均值	标准差	均值的标准误
丰富馆藏	20	37	6.19	0.877	0.144
	30	56	6.45	0.685	0.092
现代设施	20	37	5.95	1.026	0.169
	30	57	6.30	0.801	0.106
多种手段	20	37	5.62	1.460	0.240
	30	56	6.39	0.779	0.104
服务管理	20	37	6.16	0.688	0.113
	30	57	6.33	0.764	0.101
服务人员	20	37	6.08	1.010	0.166
	30	57	6.54	0.758	0.100
信任放心	20	37	6.27	0.871	0.143
	30	57	6.49	0.658	0.087
支持服务	20	37	6.41	0.798	0.131
	30	57	6.44	0.655	0.087
法规服务	20	37	6.16	0.986	0.162
	30	57	6.40	0.728	0.096
过程公平	20	37	6.38	0.758	0.125
	30	56	6.36	0.724	0.097
准时服务	20	37	6.08	0.862	0.142
	30	57	6.49	0.571	0.076
准确有效	20	37	6.35	0.889	0.146
	30	57	6.54	0.709	0.094
全面可靠	20	37	6.32	0.884	0.145
	30	57	6.30	0.865	0.115
关心帮助	20	37	6.24	0.955	0.157
	30	57	6.56	0.655	0.087

指标	年龄	N	均值	标准差	均值的标准误
方便找到	20	37	6.00	0.745	0.123
	30	57	6.42	0.755	0.100
方便了解	20	37	5.95	1.026	0.169
	30	56	6.43	0.657	0.088
表格易填	20	37	6.03	0.833	0.137
	30	57	6.47	0.658	0.087
方便快捷	20	37	6.03	0.799	0.131
	30	57	6.42	0.680	0.090
提供时间	20	36	6.06	1.068	0.178
	30	57	6.26	0.856	0.113
及时服务	20	37	6.03	0.799	0.131
	30	57	6.44	0.780	0.103
热情帮助	20	37	6.08	1.038	0.171
	30	57	6.54	0.657	0.087
及时答复	20	37	5.92	1.038	0.171
	30	57	6.35	0.694	0.092
用户个性	20	37	5.86	1.110	0.182
	30	57	6.25	0.830	0.110
主动了解	20	37	5.81	1.076	0.177
	30	57	6.44	0.682	0.090
时空个性	20	37	6.03	0.986	0.162
	30	57	6.39	0.818	0.108
总体满意	20	37	6.11	0.737	0.121
	30	57	6.58	0.533	0.071

表 6 – 30　　　　20 岁年龄段组与 30 岁年龄段组独立样本 t 检验

指标		方差方程的 Levene 检验		均值方程的 t 检验				
		F	Sig.	t	df	Sig. （双侧）	均值 差值	标准 误差值
丰富 馆藏	假设方差相等	1.518	0.221	-1.583	91	0.117	-0.257	0.162
	假设方差不相等			-1.506	64.100	0.137	-0.257	0.171
现代 设施	假设方差相等	0.110	0.740	-1.863	92	0.066	-0.352	0.189
	假设方差不相等			-1.768	63.713	0.082	-0.352	0.199
多种 手段	假设方差相等	12.061	0.001	-3.310	91	0.001	-0.771	0.233
	假设方差不相等			-2.949	49.665	0.005	-0.771	0.262
服务 管理	假设方差相等	1.793	0.184	-1.103	92	0.273	-0.171	0.155
	假设方差不相等			-1.128	82.658	0.262	-0.171	0.152
服务 人员	假设方差相等	1.418	0.237	-2.533	92	0.013	-0.463	0.183
	假设方差不相等			-2.385	61.777	0.020	-0.463	0.194
信任 放心	假设方差相等	0.906	0.344	-1.398	92	0.165	-0.221	0.158
	假设方差不相等			-1.318	62.144	0.192	-0.221	0.168
支持 服务	假设方差相等	1.429	0.235	-0.220	92	0.826	-0.033	0.151
	假设方差不相等			-0.211	66.247	0.834	-0.033	0.157
法规 服务	假设方差相等	1.608	0.208	-1.363	92	0.176	-0.241	0.177
	假设方差不相等			-1.279	61.083	0.206	-0.241	0.189
过程 公平	假设方差相等	0.486	0.487	0.136	91	0.892	0.021	0.156
	假设方差不相等			0.135	74.713	0.893	0.021	0.158
准时 服务	假设方差相等	1.894	0.172	-2.778	92	0.007	-0.410	0.148
	假设方差不相等			-2.553	56.464	0.013	-0.410	0.161
准确 有效	假设方差相等	1.335	0.251	-1.163	92	0.248	-0.193	0.166
	假设方差不相等			-1.108	64.774	0.272	-0.193	0.174
全面 可靠	假设方差相等	0.026	0.872	0.142	92	0.888	0.026	0.184
	假设方差不相等			0.141	75.870	0.888	0.026	0.185

续表

指标		方差方程的 Levene 检验		均值方程的 t 检验				
		F	Sig.	t	df	Sig. (双侧)	均值差值	标准误差值
关心帮助	假设方差相等	3.555	0.063	-1.917	92	0.058	-0.318	0.166
	假设方差不相等			-1.774	57.895	0.081	-0.318	0.179
方便找到	假设方差相等	2.249	0.137	-2.655	92	0.009	-0.421	0.159
	假设方差不相等			-2.663	77.728	0.009	-0.421	0.158
方便了解	假设方差相等	3.619	0.060	-2.769	91	0.007	-0.483	0.174
	假设方差不相等			-2.538	55.465	0.014	-0.483	0.190
表格易填	假设方差相等	0.019	0.891	-2.894	92	0.005	-0.447	0.154
	假设方差不相等			-2.752	64.259	0.008	-0.447	0.162
方便快捷	假设方差相等	0.014	0.907	-2.561	92	0.012	-0.394	0.154
	假设方差不相等			-2.474	68.140	0.016	-0.394	0.159
提供时间	假设方差相等	0.007	0.933	-1.034	91	0.304	-0.208	0.201
	假设方差不相等			-0.984	62.742	0.329	-0.208	0.211
及时服务	假设方差相等	0.514	0.475	-2.477	92	0.015	-0.412	0.166
	假设方差不相等			-2.464	75.678	0.016	-0.412	0.167
热情帮助	假设方差相等	8.442	0.005	-2.651	92	0.009	-0.463	0.175
	假设方差不相等			-2.417	54.768	0.019	-0.463	0.191
及时答复	假设方差相等	2.630	0.108	-2.420	92	0.017	-0.432	0.178
	假设方差不相等			-2.229	56.870	0.030	-0.432	0.194
用户个性	假设方差相等	0.678	0.412	-1.900	92	0.061	-0.381	0.200
	假设方差不相等			-1.788	61.659	0.079	-0.381	0.213
主动了解	假设方差相等	4.036	0.047	-3.466	92	0.001	-0.628	0.181
	假设方差不相等			-3.161	54.821	0.003	-0.628	0.199
时空个性	假设方差相等	0.584	0.447	-1.915	92	0.059	-0.359	0.187
	假设方差不相等			-1.841	66.829	0.070	-0.359	0.195
总体满意	假设方差相等	0.152	0.698	-3.592	92	0.001	-0.471	0.131
	假设方差不相等			-3.357	60.103	0.001	-0.471	0.140

从表 6-32 可知，20 岁年龄段组与 40 岁年龄段组在现代设施、多种手段、方便找到、方便快捷、及时服务、总体满意等服务质量感知上有显著差异。并从表 6-31 可看出 20 岁年龄段组评分均低于 40 岁年龄段组评分，因此 20 岁年龄段组对服务质量期望要求仍高于 40 岁年龄段组。另外显示比 20 岁年龄段组与 30 岁年龄段组比较时差异指标有所减少，但还是在 6 个指标上有显著差异，包括总体满意指标，这与 40 岁年龄段组的人心理会有所反弹，但基本趋于平稳符合。通过比较还发现只有现代设施一个指标不在 20 岁年龄段组与 30 岁年龄段组差异指标中，其他均属于 20 岁年龄段组与 30 岁年龄段组差异指标，说明对现代设施的感受 20 岁年龄段组与 30 岁年龄段组基本一致，而 40 岁年龄段组的人不一样，与他们接触现代设施较少符合。再将 20 岁年龄段组与 50 年龄段组比较，结果如表 6-33 和表 6-34 所示。

表 6-31　　　　　　　　20 岁年龄段组与 40 岁年龄段组统计量

指标	年龄	N	均值	标准差	均值的标准误
丰富馆藏	20	37	6.19	0.877	0.144
	40	38	6.39	0.790	0.128
现代设施	20	37	5.95	1.026	0.169
	40	38	6.39	0.823	0.134
多种手段	20	37	5.62	1.460	0.240
	40	37	6.46	0.605	0.100
服务管理	20	37	6.16	0.688	0.113
	40	38	6.45	0.645	0.105
服务人员	20	37	6.08	1.010	0.166
	40	38	6.34	0.745	0.121
信任放心	20	37	6.27	0.871	0.143
	40	38	6.53	0.687	0.111

续表

指标	年龄	N	均值	标准差	均值的标准误
支持服务	20	37	6.41	0.798	0.131
	40	38	6.53	0.687	0.111
法规服务	20	37	6.16	0.986	0.162
	40	37	6.41	0.832	0.137
过程公平	20	37	6.38	0.758	0.125
	40	38	6.53	0.603	0.098
准时服务	20	37	6.08	0.862	0.142
	40	38	6.45	0.724	0.117
准确有效	20	37	6.35	0.889	0.146
	40	38	6.50	0.558	0.090
全面可靠	20	37	6.32	0.884	0.145
	40	38	6.39	0.595	0.096
关心帮助	20	37	6.24	0.955	0.157
	40	38	6.58	0.599	0.097
方便找到	20	37	6.00	0.745	0.123
	40	37	6.49	0.651	0.107
方便了解	20	37	5.95	1.026	0.169
	40	38	6.32	0.809	0.131
表格易填	20	37	6.03	0.833	0.137
	40	38	6.13	0.935	0.152
方便快捷	20	37	6.03	0.799	0.131
	40	38	6.39	0.638	0.104
提供时间	20	36	6.06	1.068	0.178
	40	38	6.42	0.758	0.123
及时服务	20	37	6.03	0.799	0.131
	40	38	6.53	0.725	0.118

续表

指标	年龄	N	均值	标准差	均值的标准误
热情帮助	20	37	6.08	1.038	0.171
	40	38	6.39	0.679	0.110
及时答复	20	37	5.92	1.038	0.171
	40	37	6.32	0.784	0.129
用户个性	20	37	5.86	1.110	0.182
	40	38	6.24	0.751	0.122
主动了解	20	37	5.81	1.076	0.177
	40	38	6.18	0.896	0.145
时空个性	20	37	6.03	0.986	0.162
	40	38	6.26	0.795	0.129
总体满意	20	37	6.11	0.737	0.121
	40	38	6.55	0.602	0.098

表 6-32　　　　20 岁年龄段组与 40 岁年龄段组独立样本 t 检验

指标		方差方程的 Levene 检验		均值方程的 t 检验				
		F	Sig.	t	df	Sig.（双侧）	均值差值	标准误差值
丰富馆藏	假设方差相等	0.092	0.763	-1.067	73	0.289	-0.206	0.193
	假设方差不相等			-1.066	71.768	0.290	-0.206	0.193
现代设施	假设方差相等	0.039	0.843	-2.092	73	0.040	-0.449	0.215
	假设方差不相等			-2.086	68.931	0.041	-0.449	0.215
多种手段	假设方差相等	14.941	0.000	-3.225	72	0.002	-0.838	0.260
	假设方差不相等			-3.225	48.025	0.002	-0.838	0.260
服务管理	假设方差相等	0.232	0.632	-1.853	73	0.068	-0.285	0.154
	假设方差不相等			-1.851	72.401	0.068	-0.285	0.154

续表

指标		方差方程的 Levene 检验		均值方程的 t 检验				
		F	Sig.	t	df	Sig.（双侧）	均值差值	标准误差值
服务人员	假设方差相等	0.512	0.477	-1.276	73	0.206	-0.261	0.205
	假设方差不相等			-1.270	66.175	0.208	-0.261	0.205
信任放心	假设方差相等	0.491	0.486	-1.416	73	0.161	-0.256	0.181
	假设方差不相等			-1.411	68.420	0.163	-0.256	0.181
支持服务	假设方差相等	0.809	0.372	-0.704	73	0.484	-0.121	0.172
	假设方差不相等			-0.702	70.832	0.485	-0.121	0.172
法规服务	假设方差相等	0.568	0.454	-1.147	72	0.255	-0.243	0.212
	假设方差不相等			-1.147	70.009	0.255	-0.243	0.212
过程公平	假设方差相等	3.461	0.067	-0.936	73	0.352	-0.148	0.158
	假设方差不相等			-0.933	68.676	0.354	-0.148	0.159
准时服务	假设方差相等	0.101	0.752	-1.995	73	0.050	-0.366	0.184
	假设方差不相等			-1.990	70.207	0.050	-0.366	0.184
准确有效	假设方差相等	3.735	0.057	-0.870	73	0.387	-0.149	0.171
	假设方差不相等			-0.865	60.265	0.390	-0.149	0.172
全面可靠	假设方差相等	4.741	0.033	-0.406	73	0.686	-0.070	0.173
	假设方差不相等			-0.404	62.851	0.688	-0.070	0.174
关心帮助	假设方差相等	3.747	0.057	-1.830	73	0.071	-0.336	0.183
	假设方差不相等			-1.819	60.255	0.074	-0.336	0.185
方便找到	假设方差相等	0.202	0.655	-2.991	72	0.004	-0.486	0.163
	假设方差不相等			-2.991	70.712	0.004	-0.486	0.163
方便了解	假设方差相等	0.558	0.457	-1.736	73	0.087	-0.370	0.213
	假设方差不相等			-1.731	68.391	0.088	-0.370	0.214
表格易填	假设方差相等	1.298	0.258	-0.511	73	0.611	-0.105	0.205
	假设方差不相等			-0.512	72.436	0.610	-0.105	0.204

指标		方差方程的 Levene 检验		均值方程的 t 检验				
		F	Sig.	t	df	Sig.（双侧）	均值差值	标准误差值
方便快捷	假设方差相等	0.003	0.959	-2.205	73	0.031	-0.368	0.167
	假设方差不相等			-2.199	68.806	0.031	-0.368	0.167
提供时间	假设方差相等	0.223	0.638	-1.705	72	0.092	-0.365	0.214
	假设方差不相等			-1.690	62.858	0.096	-0.365	0.216
及时服务	假设方差相等	0.033	0.857	-2.835	73	0.006	-0.499	0.176
	假设方差不相等			-2.831	71.913	0.006	-0.499	0.176
热情帮助	假设方差相等	5.039	0.028	-1.553	73	0.125	-0.314	0.202
	假设方差不相等			-1.544	61.845	0.128	-0.314	0.203
及时答复	假设方差相等	0.334	0.565	-1.897	72	0.062	-0.405	0.214
	假设方差不相等			-1.897	66.988	0.062	-0.405	0.214
用户个性	假设方差相等	1.158	0.285	-1.704	73	0.093	-0.372	0.218
	假设方差不相等			-1.696	63.068	0.095	-0.372	0.219
主动了解	假设方差相等	0.664	0.418	-1.635	73	0.106	-0.373	0.228
	假设方差不相等			-1.631	69.987	0.107	-0.373	0.229
时空个性	假设方差相等	0.373	0.543	-1.144	73	0.257	-0.236	0.206
	假设方差不相等			-1.140	69.073	0.258	-0.236	0.207
总体满意	假设方差相等	0.015	0.902	-2.864	73	0.005	-0.445	0.155
	假设方差不相等			-2.856	69.425	0.006	-0.445	0.156

从表 6 - 34 可知，20 岁年龄段组与 50 岁年龄段组在法规服务、方便找到、方便快捷、及时服务、热情帮助、及时答复、总体满意等方面服务质量感知有显著差异。并从表 6 - 33 可看出，这些指标评分也均是 20 岁年龄段组低于 50 岁年龄段组，表示 20 岁年龄段组在这些方面对服务质量期望要求高于 50 岁年龄段组。显然 40 岁

年龄段至 50 岁年龄段组的心理是平稳的，差异指标数量与内容基本相同，20 岁年龄段组与 50 岁年龄段组差异指标为 7，内容上多了法规服务、少了现代设施与多种手段，并只有法规服务指标与 20 岁年龄段组和 30 岁年龄段组比较差异指标不同。从表 6-31 与表 6-33 可看出，法规服务指标 50 岁年龄段组用户评分高于 40 岁年龄段组用户，表示 50 岁年龄段组用户心理更宽容，但对现代设施的评分低于 40 岁年龄段组，甚至低于 20 岁年龄段组，分析原因可能 50 岁年龄段组用户对现代设施持抵触情绪所致，原因可能是对现代设施不了解不会用等，同样对多种手段指标 50 岁年龄段组用户评分比 40 岁年龄段组用户低，相对接近于 20 岁年龄段组用户，原因可能与现代设施一样。另外还注意到丰富馆藏指标 50 岁年龄段组用户评分也低于 20 岁年龄段组用户，是否考虑馆藏方面确实没有达到 50 岁年龄段组的需求，或 50 岁年龄段组的档案资料相对欠缺。

表 6-33   20 岁年龄段组与 50 年龄段组统计量

指标	年龄	N	均值	标准差	均值的标准误
丰富馆藏	20	37	6.19	0.877	0.144
	50	20	5.95	1.146	0.256
现代设施	20	37	5.95	1.026	0.169
	50	20	5.80	0.894	0.200
多种手段	20	37	5.62	1.460	0.240
	50	20	6.15	1.089	0.244
服务管理	20	37	6.16	0.688	0.113
	50	20	6.25	0.786	0.176
服务人员	20	37	6.08	1.010	0.166
	50	20	6.50	0.513	0.115
信任放心	20	37	6.27	0.871	0.143
	50	20	6.55	0.605	0.135

指标	年龄	N	均值	标准差	均值的标准误
支持服务	20	37	6.41	0.798	0.131
	50	20	6.55	0.686	0.153
法规服务	20	37	6.16	0.986	0.162
	50	20	6.60	0.503	0.112
过程公平	20	37	6.38	0.758	0.125
	50	20	6.40	0.883	0.197
准时服务	20	37	6.08	0.862	0.142
	50	20	6.45	0.759	0.170
准确有效	20	37	6.35	0.889	0.146
	50	20	6.40	0.681	0.152
全面可靠	20	37	6.32	0.884	0.145
	50	20	6.40	0.681	0.152
关心帮助	20	37	6.24	0.955	0.157
	50	20	6.60	0.598	0.134
方便找到	20	37	6.00	0.745	0.123
	50	20	6.60	0.598	0.134
方便了解	20	37	5.95	1.026	0.169
	50	20	6.45	0.826	0.185
表格易填	20	37	6.03	0.833	0.137
	50	20	6.40	0.821	0.184
方便快捷	20	37	6.03	0.799	0.131
	50	20	6.50	0.688	0.154
提供时间	20	36	6.06	1.068	0.178
	50	20	6.10	0.968	0.216
及时服务	20	37	6.03	0.799	0.131
	50	20	6.55	0.686	0.153

续表

指标	年龄	N	均值	标准差	均值的标准误
热情帮助	20	37	6.08	1.038	0.171
	50	20	6.60	0.681	0.152
及时答复	20	37	5.92	1.038	0.171
	50	20	6.55	0.686	0.153
用户个性	20	37	5.86	1.110	0.182
	50	20	5.95	0.686	0.153
主动了解	20	37	5.81	1.076	0.177
	50	20	6.00	0.562	0.126
时空个性	20	37	6.03	0.986	0.162
	50	20	5.90	0.852	0.191
总体满意	20	37	6.11	0.737	0.121
	50	20	6.60	0.598	0.134

表 6 – 34　　　　　20 岁年龄段组与 50 岁年龄段组独立样本 t 检验

指标		方差方程的 Levene 检验		均值方程的 t 检验				
		F	Sig.	t	df	Sig.（双侧）	均值差值	标准误差值
丰富馆藏	假设方差相等	1.054	0.309	0.881	55	0.382	0.239	0.271
	假设方差不相等			0.814	31.275	0.422	0.239	0.294
现代设施	假设方差相等	0.067	0.797	0.535	55	0.595	0.146	0.273
	假设方差不相等			0.558	43.913	0.580	0.146	0.262
多种手段	假设方差相等	1.628	0.207	- 1.417	55	0.162	- 0.528	0.373
	假设方差不相等			- 1.545	49.276	0.129	- 0.528	0.342
服务管理	假设方差相等	0.214	0.645	- 0.438	55	0.663	- 0.088	0.201
	假设方差不相等			- 0.420	34.816	0.677	- 0.088	0.209

续表

指标		方差方程的 Levene 检验		均值方程的 t 检验				
		F	Sig.	t	df	Sig.（双侧）	均值差值	标准误差值
服务人员	假设方差相等	2.644	0.110	-1.732	55	0.089	-0.419	0.242
	假设方差不相等			-2.075	54.876	0.043	-0.419	0.202
信任放心	假设方差相等	1.033	0.314	-1.277	55	0.207	-0.280	0.219
	假设方差不相等			-1.420	51.385	0.162	-0.280	0.197
支持服务	假设方差相等	0.707	0.404	-0.684	55	0.497	-0.145	0.211
	假设方差不相等			-0.716	44.396	0.478	-0.145	0.202
法规服务	假设方差相等	4.516	0.038	-1.854	55	0.069	-0.438	0.236
	假设方差不相等			-2.219	54.893	0.031	-0.438	0.197
过程公平	假设方差相等	1.257	0.267	-0.097	55	0.923	-0.022	0.223
	假设方差不相等			-0.093	34.307	0.927	-0.022	0.233
准时服务	假设方差相等	0.079	0.779	-1.605	55	0.114	-0.369	0.230
	假设方差不相等			-1.668	43.553	0.102	-0.369	0.221
准确有效	假设方差相等	0.618	0.435	-0.213	55	0.832	-0.049	0.228
	假设方差不相等			-0.231	48.446	0.819	-0.049	0.211
全面可靠	假设方差相等	1.219	0.274	-0.333	55	0.741	-0.076	0.227
	假设方差不相等			-0.360	48.256	0.721	-0.076	0.210
关心帮助	假设方差相等	2.362	0.130	-1.515	55	0.136	-0.357	0.236
	假设方差不相等			-1.730	53.654	0.089	-0.357	0.206
方便找到	假设方差相等	0.028	0.867	-3.097	55	0.003	-0.600	0.194
	假设方差不相等			-3.307	46.852	0.002	-0.600	0.181
方便了解	假设方差相等	0.511	0.478	-1.889	55	0.064	-0.504	0.267
	假设方差不相等			-2.016	46.762	0.050	-0.504	0.250
表格易填	假设方差相等	0.284	0.596	-1.622	55	0.111	-0.373	0.230
	假设方差不相等			-1.629	39.567	0.111	-0.373	0.229

续表

指标		方差方程的 Levene 检验		均值方程的 t 检验				
		F	Sig.	t	df	Sig.（双侧）	均值差值	标准误差值
方便快捷	假设方差相等	0.027	0.871	-2.235	55	0.029	-0.473	0.212
	假设方差不相等			-2.338	44.338	0.024	-0.473	0.202
提供时间	假设方差相等	0.005	0.942	-0.154	54	0.878	-0.044	0.288
	假设方差不相等			-0.159	42.758	0.875	-0.044	0.280
及时服务	假设方差相等	0.002	0.961	-2.473	55	0.017	-0.523	0.211
	假设方差不相等			-2.589	44.438	0.013	-0.523	0.202
热情帮助	假设方差相等	3.876	0.054	-2.011	55	0.049	-0.519	0.258
	假设方差不相等			-2.270	52.771	0.027	-0.519	0.229
及时答复	假设方差相等	1.238	0.271	-2.441	55	0.018	-0.631	0.258
	假设方差不相等			-2.750	52.585	0.008	-0.631	0.229
用户个性	假设方差相等	2.804	0.100	-0.312	55	0.756	-0.085	0.273
	假设方差不相等			-0.357	53.866	0.722	-0.085	0.238
主动了解	假设方差相等	8.395	0.005	-0.732	55	0.467	-0.189	0.258
	假设方差不相等			-0.872	54.975	0.387	-0.189	0.217
时空个性	假设方差相等	0.323	0.572	0.486	55	0.629	0.127	0.261
	假设方差不相等			0.508	44.209	0.614	0.127	0.250
总体满意	假设方差相等	0.007	0.933	-2.560	55	0.013	-0.492	0.192
	假设方差不相等			-2.725	46.471	0.009	-0.492	0.181

（4）不同婚姻状况的比较

已婚组与未婚组比较结果如表6-35和表6-36所示。

从表6-36可知，已婚组与未婚组在服务人员、法规服务、准时服务、方便找到、方便了解、方便快捷、及时服务、及时答复、总体满意等方面有显著差异。显然结婚是人生的一个分界点，已婚组用户在心理上更趋成熟，因此对服务质量期望要求上已婚组与未婚组有多方面差异。并从表6-35可知，这些差异指标值已婚组均高于未婚组，说明未婚组在这些方面对服务质量的期望要求高于已婚组或感知较低。

表6-35　　　　　　　　已婚组与未婚组统计量

指标	婚姻	N	均值	标准差	均值的标准误
丰富馆藏	未婚	53	6.30	0.868	0.119
	已婚	149	6.38	0.850	0.070
现代设施	未婚	53	6.13	0.962	0.132
	已婚	149	6.26	0.871	0.071
多种手段	未婚	53	5.92	1.342	0.184
	已婚	149	6.30	0.801	0.066
服务管理	未婚	53	6.32	0.701	0.096
	已婚	150	6.43	0.679	0.055
服务人员	未婚	53	6.23	0.974	0.134
	已婚	148	6.53	0.742	0.061
信任放心	未婚	53	6.38	0.814	0.112
	已婚	150	6.53	0.711	0.058
支持服务	未婚	53	6.49	0.750	0.103
	已婚	150	6.49	0.693	0.057
法规服务	未婚	53	6.19	0.921	0.127
	已婚	149	6.50	0.684	0.056
过程公平	未婚	53	6.45	0.722	0.099
	已婚	150	6.44	0.773	0.063
准时服务	未婚	53	6.23	0.800	0.110
	已婚	150	6.49	0.653	0.053
准确有效	未婚	53	6.38	0.837	0.115
	已婚	150	6.54	0.662	0.054

指标	婚姻	N	均值	标准差	均值的标准误
全面可靠	未婚	53	6.42	0.842	0.116
	已婚	150	6.45	0.700	0.057
关心帮助	未婚	53	6.32	0.956	0.131
	已婚	150	6.60	0.602	0.049
方便找到	未婚	53	6.21	0.743	0.102
	已婚	149	6.46	0.767	0.063
方便了解	未婚	53	6.11	0.934	0.128
	已婚	148	6.39	0.744	0.061
表格易填	未婚	53	6.25	0.806	0.111
	已婚	150	6.36	0.771	0.063
方便快捷	未婚	53	6.23	0.750	0.103
	已婚	150	6.46	0.672	0.055
提供时间	未婚	52	6.23	0.983	0.136
	已婚	150	6.37	0.807	0.066
及时服务	未婚	53	6.13	0.761	0.104
	已婚	149	6.50	0.768	0.063
热情帮助	未婚	53	6.28	0.928	0.127
	已婚	149	6.48	0.759	0.062
及时答复	未婚	53	6.15	0.969	0.133
	已婚	148	6.44	0.740	0.061
用户个性	未婚	53	6.15	1.045	0.144
	已婚	150	6.23	0.781	0.064
主动了解	未婚	53	6.13	1.001	0.137
	已婚	150	6.26	0.815	0.067
时空个性	未婚	53	6.32	0.915	0.126
	已婚	149	6.30	0.811	0.066
总体满意	未婚	53	6.32	0.728	0.100
	已婚	150	6.59	0.581	0.047

（5）不同访问次数的比较

把调研数据分成次数为 1 和大于 1 两组进行独立样本 t 检验，结果如表 6 – 37 和表 6 – 38 所示。

从表 6 – 38 可知，访问次数为 1 和大于 1 的两组只在现代设施上有显著差异。并从表 6 – 37 可知，第一次访问用户的评分高于多次访问用户的评分，表示多次访问用户对现代设施的服务质量期望要高于第一次访问用户或感知较低。

表 6 – 37 不同访问次数组统计量

指标	次数	N	均值	标准差	均值的标准误
丰富馆藏	≥2	56	6.30	0.952	0.127
	<2	136	6.47	0.709	0.061
现代设施	≥2	56	6.11	0.928	0.124
	<2	136	6.45	0.739	0.063
多种手段	≥2	56	6.34	0.880	0.118
	<2	135	6.35	0.785	0.068
服务管理	≥2	56	6.45	0.737	0.098
	<2	137	6.43	0.662	0.057
服务人员	≥2	56	6.43	0.892	0.119
	<2	135	6.56	0.676	0.058
信任放心	≥2	56	6.57	0.828	0.111
	<2	136	6.49	0.699	0.060
支持服务	≥2	56	6.57	0.657	0.088
	<2	137	6.52	0.687	0.059
法规服务	≥2	56	6.55	0.685	0.092
	<2	136	6.43	0.707	0.061
过程公平	≥2	56	6.61	0.731	0.098
	<2	135	6.46	0.720	0.062

续表

指标	次数	N	均值	标准差	均值的标准误
准时服务	≥2	56	6.54	0.602	0.080
	<2	136	6.46	0.631	0.054
准确有效	≥2	56	6.61	0.623	0.083
	<2	137	6.52	0.631	0.054
全面可靠	≥2	56	6.57	0.657	0.088
	<2	137	6.45	0.675	0.058
关心帮助	≥2	56	6.50	0.714	0.095
	<2	137	6.61	0.646	0.055
方便找到	≥2	56	6.43	0.892	0.119
	<2	136	6.43	0.707	0.061
方便了解	≥2	56	6.29	0.868	0.116
	<2	134	6.42	0.708	0.061
表格易填	≥2	56	6.29	0.803	0.107
	<2	137	6.45	0.727	0.062
方便快捷	≥2	56	6.38	0.728	0.097
	<2	137	6.50	0.654	0.056
提供时间	≥2	56	6.39	0.824	0.110
	<2	136	6.45	0.708	0.061
及时服务	≥2	56	6.54	0.713	0.095
	<2	136	6.43	0.737	0.063
热情帮助	≥2	56	6.45	0.952	0.127
	<2	136	6.48	0.720	0.062
及时答复	≥2	56	6.27	0.904	0.121
	<2	135	6.47	0.731	0.063
用户个性	≥2	56	6.25	0.815	0.109
	<2	136	6.33	0.799	0.068

指标	次数	N	均值	标准差	均值的标准误
主动了解	≥2	56	6.13	0.974	0.130
	<2	137	6.36	0.706	0.060
时空个性	≥2	56	6.29	0.756	0.101
	<2	136	6.41	0.793	0.068
总体满意	≥2	56	6.48	0.632	0.084
	<2	137	6.64	0.567	0.048

表6-38　　　　　　　不同访问次数组独立样本 t 检验

指标		方差方程的 Levene 检		均值方程的 t 检验				
		F	Sig.	t	df	Sig.（双侧）	均值差值	标准误差值
丰富馆藏	假设方差相等	3.692	0.056	-1.336	190	0.183	-0.167	0.125
	假设方差不相等			-1.185	81.276	0.240	-0.167	0.141
现代设施	假设方差相等	2.365	0.126	-2.694	190	0.008	-0.341	0.127
	假设方差不相等			-2.452	85.078	0.016	-0.341	0.139
多种手段	假设方差相等	0.880	0.349	-0.069	189	0.945	-0.009	0.129
	假设方差不相等			-0.065	93.201	0.948	-0.009	0.136
服务管理	假设方差相等	0.495	0.482	0.145	191	0.885	0.016	0.109
	假设方差不相等			0.139	93.201	0.890	0.016	0.114
服务人员	假设方差相等	5.376	0.021	-1.135	189	0.258	-0.134	0.118
	假设方差不相等			-1.014	82.430	0.314	-0.134	0.133
信任放心	假设方差相等	0.012	0.912	0.672	190	0.503	0.079	0.117
	假设方差不相等			0.626	88.907	0.533	0.079	0.126
支持服务	假设方差相等	0.756	0.386	0.494	191	0.622	0.053	0.108
	假设方差不相等			0.504	106.612	0.615	0.053	0.106

指标		方差方程的 Levene 检		均值方程的 t 检验				
		F	Sig.	t	df	Sig.（双侧）	均值差值	标准误差值
法规服务	假设方差相等	0.578	0.448	1.077	190	0.283	0.120	0.111
	假设方差不相等			1.090	105.443	0.278	0.120	0.110
过程公平	假设方差相等	1.958	0.163	1.286	189	0.200	0.148	0.115
	假设方差不相等			1.279	101.522	0.204	0.148	0.116
准时服务	假设方差相等	0.537	0.465	0.807	190	0.420	0.080	0.099
	假设方差不相等			0.824	107.084	0.412	0.080	0.097
准确有效	假设方差相等	1.211	0.273	0.891	191	0.374	0.089	0.100
	假设方差不相等			0.896	103.466	0.372	0.089	0.099
全面可靠	假设方差相等	0.449	0.503	1.119	191	0.264	0.119	0.106
	假设方差不相等			1.132	104.845	0.260	0.119	0.105
关心帮助	假设方差相等	1.998	0.159	-1.002	191	0.318	-0.106	0.106
	假设方差不相等			-0.961	93.748	0.339	-0.106	0.110
方便找到	假设方差相等	1.782	0.183	-0.043	190	0.966	-0.005	0.121
	假设方差不相等			-0.039	84.821	0.969	-0.005	0.134
方便了解	假设方差相等	2.165	0.143	-1.096	188	0.274	-0.132	0.121
	假设方差不相等			-1.008	87.026	0.316	-0.132	0.131
表格易填	假设方差相等	1.178	0.279	-1.403	191	0.162	-0.167	0.119
	假设方差不相等			-1.346	93.845	0.182	-0.167	0.124
方便快捷	假设方差相等	1.897	0.170	-1.131	191	0.259	-0.121	0.107
	假设方差不相等			-1.082	93.256	0.282	-0.121	0.112
提供时间	假设方差相等	0.644	0.423	-0.472	190	0.638	-0.056	0.118
	假设方差不相等			-0.443	90.099	0.659	-0.056	0.126
及时服务	假设方差相等	0.197	0.657	0.943	190	0.347	0.109	0.116
	假设方差不相等			0.956	105.718	0.341	0.109	0.114

指标		方差方程的 Levene 检		均值方程的 t 检验				
		F	Sig.	t	df	Sig.（双侧）	均值差值	标准误差值
热情帮助	假设方差相等	1.788	0.183	-0.250	190	0.803	-0.032	0.126
	假设方差不相等			-0.223	82.088	0.824	-0.032	0.141
及时答复	假设方差相等	0.608	0.436	-1.593	189	0.113	-0.199	0.125
	假设方差不相等			-1.459	86.251	0.148	-0.199	0.136
用户个性	假设方差相等	0.163	0.687	-0.634	190	0.527	-0.081	0.128
	假设方差不相等			-0.629	100.722	0.531	-0.081	0.129
主动了解	假设方差相等	2.796	0.096	-1.910	191	0.058	-0.240	0.126
	假设方差不相等			-1.674	79.687	0.098	-0.240	0.143
时空个性	假设方差相等	0.084	0.772	-1.014	190	0.312	-0.126	0.124
	假设方差不相等			-1.035	107.201	0.303	-0.126	0.122
总体满意	假设方差相等	2.039	0.155	-1.643	191	0.102	-0.153	0.093
	假设方差不相等			-1.570	93.071	0.120	-0.153	0.097

（6）不同级别的比较

把调研数据分成级别为1（县级）和级别为2（市级）两个组进行独立样本 t 检验，结果如表6-39和表6-40所示。

从表6-40可知，市级馆用户与县级馆用户在现代设施、服务管理、过程公平、提供时间等方面有显著差异。并从表6-39可知，市级馆在这些指标上评分均高于县级馆，一方面表示县级馆用户在这些方面对服务质量的期望要求较高，另一方面也表示在这些方面市级馆优于县级馆。

表 6 – 39 不同级别组统计量

指标	级别	N	均值	标准差	均值的标准误
丰富馆藏	2	40	6.58	0.813	0.129
	1	184	6.30	0.845	0.062
现代设施	2	40	6.53	0.905	0.143
	1	184	6.16	0.872	0.064
多种手段	2	40	6.23	1.097	0.174
	1	183	6.23	0.945	0.070
服务管理	2	40	6.60	0.709	0.112
	1	185	6.34	0.705	0.052
服务人员	2	40	6.50	0.847	0.134
	1	183	6.43	0.795	0.059
信任放心	2	40	6.40	0.900	0.142
	1	184	6.50	0.717	0.053
支持服务	2	40	6.53	0.751	0.119
	1	185	6.47	0.707	0.052
法规服务	2	40	6.48	0.784	0.124
	1	184	6.40	0.782	0.058
过程公平	2	40	6.75	0.494	0.078
	1	183	6.37	0.793	0.059
准时服务	2	40	6.50	0.716	0.113
	1	184	6.41	0.703	0.052
准确有效	2	40	6.53	0.679	0.107
	1	185	6.48	0.715	0.053
全面可靠	2	40	6.63	0.740	0.117
	1	185	6.39	0.730	0.054
关心帮助	2	40	6.45	0.904	0.143
	1	185	6.55	0.658	0.048

指标	级别	N	均值	标准差	均值的标准误
方便找到	2	40	6.53	0.599	0.095
	1	184	6.37	0.785	0.058
方便了解	2	40	6.30	0.791	0.125
	1	182	6.34	0.796	0.059
表格易填	2	40	6.45	0.714	0.113
	1	185	6.32	0.803	0.059
方便快捷	2	40	6.53	0.679	0.107
	1	185	6.38	0.706	0.052
提供时间	2	39	6.67	0.662	0.106
	1	185	6.28	0.856	0.063
及时服务	2	40	6.45	0.677	0.107
	1	184	6.40	0.776	0.057
热情帮助	2	40	6.40	0.871	0.138
	1	184	6.47	0.775	0.057
及时答复	2	40	6.33	0.859	0.136
	1	183	6.38	0.795	0.059
用户个性	2	40	6.40	1.033	0.163
	1	184	6.19	0.790	0.058
主动了解	2	40	6.33	1.071	0.169
	1	185	6.22	0.794	0.058
时空个性	2	40	6.45	0.986	0.156
	1	184	6.29	0.788	0.058
总体满意	2	40	6.63	0.705	0.111
	1	185	6.50	0.609	0.045

表 6 −40　　　　　　　　　　　　不同级别组独立样本 t 检验

指标		方差方程的 Levene 检验		均值方程的 t 检验				
		F	Sig.	t	df	Sig.（双侧）	均值差值	标准误差值
丰富馆藏	假设方差相等	0.218	0.641	1.886	222	0.061	0.276	0.146
	假设方差不相等			1.933	58.763	0.058	0.276	0.143
现代设施	假设方差相等	0.005	0.946	2.363	222	0.019	0.362	0.153
	假设方差不相等			2.306	55.823	0.025	0.362	0.157
多种手段	假设方差相等	0.150	0.699	−0.027	221	0.979	−0.005	0.170
	假设方差不相等			−0.024	52.355	0.981	−0.005	0.187
服务管理	假设方差相等	0.712	0.400	2.108	223	0.036	0.259	0.123
	假设方差不相等			2.101	56.930	0.040	0.259	0.124
服务人员	假设方差相等	0.011	0.917	0.487	221	0.627	0.068	0.140
	假设方差不相等			0.467	54.997	0.642	0.068	0.146
信任放心	假设方差相等	2.948	0.087	−0.762	222	0.447	−0.100	0.131
	假设方差不相等			−0.659	50.287	0.513	−0.100	0.152
支持服务	假设方差相等	0.000	0.987	0.439	223	0.661	0.055	0.125
	假设方差不相等			0.422	54.988	0.674	0.055	0.130
法规服务	假设方差相等	0.193	0.661	0.573	222	0.567	0.078	0.137
	假设方差不相等			0.572	57.144	0.569	0.078	0.137
过程公平	假设方差相等	18.326	0.000	2.937	221	0.004	0.384	0.131
	假设方差不相等			3.933	89.346	0.000	0.384	0.098
准时服务	假设方差相等	0.037	0.848	0.751	222	0.454	0.092	0.123
	假设方差不相等			0.742	56.522	0.461	0.092	0.125
准确有效	假设方差相等	0.036	0.850	0.355	223	0.723	0.044	0.124
	假设方差不相等			0.367	59.255	0.715	0.044	0.120
全面可靠	假设方差相等	0.909	0.341	1.849	223	0.066	0.236	0.128
	假设方差不相等			1.831	56.577	0.072	0.236	0.129

指标		方差方程的 Levene 检验		均值方程的 t 检验				
		F	Sig.	t	df	Sig.（双侧）	均值差值	标准误差值
关心帮助	假设方差相等	5.386	0.021	-0.821	223	0.412	-0.101	0.123
	假设方差不相等			-0.671	48.316	0.505	-0.101	0.151
方便找到	假设方差相等	4.214	0.041	1.179	222	0.240	0.155	0.132
	假设方差不相等			1.401	71.513	0.166	0.155	0.111
方便了解	假设方差相等	0.009	0.923	-0.253	220	0.800	-0.035	0.139
	假设方差不相等			-0.254	57.655	0.800	-0.035	0.138
表格易填	假设方差相等	0.295	0.588	0.915	223	0.361	0.126	0.137
	假设方差不相等			0.986	62.217	0.328	0.126	0.127
方便快捷	假设方差相等	0.958	0.329	1.155	223	0.250	0.141	0.122
	假设方差不相等			1.184	58.700	0.241	0.141	0.119
提供时间	假设方差相等	6.231	0.013	2.685	222	0.008	0.391	0.146
	假设方差不相等			3.170	67.772	0.002	0.391	0.123
及时服务	假设方差相等	1.563	0.213	0.361	222	0.719	0.048	0.133
	假设方差不相等			0.394	63.331	0.695	0.048	0.121
热情帮助	假设方差相等	0.369	0.544	-0.487	222	0.626	-0.067	0.138
	假设方差不相等			-0.452	53.222	0.653	-0.067	0.149
及时答复	假设方差相等	0.387	0.535	-0.370	221	0.712	-0.052	0.141
	假设方差不相等			-0.352	54.555	0.726	-0.052	0.148
用户个性	假设方差相等	1.465	0.227	1.435	222	0.153	0.210	0.146
	假设方差不相等			1.210	49.394	0.232	0.210	0.173
主动了解	假设方差相等	4.103	0.044	0.698	223	0.486	0.103	0.148
	假设方差不相等			0.577	48.658	0.567	0.103	0.179
时空个性	假设方差相等	2.092	0.149	1.123	222	0.263	0.162	0.144
	假设方差不相等			0.974	50.391	0.335	0.162	0.166
总体满意	假设方差相等	0.043	0.835	1.168	223	0.244	0.128	0.109
	假设方差不相等			1.063	52.319	0.293	0.128	0.120

6.2.2　基于服务任务的不同服务群体的比较

其次进行基于服务任务的服务群体分类比较，揭示不同服务主体、服务用途、服务方式和服务内容群体的感知服务质量差异。

（1）不同服务主体的比较

分成单位用户组和个人用户组，比较结果如表6－41和表6－42所示。

从表6－42可知，单位用户组与个人用户组在多种手段、方便快捷方面有显著差异。并从表6－41可知，单位用户评分在这两个方面均低于个人用户，表示单位用户对这两个方面服务质量期望要求高于个人用户或感知较低。

表6－41　　　　　　　　　　　不同服务主体组统计量

指标	服务主体	N	均值	标准差	均值的标准误
丰富馆藏	个人用户	157	6.34	0.881	0.070
	单位用户	64	6.34	0.761	0.095
现代设施	个人用户	157	6.27	0.821	0.066
	单位用户	64	6.09	1.035	0.129
多种手段	个人用户	156	6.32	0.835	0.067
	单位用户	64	5.98	1.228	0.153
服务管理	个人用户	158	6.40	0.731	0.058
	单位用户	64	6.34	0.672	0.084
服务人员	个人用户	156	6.48	0.758	0.061
	单位用户	64	6.33	0.909	0.114
信任放心	个人用户	157	6.47	0.781	0.062
	单位用户	64	6.48	0.690	0.086

指标	服务主体	N	均值	标准差	均值的标准误
支持服务	个人用户	158	6.49	0.711	0.057
	单位用户	64	6.47	0.734	0.092
法规服务	个人用户	157	6.42	0.726	0.058
	单位用户	64	6.38	0.917	0.115
过程公平	个人用户	156	6.44	0.764	0.061
	单位用户	64	6.44	0.774	0.097
准时服务	个人用户	157	6.46	0.645	0.052
	单位用户	64	6.34	0.840	0.105
准确有效	个人用户	158	6.51	0.646	0.051
	单位用户	64	6.42	0.851	0.106
全面可靠	个人用户	158	6.48	0.665	0.053
	单位用户	64	6.31	0.889	0.111
关心帮助	个人用户	158	6.54	0.692	0.055
	单位用户	64	6.50	0.756	0.094
方便找到	个人用户	157	6.40	0.775	0.062
	单位用户	64	6.39	0.726	0.091
方便了解	个人用户	155	6.34	0.792	0.064
	单位用户	64	6.33	0.818	0.102
表格易填	个人用户	158	6.38	0.779	0.062
	单位用户	64	6.25	0.816	0.102
方便快捷	个人用户	158	6.47	0.645	0.051
	单位用户	64	6.23	0.811	0.101
提供时间	个人用户	157	6.38	0.780	0.062
	单位用户	64	6.25	0.976	0.122
及时服务	个人用户	157	6.45	0.720	0.057
	单位用户	64	6.33	0.837	0.105

指标	服务主体	N	均值	标准差	均值的标准误
热情帮助	个人用户	157	6.46	0.828	0.066
	单位用户	64	6.47	0.689	0.086
及时答复	个人用户	156	6.43	0.763	0.061
	单位用户	64	6.22	0.899	0.112
用户个性	个人用户	157	6.21	0.809	0.065
	单位用户	64	6.25	0.926	0.116
主动了解	个人用户	158	6.27	0.809	0.064
	单位用户	64	6.17	0.952	0.119
时空个性	个人用户	157	6.34	0.774	0.062
	单位用户	64	6.22	0.951	0.119
总体满意	个人用户	158	6.56	0.633	0.050
	单位用户	64	6.41	0.610	0.076

表 6 – 42　　　　　　　　　不同服务主体组独立样本 t 检验

指标		方差方程的 Levene 检验		均值方程的 t 检验				
		F	Sig.	t	df	Sig.（双侧）	均值差值	标准误差值
丰富馆藏	假设方差相等	0.539	0.464	– 0.049	219	0.961	– 0.006	0.126
	假设方差不相等			– 0.052	134.538	0.958	– 0.006	0.118
现代设施	假设方差相等	3.668	0.057	1.368	219	0.173	0.180	0.132
	假设方差不相等			1.242	96.939	0.217	0.180	0.145
多种手段	假设方差相等	6.291	0.013	2.347	218	0.020	0.336	0.143
	假设方差不相等			2.008	87.864	0.048	0.336	0.167
服务管理	假设方差相等	0.515	0.474	0.519	220	0.604	0.055	0.106
	假设方差不相等			0.538	126.245	0.591	0.055	0.102

续表

指标		方差方程的 Levene 检验		均值方程的 t 检验				
		F	Sig.	t	df	Sig.（双侧）	均值差值	标准误差值
服务人员	假设方差相等	4.141	0.043	1.278	218	0.202	0.153	0.119
	假设方差不相等			1.185	100.651	0.239	0.153	0.129
信任放心	假设方差相等	0.013	0.910	−0.116	219	0.908	−0.013	0.112
	假设方差不相等			−0.123	131.502	0.903	−0.013	0.106
支持服务	假设方差相等	0.506	0.478	0.175	220	0.861	0.019	0.106
	假设方差不相等			0.172	113.490	0.863	0.019	0.108
法规服务	假设方差相等	5.284	0.022	0.389	219	0.697	0.045	0.117
	假设方差不相等			0.353	96.754	0.725	0.045	0.128
过程公平	假设方差相等	0.086	0.769	−0.014	218	0.989	−0.002	0.114
	假设方差不相等			−0.014	115.827	0.989	−0.002	0.114
准时服务	假设方差相等	5.407	0.021	1.096	219	0.274	0.115	0.105
	假设方差不相等			0.982	94.765	0.329	0.115	0.117
准确有效	假设方差相等	4.411	0.037	0.862	220	0.389	0.091	0.105
	假设方差不相等			0.769	93.782	0.444	0.091	0.118
全面可靠	假设方差相等	6.515	0.011	1.545	220	0.124	0.169	0.109
	假设方差不相等			1.370	92.911	0.174	0.169	0.123
关心帮助	假设方差相等	0.841	0.360	0.421	220	0.674	0.044	0.105
	假设方差不相等			0.405	108.039	0.686	0.044	0.109
方便找到	假设方差相等	0.083	0.773	0.094	219	0.925	0.011	0.113
	假设方差不相等			0.097	124.257	0.923	0.011	0.110
方便了解	假设方差相等	0.735	0.392	0.062	217	0.951	0.007	0.119
	假设方差不相等			0.061	114.242	0.951	0.007	0.120
表格易填	假设方差相等	0.105	0.746	1.109	220	0.269	0.130	0.117
	假设方差不相等			1.087	111.887	0.280	0.130	0.119

指标		方差方程的 Levene 检验		均值方程的 t 检验				
		F	Sig.	t	df	Sig.（双侧）	均值差值	标准误差值
方便快捷	假设方差相等	2.984	0.085	2.266	220	0.024	0.234	0.103
	假设方差不相等			2.058	96.841	0.042	0.234	0.114
提供时间	假设方差相等	4.074	0.045	1.009	219	0.314	0.126	0.125
	假设方差不相等			0.919	97.386	0.361	0.126	0.137
及时服务	假设方差相等	1.523	0.218	1.108	219	0.269	0.124	0.112
	假设方差不相等			1.040	102.991	0.301	0.124	0.119
热情帮助	假设方差相等	0.519	0.472	−0.087	219	0.931	−0.010	0.117
	假设方差不相等			−0.093	139.438	0.926	−0.010	0.109
及时答复	假设方差相等	3.778	0.053	1.764	218	0.079	0.211	0.119
	假设方差不相等			1.647	102.091	0.103	0.211	0.128
用户个性	假设方差相等	3.546	0.061	−0.318	219	0.751	−0.040	0.125
	假设方差不相等			−0.300	104.229	0.764	−0.040	0.133
主动了解	假设方差相等	2.316	0.129	0.744	220	0.458	0.094	0.126
	假设方差不相等			0.694	101.776	0.489	0.094	0.135
时空个性	假设方差相等	4.081	0.045	1.019	219	0.309	0.125	0.123
	假设方差不相等			0.935	98.724	0.352	0.125	0.134
总体满意	假设方差相等	0.046	0.830	1.692	220	0.092	0.157	0.093
	假设方差不相等			1.719	120.703	0.088	0.157	0.091

（2）不同服务用途的比较

由于其他服务用途样本量过少，所以只对出具证明与工作查考两组用户进行比较，结果如表 6-43 和表 6-44 所示。

从表 6-44 可知，出具证明与工作查考用户在多种手段、总体满意有显著差异。并从表 6-43 可知，工作查考用户在这两个方面评分均低于出具证明用户，因此工作查考用户对这两个方面服务质量期望高于出具证明用户或感知较低。

表6-43 不同服务用途组统计量

指标	服务用途	N	均值	标准差	均值的标准误
丰富馆藏	工作查考	50	6.18	0.873	0.124
	出具证明	122	6.27	0.900	0.082
现代设施	工作查考	50	6.00	0.969	0.137
	出具证明	121	6.24	0.827	0.075
多种手段	工作查考	49	5.82	1.219	0.174
	出具证明	121	6.31	0.865	0.079
服务管理	工作查考	50	6.26	0.723	0.102
	出具证明	122	6.33	0.732	0.066
服务人员	工作查考	50	6.30	0.886	0.125
	出具证明	120	6.40	0.824	0.075
信任放心	工作查考	50	6.34	0.798	0.113
	出具证明	121	6.46	0.796	0.072
支持服务	工作查考	50	6.28	0.757	0.107
	出具证明	122	6.45	0.740	0.067
法规服务	工作查考	49	6.18	0.993	0.142
	出具证明	122	6.39	0.745	0.067
过程公平	工作查考	50	6.42	0.731	0.103
	出具证明	120	6.32	0.840	0.077
准时服务	工作查考	50	6.20	0.948	0.134
	出具证明	121	6.42	0.616	0.056
准确有效	工作查考	50	6.44	0.837	0.118
	出具证明	122	6.45	0.705	0.064
全面可靠	工作查考	50	6.36	0.802	0.113
	出具证明	122	6.34	0.767	0.069

续表

指标	服务用途	N	均值	标准差	均值的标准误
关心帮助	工作查考	50	6.52	0.762	0.108
	出具证明	122	6.45	0.751	0.068
方便找到	工作查考	49	6.35	0.723	0.103
	出具证明	122	6.33	0.807	0.073
方便了解	工作查考	50	6.34	0.798	0.113
	出具证明	121	6.29	0.861	0.078
表格易填	工作查考	50	6.26	0.751	0.106
	出具证明	122	6.33	0.867	0.078
方便快捷	工作查考	50	6.24	0.797	0.113
	出具证明	122	6.34	0.701	0.064
提供时间	工作查考	50	6.32	0.999	0.141
	出具证明	121	6.22	0.842	0.077
及时服务	工作查考	50	6.32	0.794	0.112
	出具证明	122	6.34	0.819	0.074
热情帮助	工作查考	50	6.32	0.741	0.105
	出具证明	121	6.43	0.864	0.079
及时答复	工作查考	49	6.29	0.890	0.127
	出具证明	121	6.33	0.841	0.076
用户个性	工作查考	50	6.12	0.918	0.130
	出具证明	121	6.14	0.869	0.079
主动了解	工作查考	50	6.10	0.995	0.141
	出具证明	122	6.19	0.846	0.077
时空个性	工作查考	50	6.20	0.833	0.118
	出具证明	121	6.25	0.888	0.081
总体满意	工作查考	50	6.30	0.647	0.091
	出具证明	122	6.53	0.645	0.058

表 6 - 44　　　　　　　不同服务用途组独立样本 t 检验

指标		方差方程的 Levene 检验		均值方程的 t 检验				
		F	Sig.	t	df	Sig.（双侧）	均值差值	标准误差值
丰富馆藏	假设方差相等	0.665	0.416	-0.604	170	0.547	-0.090	0.150
	假设方差不相等			-0.611	93.765	0.542	-0.090	0.148
现代设施	假设方差相等	0.359	0.550	-1.638	169	0.103	-0.240	0.146
	假设方差不相等			-1.533	79.975	0.129	-0.240	0.156
多种手段	假设方差相等	4.460	0.036	-2.952	168	0.004	-0.489	0.166
	假设方差不相等			-2.562	68.403	0.013	-0.489	0.191
服务管理	假设方差相等	0.315	0.575	-0.554	170	0.580	-0.068	0.123
	假设方差不相等			-0.557	92.249	0.579	-0.068	0.122
服务人员	假设方差相等	2.812	0.095	-0.705	168	0.482	-0.100	0.142
	假设方差不相等			-0.684	86.046	0.496	-0.100	0.146
信任放心	假设方差相等	0.680	0.411	-0.917	169	0.361	-0.123	0.134
	假设方差不相等			-0.916	91.280	0.362	-0.123	0.134
支持服务	假设方差相等	0.262	0.610	-1.366	170	0.174	-0.171	0.125
	假设方差不相等			-1.353	89.313	0.180	-0.171	0.126
法规服务	假设方差相等	7.735	0.006	-1.507	169	0.134	-0.210	0.139
	假设方差不相等			-1.335	70.699	0.186	-0.210	0.157
过程公平	假设方差相等	0.648	0.422	0.758	168	0.449	0.103	0.136
	假设方差不相等			0.803	104.708	0.424	0.103	0.129
准时服务	假设方差相等	11.554	0.001	-1.810	169	0.072	-0.221	0.122
	假设方差不相等			-1.525	66.763	0.132	-0.221	0.145
准确有效	假设方差相等	0.822	0.366	-0.086	170	0.931	-0.011	0.125
	假设方差不相等			-0.080	78.975	0.936	-0.011	0.134
全面可靠	假设方差相等	0.508	0.477	0.183	170	0.855	0.024	0.131
	假设方差不相等			0.180	87.650	0.858	0.024	0.133

续表

指标		方差方程的 Levene 检验		均值方程的 t 检验				
		F	Sig.	t	df	Sig.（双侧）	均值差值	标准误差值
关心帮助	假设方差相等	0.089	0.765	0.546	170	0.586	0.069	0.127
	假设方差不相等			0.543	89.938	0.589	0.069	0.127
方便找到	假设方差相等	0.413	0.522	0.144	169	0.886	0.019	0.133
	假设方差不相等			0.151	98.323	0.881	0.019	0.127
方便了解	假设方差相等	0.159	0.691	0.358	169	0.721	0.051	0.142
	假设方差不相等			0.369	98.134	0.713	0.051	0.137
表格易填	假设方差相等	1.063	0.304	− 0.484	170	0.629	− 0.068	0.140
	假设方差不相等			− 0.514	104.512	0.608	− 0.068	0.132
方便快捷	假设方差相等	0.059	0.809	− 0.850	170	0.396	− 0.104	0.123
	假设方差不相等			− 0.806	81.723	0.423	− 0.104	0.129
提供时间	假设方差相等	1.221	0.271	0.647	169	0.518	0.097	0.150
	假设方差不相等			0.603	79.181	0.548	0.097	0.161
及时服务	假设方差相等	0.006	0.937	− 0.118	170	0.906	− 0.016	0.136
	假设方差不相等			− 0.119	93.873	0.905	− 0.016	0.135
热情帮助	假设方差相等	0.101	0.751	− 0.786	169	0.433	− 0.110	0.140
	假设方差不相等			− 0.838	105.967	0.404	− 0.110	0.131
及时答复	假设方差相等	1.023	0.313	− 0.310	168	0.757	− 0.045	0.145
	假设方差不相等			− 0.303	84.545	0.763	− 0.045	0.148
用户个性	假设方差相等	2.081	0.151	− 0.138	169	0.890	− 0.020	0.149
	假设方差不相等			− 0.135	87.138	0.893	− 0.020	0.152
主动了解	假设方差相等	1.750	0.188	− 0.591	170	0.555	− 0.089	0.150
	假设方差不相等			− 0.553	79.540	0.582	− 0.089	0.160
时空个性	假设方差相等	0.008	0.928	− 0.327	169	0.744	− 0.048	0.147
	假设方差不相等			− 0.336	97.053	0.738	− 0.048	0.143
总体满意	假设方差相等	0.000	0.987	− 2.147	170	0.033	− 0.233	0.108
	假设方差不相等			− 2.145	90.984	0.035	− 0.233	0.109

（3）不同服务方式的比较

由于采集的样本大都为现场服务方式，其他服务方式较少，因此分成现场服务与其他方式两组，比较结果如表 6 - 45 和表 6 - 46 所示。

从表 6 - 46 可知，现场服务方式组与其他服务方式组在表格易填上有显著差异。并从表 6 - 45 可知，现场服务方式组评分高于其他服务方式组，说明其他服务方式组对表格易填的服务质量期望高于现场服务方式组，或其他服务方式组对表格易填服务质量感知较低。

表 6 - 45　　　　　　　　不同服务方式组统计量

指标	服务方式	N	均值	标准差	均值的标准误
丰富馆藏	其他方式	17	6.29	0.849	0.206
	现场服务	201	6.34	0.852	0.060
现代设施	其他方式	17	6.06	0.966	0.234
	现场服务	201	6.23	0.887	0.063
多种手段	其他方式	17	6.18	1.074	0.261
	现场服务	200	6.22	0.973	0.069
服务管理	其他方式	17	6.29	0.588	0.143
	现场服务	202	6.38	0.725	0.051
服务人员	其他方式	17	6.12	1.111	0.270
	现场服务	201	6.47	0.768	0.054
信任放心	其他方式	17	6.47	0.717	0.174
	现场服务	201	6.49	0.736	0.052
支持服务	其他方式	17	6.47	0.717	0.174
	现场服务	202	6.49	0.707	0.050
法规服务	其他方式	17	6.35	0.931	0.226
	现场服务	201	6.42	0.765	0.054
过程公平	其他方式	17	6.59	0.618	0.150
	现场服务	200	6.42	0.772	0.055

指标	服务方式	N	均值	标准差	均值的标准误
准时服务	其他方式	17	6.41	0.870	0.211
	现场服务	201	6.43	0.683	0.048
准确有效	其他方式	17	6.35	0.931	0.226
	现场服务	202	6.50	0.686	0.048
全面可靠	其他方式	17	6.35	1.057	0.256
	现场服务	202	6.44	0.705	0.050
关心帮助	其他方式	17	6.24	0.903	0.219
	现场服务	202	6.56	0.683	0.048
方便找到	其他方式	17	6.59	0.712	0.173
	现场服务	201	6.39	0.761	0.054
方便了解	其他方式	17	6.35	0.862	0.209
	现场服务	199	6.33	0.792	0.056
表格易填	其他方式	17	5.94	0.899	0.218
	现场服务	202	6.38	0.772	0.054
方便快捷	其他方式	17	6.41	0.507	0.123
	现场服务	202	6.41	0.701	0.049
提供时间	其他方式	17	6.35	0.931	0.226
	现场服务	201	6.35	0.824	0.058
及时服务	其他方式	17	6.35	0.931	0.226
	现场服务	201	6.42	0.732	0.052
热情帮助	其他方式	17	6.41	0.795	0.193
	现场服务	202	6.46	0.792	0.056
及时答复	其他方式	16	6.13	0.806	0.202
	现场服务	202	6.39	0.792	0.056
用户个性	其他方式	17	6.12	0.857	0.208
	现场服务	201	6.24	0.832	0.059

续表

指标	服务方式	N	均值	标准差	均值的标准误
主动了解	其他方式	17	6.00	1.061	0.257
	现场服务	202	6.26	0.820	0.058
时空个性	其他方式	17	6.00	1.225	0.297
	现场服务	202	6.35	0.772	0.054
总体满意	其他方式	17	6.35	0.702	0.170
	现场服务	202	6.53	0.624	0.044

表 6 - 46　　　　　　　　　不同服务方式组独立样本 t 检验

指标		方差方程的 Levene 检验		均值方程的 t 检验				
		F	Sig.	t	df	Sig.（双侧）	均值差值	标准误差值
丰富馆藏	假设方差相等	0.199	0.656	- 0.228	216	0.820	- 0.049	0.215
	假设方差不相等			- 0.229	18.834	0.821	- 0.049	0.214
现代设施	假设方差相等	0.214	0.644	- 0.753	216	0.452	- 0.170	0.226
	假设方差不相等			- 0.701	18.356	0.492	- 0.170	0.243
多种手段	假设方差相等	0.751	0.387	- 0.176	215	0.861	- 0.044	0.248
	假设方差不相等			- 0.162	18.300	0.873	- 0.044	0.270
服务管理	假设方差相等	2.263	0.134	- 0.482	217	0.631	- 0.087	0.181
	假设方差不相等			- 0.575	20.332	0.572	- 0.087	0.151
服务人员	假设方差相等	7.248	0.008	- 1.759	216	0.080	- 0.355	0.202
	假设方差不相等			- 1.291	17.318	0.214	- 0.355	0.275
信任放心	假设方差相等	0.044	0.834	- 0.118	216	0.906	- 0.022	0.185
	假设方差不相等			- 0.121	18.960	0.905	- 0.022	0.182
支持服务	假设方差相等	0.018	0.893	- 0.109	217	0.913	- 0.020	0.179
	假设方差不相等			- 0.108	18.713	0.915	- 0.020	0.181

续表

指标		方差方程的Levene检验		均值方程的t检验				
		F	Sig.	t	df	Sig.（双侧）	均值差值	标准误差值
法规服务	假设方差相等	1.253	0.264	-0.331	216	0.741	-0.065	0.197
	假设方差不相等			-0.280	17.870	0.783	-0.065	0.232
过程公平	假设方差相等	1.703	0.193	0.874	215	0.383	0.168	0.193
	假设方差不相等			1.054	20.496	0.304	0.168	0.160
准时服务	假设方差相等	1.187	0.277	-0.091	216	0.927	-0.016	0.176
	假设方差不相等			-0.074	17.705	0.942	-0.016	0.216
准确有效	假设方差相等	3.547	0.061	-0.824	217	0.411	-0.147	0.178
	假设方差不相等			-0.637	17.490	0.533	-0.147	0.231
全面可靠	假设方差相等	2.246	0.135	-0.471	217	0.638	-0.088	0.186
	假设方差不相等			-0.336	17.217	0.741	-0.088	0.261
关心帮助	假设方差相等	2.500	0.115	-1.858	217	0.065	-0.329	0.177
	假设方差不相等			-1.467	17.571	0.160	-0.329	0.224
方便找到	假设方差相等	0.632	0.428	1.047	216	0.296	0.200	0.191
	假设方差不相等			1.107	19.221	0.282	0.200	0.181
方便了解	假设方差相等	0.016	0.900	0.106	214	0.916	0.021	0.201
	假设方差不相等			0.098	18.383	0.923	0.021	0.216
表格易填	假设方差相等	0.022	0.882	-2.229	217	0.027	-0.440	0.197
	假设方差不相等			-1.958	18.038	0.066	-0.440	0.225
方便快捷	假设方差相等	3.263	0.072	0.005	217	0.996	0.001	0.174
	假设方差不相等			0.007	21.519	0.995	0.001	0.133
提供时间	假设方差相等	0.400	0.528	-0.001	216	0.999	0.000	0.210
	假设方差不相等			-0.001	18.184	0.999	0.000	0.233
及时服务	假设方差相等	1.841	0.176	-0.370	216	0.712	-0.070	0.189
	假设方差不相等			-0.302	17.709	0.766	-0.070	0.232

续表

指标		方差方程的 Levene 检验		均值方程的 t 检验				
		F	Sig.	t	df	Sig.（双侧）	均值差值	标准误差值
热情帮助	假设方差相等	0.162	0.688	−0.243	217	0.808	−0.049	0.200
	假设方差不相等			−0.242	18.775	0.811	−0.049	0.201
及时答复	假设方差相等	0.000	0.994	−1.292	216	0.198	−0.266	0.206
	假设方差不相等			−1.272	17.374	0.220	−0.266	0.209
用户个性	假设方差相等	0.170	0.681	−0.575	216	0.566	−0.121	0.211
	假设方差不相等			−0.561	18.642	0.582	−0.121	0.216
主动了解	假设方差相等	0.179	0.672	−1.237	217	0.217	−0.262	0.212
	假设方差不相等			−0.995	17.646	0.333	−0.262	0.264
时空个性	假设方差相等	14.382	0.000	−1.686	217	0.093	−0.347	0.206
	假设方差不相等			−1.148	17.086	0.267	−0.347	0.302
总体满意	假设方差相等	0.573	0.450	−1.111	217	0.268	−0.177	0.159
	假设方差不相等			−1.005	18.195	0.328	−0.177	0.176

（4）不同服务内容的比较

由于其他服务内容样本不多，大部分为档案查阅服务，因此分成档案查阅与其他服务内容两个组，比较结果如表 6–47 和表 6–48 所示。

从表 6–48 可知，档案查阅服务组与其他服务内容组在方便找到、提供时间、及时答复有显著不同。并从表 6–47 中可知，在这些方面其他服务组的评分比档案查阅组低，表示其他服务内容组对这些方面服务质量期望要求较高或感知较低。

表 6 - 47 不同服务内容组统计量

指标	服务内容	N	均值	标准差	均值的标准误
丰富馆藏	其他服务	81	6.35	0.854	0.095
	档案查阅	138	6.33	0.849	0.072
现代设施	其他服务	81	6.20	0.843	0.094
	档案查阅	138	6.22	0.918	0.078
多种手段	其他服务	82	6.15	1.079	0.119
	档案查阅	137	6.26	0.908	0.078
服务管理	其他服务	82	6.43	0.685	0.076
	档案查阅	138	6.36	0.723	0.062
服务人员	其他服务	82	6.37	0.882	0.097
	档案查阅	137	6.48	0.758	0.065
信任放心	其他服务	82	6.45	0.877	0.097
	档案查阅	137	6.49	0.676	0.058
支持服务	其他服务	82	6.48	0.689	0.076
	档案查阅	138	6.49	0.727	0.062
法规服务	其他服务	82	6.28	0.879	0.097
	档案查阅	137	6.47	0.718	0.061
过程公平	其他服务	82	6.46	0.773	0.085
	档案查阅	137	6.41	0.763	0.065
准时服务	其他服务	82	6.37	0.762	0.084
	档案查阅	137	6.44	0.674	0.058
准确有效	其他服务	82	6.48	0.805	0.089
	档案查阅	138	6.48	0.653	0.056
全面可靠	其他服务	82	6.44	0.803	0.089
	档案查阅	138	6.41	0.702	0.060
关心帮助	其他服务	82	6.56	0.650	0.072
	档案查阅	138	6.51	0.747	0.064

指标	服务内容	N	均值	标准差	均值的标准误
方便找到	其他服务	82	6.21	0.857	0.095
	档案查阅	137	6.50	0.677	0.058
方便了解	其他服务	81	6.19	0.776	0.086
	档案查阅	136	6.40	0.802	0.069
表格易填	其他服务	82	6.27	0.754	0.083
	档案查阅	138	6.38	0.812	0.069
方便快捷	其他服务	82	6.29	0.762	0.084
	档案查阅	138	6.46	0.664	0.056
提供时间	其他服务	82	6.17	0.953	0.105
	档案查阅	137	6.43	0.755	0.065
及时服务	其他服务	82	6.29	0.853	0.094
	档案查阅	137	6.47	0.697	0.060
热情帮助	其他服务	82	6.37	0.910	0.100
	档案查阅	138	6.49	0.717	0.061
及时答复	其他服务	82	6.18	0.957	0.106
	档案查阅	137	6.47	0.687	0.059
用户个性	其他服务	82	6.24	0.910	0.101
	档案查阅	137	6.21	0.808	0.069
主动了解	其他服务	82	6.12	1.035	0.114
	档案查阅	138	6.29	0.717	0.061
时空个性	其他服务	82	6.32	0.887	0.098
	档案查阅	138	6.31	0.800	0.068
总体满意	其他服务	82	6.40	0.645	0.071
	档案查阅	138	6.57	0.615	0.052

表 6 - 48 不同服务内容独立样本 t 检验

指标		方差方程的 Levene 检验		均值方程的 t 检验				
		F	Sig.	t	df	Sig.（双侧）	均值差值	标准误差值
丰富馆藏	假设方差相等	0.000	0.989	0.104	217	0.918	0.012	0.119
	假设方差不相等			0.104	166.905	0.918	0.012	0.119
现代设施	假设方差相等	0.739	0.391	-0.159	217	0.874	-0.020	0.125
	假设方差不相等			-0.163	179.408	0.871	-0.020	0.122
多种手段	假设方差相等	1.755	0.187	-0.802	217	0.424	-0.109	0.136
	假设方差不相等			-0.768	148.346	0.444	-0.109	0.142
服务管理	假设方差相等	0.273	0.602	0.726	218	0.469	0.072	0.099
	假设方差不相等			0.736	177.586	0.463	0.072	0.098
服务人员	假设方差相等	1.700	0.194	-1.029	217	0.305	-0.116	0.113
	假设方差不相等			-0.991	150.921	0.323	-0.116	0.117
信任放心	假设方差相等	2.832	0.094	-0.358	217	0.721	-0.038	0.106
	假设方差不相等			-0.335	138.496	0.738	-0.038	0.113
支持服务	假设方差相等	0.262	0.609	-0.100	218	0.921	-0.010	0.099
	假设方差不相等			-0.101	177.714	0.920	-0.010	0.098
法规服务	假设方差相等	3.190	0.075	-1.710	217	0.089	-0.187	0.109
	假设方差不相等			-1.626	144.880	0.106	-0.187	0.115
过程公平	假设方差相等	0.683	0.409	0.511	217	0.610	0.055	0.107
	假设方差不相等			0.509	168.781	0.611	0.055	0.107
准时服务	假设方差相等	0.518	0.473	-0.729	217	0.466	-0.072	0.099
	假设方差不相等			-0.707	154.402	0.480	-0.072	0.102
准确有效	假设方差相等	0.944	0.332	-0.027	218	0.979	-0.003	0.099
	假设方差不相等			-0.025	143.791	0.980	-0.003	0.105
全面可靠	假设方差相等	0.462	0.498	0.252	218	0.802	0.026	0.103
	假设方差不相等			0.243	152.647	0.808	0.026	0.107

续表

指标		方差方程的 Levene 检验		均值方程的 t 检验				
		F	Sig.	t	df	Sig.（双侧）	均值差值	标准误差值
关心帮助	假设方差相等	0.821	0.366	0.541	218	0.589	0.054	0.099
	假设方差不相等			0.560	189.238	0.576	0.054	0.096
方便找到	假设方差相等	3.070	0.081	-2.834	217	0.005	-0.296	0.105
	假设方差不相等			-2.672	141.026	0.008	-0.296	0.111
方便了解	假设方差相等	1.647	0.201	-1.971	215	0.050	-0.219	0.111
	假设方差不相等			-1.987	172.611	0.048	-0.219	0.110
表格易填	假设方差相等	1.084	0.299	-0.984	218	0.326	-0.109	0.110
	假设方差不相等			-1.002	180.428	0.318	-0.109	0.108
方便快捷	假设方差相等	0.730	0.394	-1.749	218	0.082	-0.171	0.098
	假设方差不相等			-1.689	152.245	0.093	-0.171	0.101
提供时间	假设方差相等	1.170	0.281	-2.230	217	0.027	-0.260	0.117
	假设方差不相等			-2.105	141.418	0.037	-0.260	0.123
及时服务	假设方差相等	3.349	0.069	-1.646	217	0.101	-0.174	0.106
	假设方差不相等			-1.565	144.884	0.120	-0.174	0.111
热情帮助	假设方差相等	3.573	0.060	-1.146	218	0.253	-0.127	0.111
	假设方差不相等			-1.079	140.570	0.282	-0.127	0.118
及时答复	假设方差相等	4.382	0.037	-2.549	217	0.011	-0.284	0.111
	假设方差不相等			-2.351	131.128	0.020	-0.284	0.121
用户个性	假设方差相等	1.775	0.184	0.272	217	0.786	0.032	0.118
	假设方差不相等			0.264	154.942	0.792	0.032	0.122
主动了解	假设方差相等	5.730	0.018	-1.418	218	0.158	-0.168	0.118
	假设方差不相等			-1.296	127.625	0.197	-0.168	0.130
时空个性	假设方差相等	0.538	0.464	0.047	218	0.962	0.005	0.116
	假设方差不相等			0.046	156.511	0.963	0.005	0.119
总体满意	假设方差相等	0.511	0.476	-1.947	218	0.053	-0.170	0.087
	假设方差不相等			-1.923	163.781	0.056	-0.170	0.088

提升公众感知公共文化
服务质量的对策研究

7.1 提升公众感知公共文化服务质量的对策研究

7.1.1 公众感知公共文化服务质量状况

根据前述章节中公众对公共文化服务质量的感知评价、不同服务群体公共文化服务选择与感知服务质量差异分析，以及最新的调研，可获知公众感知公共文化服务质量状况。

（1）公众感知公共文化服务质量状况

前述评价数据按均值排序的描述性统计分析如表 7 - 1 所示，可知公共文化服务质量除内容健康与服务可靠两个指标属较符合以外，其余质量指标属一般符合与较符合之间，方便找到和及时答复两个指标低于 4.5 分，偏向一般符合；总体上评价一般，有较大的提升空间。

表7-1　　　　　　前感知公共文化服务质量评价统计

维度	指标	样本量	最小值	最大值	均值	标准差	方差
可靠性	内容健康	420	1	7	5.21	1.336	1.784
可靠性	服务可靠	420	2	7	5.06	1.230	1.512
守法性	依据政法	420	1	7	4.98	1.255	1.575
信任性	政府支持	420	1	7	4.96	1.312	1.721
可靠性	满足需要	420	2	7	4.95	1.251	1.566
信任性	用户放心	420	1	7	4.93	1.290	1.663
守法性	合理应用	420	1	7	4.92	1.299	1.688
信任性	值得信赖	420	1	7	4.91	1.258	1.582
信任性	人员礼貌	420	1	7	4.90	1.332	1.775
透明性	内容公开	420	1	7	4.86	1.331	1.771
守法性	公平公正	420	2	7	4.85	1.327	1.762
服务能力	资源丰富	420	1	7	4.83	1.265	1.600
专业性	专业服务	420	1	7	4.81	1.310	1.717
透明性	渠道公开	420	1	7	4.80	1.329	1.767
专业性	专业标准	420	1	7	4.74	1.269	1.611
实效性	找到人员	420	1	7	4.73	1.346	1.812
服务能力	先进设施	420	1	7	4.72	1.235	1.526
响应性	服务热情	420	1	7	4.72	1.348	1.816
服务能力	良好管理	420	1	7	4.71	1.281	1.641
透明性	过程透明	420	1	7	4.70	1.341	1.798
便利性	表格易填	420	1	7	4.67	1.438	2.069
响应性	准确时间	420	1	7	4.64	1.381	1.907
响应性	及时提供	420	1	7	4.61	1.266	1.603
便利性	程序方便	420	1	7	4.58	1.351	1.824
实效性	按时完成	420	1	7	4.56	1.335	1.783
服务能力	训练有素	420	1	7	4.54	1.352	1.829
实效性	提供帮助	420	1	7	4.53	1.276	1.629

续表

维度	指标	样本量	最小值	最大值	均值	标准差	方差
便利性	方便了解	420	1	7	4.53	1.353	1.830
实效性	及时答复	420	1	7	4.43	1.384	1.916
便利性	方便找到	420	1	7	4.41	1.426	2.033

9个质量评价维度中，便利性、实效性、响应性维度公众认可度较低，可靠性、守法性和信任性维度公众认可度相对较强一些，而处于中间的维度主要为服务能力、透明性和专业性指标。

其中公众对便利性的4个问项指标评分都较低，但也发现对可方便找到公共文化服务地点和服务人员、服务表格易于填写等问项指标方差较大，表示公众观点不一。可靠性指标表现较好，并且公众意见较统一。

2017年7月，为了了解最新公众感知公共文化服务质量情况，通过网络方法发布基于公众感知的公共文化服务质量评价调研表（见附录三），回收调研问卷92份，删除随意填写问卷6份，得到有效问卷86份，有效样本描述性统计如表7-2至表7-5所示。

表7-2　　　　　　　　　　性别

性别	频率	百分比	有效百分比	累积百分比
1（男）	39	45.3	45.3	45.3
2（女）	47	54.7	54.7	100.0
合计	86	100.0	100.0	

表7-3　　　　　　　　　　年龄

年龄	频率	百分比	有效百分比	累积百分比
1（20岁以下）	6	7.0	7.0	7.0
2（20~29岁）	42	48.8	48.8	55.8

年龄	频率	百分比	有效百分比	累积百分比
3（30~39岁）	13	15.1	15.1	70.9
4（40~49岁）	18	20.9	20.9	91.9
5（50~59岁）	7	8.1	8.1	100.0
合计	86	100.0	100.0	

表7-4　　　　　　　　　　　婚姻状况

婚姻状况	频率	百分比	有效百分比	累积百分比
1（已婚）	43	50.0	50.0	50.0
2（未婚）	43	50.0	50.0	100.0
合计	86	100.0	100.0	

表7-5　　　　　　　　　　　学历

学历	频率	百分比	有效百分比	累积百分比
2（初中）	1	1.2	1.2	1.2
3（高中）	3	3.5	3.5	4.7
4（大学）	67	77.9	77.9	82.6
5（研究生）	15	17.4	17.4	100.0
合计	86	100.0	100.0	

从调研样本的描述性统计可知，被调研公众主要以20岁至49岁学历在大学以上的公众为主，这可能是网络调研的特性。

从现公众感知公共文化服务质量按均值排序的描述性统计表7-6可知，内容健康、内容公开、政府支持三个指标属较符合，其余指标属一般符合与较符合之间，而专业服务、表格易填、方便了解、按时完成、良好管理、训练有素、提供帮助、及时答复等指标的均值小于4.5分，偏向一般符合；总体上评价一般，并比前一样本评价要低一些，这可能与样本主要以 20 岁至 49 岁大学研究生学历的公众为主有关，这个群体对公共文化服务的感知服务质量要求较高。

从表 7 - 6 也可看出，实效性、服务能力、便利性、专业性维度指标公众评价较低，服务质量期望较高，而可靠性、透明性、信任性和守法性维度指标公众评价相对较高，服务质量要求相对较低一些。也发现如服务能力的训练有素、良好管理，实效性的提供帮助虽然评分较低，但公众意见有一定争议。

表 7 - 6　　　　　　　现感知公共文化服务质量评价统计

维度	指标	样本量	最小值	最大值	均值	标准差
可靠性	内容健康	86	2	7	5.21	1.303
透明性	内容公开	86	2	7	5.06	1.259
信任性	政府支持	86	2	7	5.01	1.193
可靠性	服务可靠	86	2	7	4.93	1.196
透明性	渠道公开	86	2	7	4.83	1.219
专业守法性	依据政法	86	2	7	4.76	1.328
透明性	过程透明	86	1	7	4.74	1.374
专业守法性	合理应用	86	2	7	4.73	1.393
信任性	值得信赖	86	1	7	4.70	1.218
实效性	找到人员	86	1	7	4.70	1.381
信任性	用户放心	86	1	7	4.66	1.386
便利性	方便找到	86	1	7	4.66	1.325
可靠性	满足需要	86	1	7	4.65	1.396
服务能力	先进设施	86	1	7	4.57	1.443
便利性	程序方便	86	1	7	4.53	1.445
便利性	准确时间	86	1	7	4.53	1.508
专业守法性	公平公正	86	1	7	4.53	1.469
服务能力	资源丰富	86	1	7	4.51	1.326
专业守法性	专业标准	86	2	7	4.50	1.308

维度	指标	样本量	最小值	最大值	均值	标准差
专业守法性	专业服务	86	1	7	4.49	1.404
便利性	表格易填	86	1	7	4.47	1.369
便利性	方便了解	86	2	7	4.36	1.301
实效性	按时完成	86	2	7	4.36	1.292
服务能力	良好管理	86	1	7	4.34	1.468
服务能力	训练有素	86	1	7	4.31	1.574
实效性	提供帮助	86	1	7	4.21	1.440
实效性	及时答复	86	1	7	4.09	1.360

（2）不同服务群体选择公共文化服务的差异

从年龄上比较，30 岁以上服务群体更愿意听广播、看电视和地方特色文艺演出，30 岁以下的服务群体更愿意到图书馆、看电影和书籍。而 20 多岁年龄段组与 30 多岁年龄段组比较，20 多岁年龄段组更愿意到图书馆、看电影，30 多岁年龄段组更愿意到影剧院、看地方文艺演出；20 多岁年龄段组与 40 多岁年龄段组比较，20 多岁年龄组一样更愿意到图书馆、看电影，而 40 多岁年龄段组更愿意听广播、看电视和地方文艺演出；30 多岁年龄段组与 60 多岁年龄段组比较，30 多岁年龄段组更愿意到影剧院、看电影、网络信息资源、大型节会、文化遗产，60 多岁年龄段组更愿意到活动中心。

从学历上比较，发现大学以上学历组更愿意到图书馆、看电影、书籍和大型节会，大学以下学历组更愿意到活动中心、看地方特色文艺演出。

（3）不同服务群体在公共文化服务质量感知上的差异

从年龄上比较，30 岁及以上年龄段组与 30 岁以下年龄段组的服务群体在感知公共文化服务质量上无显著差异。20 岁年龄段组在及时提供服务质量上感知比 50 岁年龄段组好，或者说 50 岁年龄段组在及时提供服务质量上感知要求高一些。

从学历上比较，大学及以上组与大学以下组的服务群体在感知公共文化服务质量上无显著差异。研究生组在方便了解、找到人员、服务可靠、先进设施、资源丰富、用户放心、人员礼貌、政府支持、值得信赖、内容公开、过程透明、公平公正、专业服务等服务质量指标上感知比初中生组好，或者说初中生学历组在以上服务质量指标上要求更高一些。高中生组在表格易填、过程透明、专业标准等服务质量指标上感知比大学生组好，或者说大学生学历组在以上服务质量指标上要求更高一些。研究生组在服务热情、找到人员、用户放心、值得信赖、公平公正等服务质量指标上感知比大学生组好，或者说大学生学历组在以上服务质量指标上要求更高一些。

7.1.2 提升公众感知公共文化服务质量的对策研究

首先从公众感知公共文化服务质量状况可知，总体评价一般，特别便利性、实效性、响应性方面评价较低，在服务能力、透明性和专业性方面评价也一般，因此需大力提升公共文化服务的便利性、实效性和响应性，增强公共文化服务的服务能力、透明性和专业性。其次要依据不同服务群体对公共文化服务选择与服务质量感知的差异性，有针对性地提供高质量的公共文化服务。

（1）加大宣传优化设计提升公共文化服务的便利性

要加大对公共文化服务项目的宣传力度，多种形式、多种渠道进行推广宣传，除了对内容进行介绍以外，要重点说明服务地点、联系人、联系方式、服务程序等，努力做到让公众能方便找到公共文化服务地点和服务人员，方便了解公共文化服务和程序。要优化设计服务程序和服务表格，使公众感到方便快捷、易于填写。

（2）提高人员素质保证公共文化服务的及时实效性

公共文化服务人员的良好素质，是服务有良好响应性和实效性的保障。因此，要加强公共文化服务人员的挑选和培养，要选择品德和业务能力素质好的人员进入公共文化服务队伍，并进行公共文化服务业务和礼仪培训，保证能及时提供公共文化服务、按时完成向公众承诺的公共文化服务、对投诉及时答复，并能告诉公众提供服务的准确时间、公众需要或有困难时主动热情帮助公众。

（3）扩展设施资源加强管理提高公共文化服务能力

公共文化服务的设施和资源是否丰富，直接关系到公共文化服务的能力是否强势，因此应加强各级各类图书馆、博物馆、文化馆、活动中心、体育中心等公共文化设施和资源建设，充分利用现代化电子信息技术，建立数字化的公共文化服务设施和资源，让公众感知公共文化服务设施、资源和手段的先进性。同时要加强对设施和资源的管理，提高管理人员科学管理的能力，建立健全管理机制，合理配置和利用公共文化服务设施和资源，使公众对服务管理水平有良好感知。

（4）建立公共文化服务信息公开平台增强透明性

公众对政府在公共文化服务渠道和过程的透明性感知符合度一般，公众需要一个平台来了解政府的公共文化服务，同时也可以行使公民的监督权和知情权，这为提升政府的形象起到至关重要的作用。政府可以通过对公共文化服务信息公开平台的建设，及时向公众公开公共文化服务的渠道和过程的具体信息，让公众放心满意，同时，可以在平台上设立一些反馈通道或设立一些公众意见箱和热线，让公众可以对公共文化服务进行实时监督，也可以收集更多的公众意见，实时了解民意。

（5）建立健全有关公共文化服务标准增强专业性

专业的服务会给公众留下良好的影响，各类公共文化服务应建立健全专业服务标准，按标准提供专业的服务，这样才能让公众感知良好的服务质量。图书馆、博物馆、文化馆、活动中心等公共文化服务部门都应依据自身的服务内容和服务特点，建立专业服务标准，培训专业服务人员提高专业服务能力，从而使公共文化服务具有专业性。

（6）掌握不同群体公共文化服务选择差异提供主动服务

不同年龄、不同学历在公共文化服务类别的选择上有差异，作为不同类别的公共文化服务部门应掌握了解本部门对应的主要服务群体，调研这些服务群体的需求及对服务质量的要求，有针对性地主动为这些服务群体提供服务。如图书馆服务更多是对应 30 岁以下的、大学以上的服务群体，就应对这些群体更加主动关注了解，主动提供多种服务。而活动中心更多受到 60 多岁的、大学以下学历的服务群体的喜欢，因此活动中心就应主动为他们服务。

（7）针对不同服务群体服务质量感知差异提供个性化服务

不同服务群体，如不同年龄、不同学历服务群体在服务质量感知上会有差异，会有不同的服务质量期望，这就要求公共文化服务部门和人员掌握了解这些差异，在提供良好服务质量的同时，对期望高的服务群体应付出更多的努力，提供个性化服务。如对 50 多岁年龄段组的服务群体在及时提供服务上要特别注意个性化，不要延误时间。如初中学历服务群体在方便了解、找到人员、服务可靠、先进设施等诸多方面要求较高，需提供个性化服务，从而提高感知服务质量。

7.2 提升公众感知国家档案馆公共服务质量的对策研究

通过分析国家档案馆公共服务质量相对较弱的方面或存在的问题，以及不同服务群体之间的差异，制定提升公众感知国家档案馆公共服务质量的对策。

7.2.1 公众感知国家档案馆公共服务质量状况

首先从前述总体样本和各市县级馆用户样本的描述性统计中可获知各档案馆公共服务质量相对较弱的方面如下：

（1）总体相对较弱的服务质量指标为现代设施、多种手段、用户个性、主动了解、时空个性、方便了解。

（2）A县级馆相对较弱的指标为现代设施、丰富馆藏、用户个性、多种手段、提供时间、表格易填。

（3）B县级馆相对较弱的指标为主动了解、多种手段、用户个性、现代设施、方便找到、提供时间。

（4）C县级馆相对较弱的指标为主动了解、用户个性、现代设施、时空个性、方便找到、多种手段。

（5）D县级馆相对较弱的指标为丰富馆藏、服务人员、法规服务、服务管理、全面可靠、表格易填。

（6）市级馆相对较弱的指标为多种手段、方便了解、主动了解、及时答复、信任放心、热情帮助。

对A县级馆、B县级馆、C县级馆、D县级馆、市级馆相对较弱的指标进行统计得表7-7：

表7-7 相对较弱指标

序号	指标名	出现频率
1	多种手段	4
2	现代设施	3
3	方便找到	3
4	用户个性	3
5	主动了解	3
6	提供时间	2

序号	指标名	出现频率
7	表格易填	2
8	丰富馆藏	2
9	时空个性	1
10	服务人员	1
11	服务管理	1
12	法规服务	1
13	全面可靠	1
14	方便了解	1
15	及时答复	1
16	信任放心	1
17	热情帮助	1

从表 7-7 可知，多种手段、现代设施、方便找到、用户个性、主动了解等指标为多数馆相对较弱的指标。

其次从文字意见反馈表 7-8 也可发现一些存在的问题。

表 7-8　　　　　　　　文字意见反馈表（已删除重复意见）

序号	意见建议
1	很好
2	非常满意
3	市城建档案馆条件（包括软件、硬件）设施一般，但服务质量很好，值得作为榜样推广，特别是有位将要退休的老馆员姓张，需特别表扬
4	引进先进的服务设施，提高查阅速度，更加完善服务管理制度，提高服务能力，更好地为广大企业、机关、个人服务，提升国家档案馆的服务能力
5	扩大查阅范围
6	档案馆所在地较偏远，不方便
7	望工作人员能提供更优质的服务，馆所提供更加先进的设施

续表

序号	意见建议
8	（1）本市档案馆地理位置离市区较远，交通不是很便捷，望增加公共交通便捷性； （2）针对单位档案移交、扫描等工作，反馈材料、数据的时间较长，对单位平时正常查阅有一定的影响
9	很满意
10	总体较满意
11	应发挥国家档案馆的行政管理职能，加强对各单位档案工作的监督检查，加强法制建设，对各单位不及时移交档案，毁坏档案资料等行为，要追究相关单位负责人和经办人的法律责任
12	查阅个人档案有关手续比较麻烦，希望进一步开放
13	县档案馆服务接待量大，建议适当增加工作人员
14	热情可亲，十分满意
15	服务相当好
16	一般情况下，对国家档案馆的服务情况较满意
17	服务态度良好，工作认真
18	加强档案自动化管理
19	加强电子化设备，有利于查阅
20	目前为止，对档案馆的服务较满意，希望努力保持，进一步从以人为本的宗旨出发提高服务水平
21	满意
22	（1）态度好，业务能力要提升，信息化素质要提高；（2）电子化能力需提高；（3）制度化建设需提高；（4）可靠性高；（5）个性化可以更多一些
23	结构更趋合理一些

为获得最新公众对国家档案馆公共服务质量的评价数据，我们通过网络调研的方法向公众发放了公众感知国家档案馆公共服务质量评价问卷，回收问卷88份，删除随意填写问卷14份，获得有效问卷74份，被调研有效样本描述性统计如表7-9至表7-14所示。

表 7 – 9   性别

性别	频率	百分比	有效百分比	累积百分比
1（男）	24	32.4	32.4	32.4
2（女）	50	67.6	67.6	100.0
合计	74	100.0	100.0	

表 7 – 10   年龄

年龄	频率	百分比	有效百分比	累积百分比
1（20 岁以下）	5	6.8	6.8	6.8
2（20～29 岁）	29	39.2	39.2	45.9
3（30～39 岁）	17	23.0	23.0	68.9
4（40～49 岁）	19	25.7	25.7	94.6
5（50～59 岁）	4	5.4	5.4	100.0
合计	74	100.0	100.0	

表 7 – 11   婚姻状况

婚姻状况	频率	百分比	有效百分比	累积百分比
1（已婚）	59	79.7	79.7	79.7
2（未婚）	15	20.3	20.3	100.0
合计	74	100.0	100.0	

表 7 – 12   学历

学历	频率	百分比	有效百分比	累积百分比
1（小学）	2	2.7	2.7	2.7
2（初中）	14	18.9	18.9	21.6
3（高中）	22	29.7	29.7	51.4
4（大学）	32	43.2	43.2	94.6
5（研究生）	4	5.4	5.4	100.0
合计	74	100.0	100.0	

表7－13　　　　　　　　　　　　访问次数

次数	频率	百分比	有效百分比	累积百分比
1	39	52.7	52.7	52.7
2	14	18.9	18.9	71.6
3	13	17.6	17.6	89.2
4	8	10.8	10.8	100.0
合计	74	100.0	100.0	

表7－14　　　　　　　　　　　　访问级别

级别	频率	百分比	有效百分比	累积百分比
1（县级）	30	40.5	40.5	40.5
2（市级）	34	45.9	45.9	86.5
3（省级）	7	9.5	9.5	95.9
4（国级）	3	4.1	4.1	100.0
合计	74	100.0	100.0	

从表7－9至表7－14所示，被调研样本以女性、20岁至49岁、已婚、初中至大学学历、访问过各级档案馆的公众为主。

从公众感知国家档案馆公共服务质量统计表7－15可知，只有"准确有效"一个指标属较符合，其余指标在一般符合与较符合之间，并均大于4.5分，偏向较符合。进一步发现方便及时性维度的及时答复、方便快捷、方便了解、表格易填四个指标评分相对偏低，公众要求较高，需特别关注，另外移情性维度的用户个性、主动了解，服务能力维度的多种手段，以及方便及时性维度的方便找到等指标也需进一步加强，而公众对可靠准确性的准确有效、信任放心、全面可靠、过程公平，服务能力维度的服务管理、现代设施，方便及时性维度的及时服务等指标相对评分高一些，与前述评价相比，现代设施有所改观，可能与近年来国家档案馆加强现代设施建设有关。总体上公众对方便及时性、移情性和服务能力的多种手段有较高的服务质量期望。

表 7 – 15　　　　　　　感知国家档案馆公共服务质量统计

维度	指标	样本量	最大值	最小值	均值	标准差
可靠准确性	准确有效	74	1	7	5.09	1.367
可靠准确性	信任放心	74	1	7	4.97	1.385
服务能力	服务管理	74	1	7	4.89	1.320
可靠准确性	全面可靠	74	1	7	4.89	1.439
可靠准确性	过程公平	74	1	7	4.88	1.498
服务能力	现代设施	74	1	7	4.88	1.498
方便及时性	及时服务	74	1	7	4.88	1.452
服务能力	准时服务	74	1	7	4.85	1.341
移情性	时空个性	74	1	7	4.82	1.484
可靠准确性	关心帮助	74	1	7	4.82	1.398
服务能力	丰富馆藏	74	1	7	4.81	1.392
方便及时性	方便找到	74	1	7	4.74	1.355
服务能力	多种手段	74	1	7	4.73	1.555
移情性	主动了解	74	1	7	4.69	1.452
移情性	用户个性	74	1	7	4.69	1.498
方便及时性	表格易填	74	1	7	4.68	1.415
方便及时性	方便了解	74	1	7	4.64	1.593
方便及时性	方便快捷	74	1	7	4.64	1.522
方便及时性	及时答复	74	1	7	4.58	1.499

7.2.2　不同服务群体对感知服务质量的差异分析

从前述内容可知，不同服务群体对感知服务质量具有差异，高学历用户对多种手段、表格易填、及时服务、及时答复及总体满意度上期望较高；20 岁年龄段组用户对服务质量要求在许多方面高于 30 岁及以上年龄段组用户，与 40 岁年龄段组相比，在现代设施、多种手段、方便找到、方便快捷、及时服务、总体满意等服务质量上有较高要求；未婚用户在服务人员、法规服务、准时服务、方便找到、方便了解、方便快捷、及时服务、及时答复、总体满意等方面服务质量要求高于已婚组；多次访问用户对现代设施的服务质量期望要高于第一次访问用户。

单位用户对多种手段、方便快捷方面服务质量期望要求高于个人用户；工作查考用户在多种手段、总体满意服务质量方面期望高于出具证明用户；其他服务方式用户对表格易填的服务质量期望高于现场服务方式用户；其他服务内容用户比档案查阅用户对方便找到、提供时间、及时答复服务质量期望要求高。

7.2.3　提升公众感知国家档案馆公共服务质量的对策

通过对上述公众感知国家档案馆公共服务质量相对较弱的指标和存在问题，以及不同服务群体服务质量期望差异的分析，提出以下对策建议。

（1）加强档案馆服务宣传，方便公众了解服务

要利用各种宣传媒介加强宣传档案馆公共服务内容，包括报纸、电台、电视、各种各类印刷品等传统媒体，各类政府、企事业单位门户网站，博客、微信公众号等新媒体，使公众用户可方便了解到档案服务程序，同时也要利用好各种传统和新兴媒体及时答复投诉或留言，特别可以通过各种现代网络即时通讯工具，如 QQ、微信快速答复，也可通过邮件或留言板及时回复解决问题。

（2）选择方便的地点时间，提供合适便利服务

国家档案馆作为一个公共服务的场所，需选择方便公众的地点和开放时间，以便公众用户在方便的时间方便找到，如果由于种种

原因地点并不方便，应想办法在方便的异地开设窗口通过网络进行档案查阅等服务。同时国家档案馆应优化服务表格和服务程序的设计，使公众感知服务表格易于填写、服务程序方便快捷，从而提高感知服务质量。

（3）主动了解公众的需求，提供个性化的服务

不同服务群体有不同服务需求，也有不同的服务质量期望，因此档案馆应主动了解不同服务群体的需求与服务质量期望，提供个性化的服务，满足公众的需要。如高学历用户对是否提供多种手段、是否能及时服务、是否能及时答复上期望较高，档案馆应有针对性地提供个性化服务；而20岁年龄段组用户在现代设施、多种手段、方便找到等多方面有较高要求，应在条件允许的情况下尽量满足。

（4）加强现代化设施建设，提供多种服务手段

虽然近年来国家档案馆在新馆建设和现代化设施建设方面有许多投入，档案馆及其设施有较大改进，但随着社会的进步，公众要求的提高，仍要进一步利用现代网络信息技术，加强现代化档案服务设施的建设，加大数字档案馆建设力度，提供现场、来电来函、有线与无线网络、PC和手机等各种终端、各种手段进行档案、资料查阅，让公众感知档案馆强大的服务能力。

（5）丰富合理的馆藏档案，提供优质档案服务

国家档案馆是否能满足公众感知服务质量的需求，拥有丰富的结构合理的馆藏档案是必要条件。因此，加快构建丰富优质、结构多元、门类齐全、载体多样的馆藏档案资源体系势在必行，并在互联网时代，特别要关注数字档案资源的建设，关注利用现代信息技术进行档案的智能化管理和网络化利用，推出数字化档案服务和产品，从而提供优质的国家档案馆公共服务。

（6）做好档案移交与收录，缩短档案备查时间

国家档案馆的档案资源大部分来自于各级各类企事业单位，因

此要依法开展好档案移交进馆工作，确保应进馆的各类档案及时接收进馆，及时做好档案扫描、电子化等工作，缩短档案收录备查时间。对于依法应移交档案馆的企事业等单位档案资料，应及时移交，并组织人力尽快进行收录处理，及时提供相关档案给公众查阅。

基于公众感知的国家档案馆公共服务质量评价是一个新兴的课题，对它进行了初步的探索，构建了评价指标体系，分析了各类服务群体之间对感知服务质量的差异，也分析了国家档案馆公众感知服务质量相对较弱的方面和存在的问题，并提出了相应对策。研究过程中，最困难的是获取真实的评价数据，在各级档案馆同志的努力下，获取了足量的有效样本数据，在此对各位同志深表感谢。本研究取得的结果是初步的、有待进一步改进，愿与其他有兴趣的研究者共同完善基于公众感知的国家档案馆公共服务质量评价体系，为提升国家档案馆公共服务质量出一份力。

附录1 关于政府公共文化服务质量维度（指标）重要性调研

您好！首先感谢您在百忙中阅读本问卷。本课题组正在进行一项关于《基于公众感知的政府公共文化服务质量评价》的研究。目的在于探究基于公众感知的政府公共文化服务质量评价指标，以及公众对政府公共文化服务质量的期望，以便向政府公共文化部门提出建议，更好地为公众服务。本次调研纯属学术研究。再次感谢您的支持！

一、您的基本信息

单位：_____ 职业/职位：

学历：□小学 □初中 □高中 □大学 □研究生

职称：□初级 □中级 □高级 □无

性别：□男 □女 年龄：_____

婚姻状况：□是 □否

电话：_____ E-mail：

二、您经常接受的公共文化服务类别（每个大类限选三个，并请排序后在□上写上序号）

1. 服务设施类别：□图书馆 □博物馆（纪念馆）

□文化馆（群艺馆、美术馆、音乐馆）

□活动中心（青少年、老年活动中心）

□影剧院（大会堂）

□公园、文物自然遗产保护地

□其他：

2. 服务产品类别1：□广播　□电视　□电影　□书籍
　　　　　　　　□报纸杂志　□网络信息资源
　　　　　　　　□其他：

3. 服务产品类别2：□大型节会　□群众性文化活动
　　　　　　　　□地方特色文艺演出　□文化遗产
　　　　　　　　□其他：

三、您对表中公共服务质量维度（指标）重要性的判断

填写说明：请根据自己判断在表中相应分值上打勾，其中分值的含义：

1：不重要，2：不太重要，3：有些重要，4：一般重要，5：较重要，6：重要，7：很重要。

序号	指标	重要性						
1	便利性							
1.1	可方便找到服务地点或服务人员	1	2	3	4	5	6	7
1.2	可方便了解到服务程序和服务要求	1	2	3	4	5	6	7
1.3	服务表格易于填写	1	2	3	4	5	6	7
1.4	服务程序方便快捷	1	2	3	4	5	6	7
2	响应性							
2.1	能告诉用户提供服务的准确时间	1	2	3	4	5	6	7
2.2	能提供及时的服务	1	2	3	4	5	6	7
2.3	服务主动热情，愿意帮助用户	1	2	3	4	5	6	7
2.4	服务态度平和，耐心帮助用户	1	2	3	4	5	6	7
3	透明性							
3.1	服务过程是透明的	1	2	3	4	5	6	7
3.2	服务结果是公开的	1	2	3	4	5	6	7
3.3	服务渠道是公开的	1	2	3	4	5	6	7
3.4	可通过电话、网络等方式提供服务	1	2	3	4	5	6	7

续表

序号	指标	重要性 →						
4	守法性							
4.1	服务人员依据政策法规提供服务	1	2	3	4	5	6	7
4.2	服务过程和结果是公平公正的	1	2	3	4	5	6	7
4.3	应用政策法规时，结合实际灵活应用	1	2	3	4	5	6	7
5	实效性和有用性							
5.1	服务人员能及时找到用户需要的信息资料等	1	2	3	4	5	6	7
5.2	投诉或留言能得到及时解决或答复	1	2	3	4	5	6	7
5.3	查到的信息资料等有效用	1	2	3	4	5	6	7
5.4	工作时间内能找到服务人员	1	2	3	4	5	6	7
6	专业性和标准性							
6.1	有专业服务标准	1	2	3	4	5	6	7
6.2	服务人员提供专业标准的服务	1	2	3	4	5	6	7
7	有形性							
7.1	服务大厅宽敞明亮舒适	1	2	3	4	5	6	7
7.2	有现代化的服务设施，具有吸引力	1	2	3	4	5	6	7
7.3	服务人员有整洁的服装和外表	1	2	3	4	5	6	7
7.4	服务设施与所提供的服务相匹配	1	2	3	4	5	6	7
8	可靠性和准确性							
8.1	向用户承诺的事情都能及时完成	1	2	3	4	5	6	7
8.2	用户遇到困难时，能表现出关心并提供帮助	1	2	3	4	5	6	7
8.3	提供的信息资料是准确可靠的	1	2	3	4	5	6	7
8.4	准确记录相关的服务	1	2	3	4	5	6	7
9	服务能力							
9.1	服务资源丰富和结构合理	1	2	3	4	5	6	7
9.2	查阅信息资料的设施和手段先进	1	2	3	4	5	6	7
9.3	服务人员的信息素养	1	2	3	4	5	6	7

续表

序号	指标	重要性 →						
9.4	服务管理水平	1	2	3	4	5	6	7
10	信任性和保证性							
10.1	服务人员是值得信赖的	1	2	3	4	5	6	7
10.2	提供的服务用户感到放心	1	2	3	4	5	6	7
10.3	服务人员是有礼貌的	1	2	3	4	5	6	7
10.4	服务人员得到政府支持，能提供好的服务	1	2	3	4	5	6	7
11	移情性							
11.1	会针对不同的用户提供个性化服务	1	2	3	4	5	6	7
11.2	会了解用户的需求	1	2	3	4	5	6	7
11.3	服务方式能满足个性化需求	1	2	3	4	5	6	7
11.4	服务时间能满足个性化需求	1	2	3	4	5	6	7
		1	2	3	4	5	6	7
		1	2	3	4	5	6	7
		1	2	3	4	5	6	7
		1	2	3	4	5	6	7

注：如果您认为还有其他指标请增加在空白格子中。

四、您对政府公共文化服务的服务需求、服务期望和服务建议有哪些？

附录2 关于政府公共文化服务质量的调研（初始表）

　　您好！首先感谢您在百忙中阅读本问卷。本课题组正在进行一项关于《基于公众感知的政府公共文化服务质量评价》的研究。目的在于探究基于公众感知的政府公共文化服务质量评价指标，以及公众对政府公共文化服务质量的期望，以便向政府公共文化部门提出建议，更好地为公众服务。本次调研纯属学术研究。再次感谢您的支持！

一、您的基本信息

单位：_____　　职业/职位：

学历：□小学　□初中　□高中　□大学　□研究生

性别：□男　□女

年龄：_____　　婚姻状况：□是　□否

E-mail：

二、您经常接受的公共文化服务类别

1. 服务设施类别：□图书馆　□博物馆（纪念馆）

　　　　　　　　□文化馆（群艺馆、美术馆、音乐馆）

　　　　　　　　□活动中心（青少年、老年活动中心）

　　　　　　　　□影剧院（大会堂）

　　　　　　　　□公园、文物自然遗产保护地

　　　　　　　　□其他：

2. 服务产品类别1：□广播　□电视　□电影　□书籍

　　　　　　　　□报纸杂志　□网络信息资源

□其他：

3. 服务产品类别2：□大型节会　□群众性文化活动

　　　　　　　　□地方特色文艺演出　□文化遗产

　　　　　　　　□其他：

三、您对表中公共文化服务质量符合性的判断

填写说明：请根据自己对现有公共文化服务质量的判断在表中相应分值上打勾，其中分值的含义：

1：很不符合，2：不符合，3：不太符合，4：一般符合，5：较符合，6：符合，7：很符合。

序号	指标	符合性 →						
1	便利性							
1.1	可方便找到公共文化服务地点和服务人员	1	2	3	4	5	6	7
1.2	可方便了解到公共文化服务程序	1	2	3	4	5	6	7
1.3	服务程序方便快捷	1	2	3	4	5	6	7
1.4	服务表格易于填写	1	2	3	4	5	6	7
2	响应性							
2.1	能提供及时的公共文化服务	1	2	3	4	5	6	7
2.2	能告诉用户提供服务的准确时间	1	2	3	4	5	6	7
2.3	服务主动热情，愿意帮助公众	1	2	3	4	5	6	7
3	实效性							
3.1	公共文化服务投诉能得到及时答复	1	2	3	4	5	6	7
3.2	公众遇到服务困难时，能关心并提供帮助	1	2	3	4	5	6	7
3.3	向公众承诺的公共文化服务能按时完成	1	2	3	4	5	6	7
3.4	工作时间内能找到公共文化服务人员	1	2	3	4	5	6	7
4	可靠性							
4.1	提供的公共文化服务内容是健康的	1	2	3	4	5	6	7
4.2	提供的公共文化服务能满足公众的需要	1	2	3	4	5	6	7

续表

序号	指标	符合性						
4.3	提供的公共文化服务是可靠的	1	2	3	4	5	6	7
5	服务能力							
5.1	具有训练有素的公共文化服务人员	1	2	3	4	5	6	7
5.2	具有先进的公共文化服务设施和手段	1	2	3	4	5	6	7
5.3	具有良好的公共文化服务管理水平	1	2	3	4	5	6	7
5.4	公共文化服务资源丰富、结构合理	1	2	3	4	5	6	7
6	信任性							
6.1	提供的公共文化服务用户感到放心	1	2	3	4	5	6	7
6.2	公共文化服务人员是有礼貌的	1	2	3	4	5	6	7
6.3	公共文化服务人员得到政府支持	1	2	3	4	5	6	7
6.4	公共文化服务过程值得信赖	1	2	3	4	5	6	7
7	透明性							
7.1	公共文化服务渠道是公开的	1	2	3	4	5	6	7
7.2	公共文化服务时间地点内容信息是公开的	1	2	3	4	5	6	7
7.3	服务过程是透明的	1	2	3	4	5	6	7
8	守法性							
8.1	公共文化服务人员能依据政策法规提供服务	1	2	3	4	5	6	7
8.2	能合理应用政策法规	1	2	3	4	5	6	7
8.3	服务过程是公平公正的	1	2	3	4	5	6	7
9	专业性							
9.1	公共文化服务有专业服务标准	1	2	3	4	5	6	7
9.2	公共文化服务人员能提供专业的服务	1	2	3	4	5	6	7
		1	2	3	4	5	6	7
		1	2	3	4	5	6	7
		1	2	3	4	5	6	7
		1	2	3	4	5	6	7

注：如果您认为还有其他指标请增加在空白格子中。

四、您对政府公共文化服务的服务需求、服务期望和服务建议有哪些？

附录3　关于政府公共文化服务质量的调研（修正表）

　　您好！首先感谢您在百忙中阅读本问卷。本课题组正在进行一项关于《基于公众感知的政府公共文化服务质量评价》的研究。目的在于探究基于公众感知的政府公共文化服务质量评价指标，以及公众对政府公共文化服务质量的期望，以便向政府公共文化部门提出建议，更好地为公众服务。本次调研纯属学术研究。再次感谢您的支持！

一、您的基本信息

单位：_____　　职业/职位：

学历：□小学　□初中　□高中　□大学　□研究生

性别：□男　□女

年龄：_____　　婚姻状况：□是　□否

二、您经常接受的公共文化服务类别

1. 服务设施类别：□图书馆　□博物馆（纪念馆）

　　　　　　　　□文化馆（群艺馆、美术馆、音乐馆）

　　　　　　　　□活动中心（青少年、老年活动中心）

　　　　　　　　□影剧院（大会堂）

　　　　　　　　□公园、文物自然遗产保护地

　　　　　　　　□其他：

2. 服务产品类别1：□广播　□电视　□电影　□书籍

　　　　　　　　　□报纸杂志　□网络信息资源

　　　　　　　　　□其他：

3. 服务产品类别2：□大型节会　□群众性文化活动
　　　　　　　　　□地方特色文艺演出　□文化遗产
　　　　　　　　　□其他：

三、您对表中公共文化服务质量符合性的判断

填写说明：请根据自己对现有公共文化服务质量的判断在表中相应分值上打勾，其中分值的含义：

1：很不符合，2：不符合，3：不太符合，4：一般符合，5：较符合，6：符合，7：很符合。

序号	指标	符合性 →						
1	便利性							
1.1	可方便找到公共文化服务地点	1	2	3	4	5	6	7
1.2	可方便了解到公共文化服务程序	1	2	3	4	5	6	7
1.3	服务表格易于填写	1	2	3	4	5	6	7
1.4	服务程序方便快捷	1	2	3	4	5	6	7
1.5	能告诉用户提供服务的准确时间	1	2	3	4	5	6	7
2	实效性							
2.1	公共文化服务投诉能得到及时答复	1	2	3	4	5	6	7
2.2	向公众承诺的公共文化服务能按时完成	1	2	3	4	5	6	7
2.3	公众遇到服务困难时，能关心并提供帮助	1	2	3	4	5	6	7
2.4	工作时间内能找到公共文化服务人员	1	2	3	4	5	6	7
3	服务能力							
3.1	具有先进的公共文化服务设施和手段	1	2	3	4	5	6	7
3.2	具有训练有素的公共文化服务人员	1	2	3	4	5	6	7
3.3	公共文化服务资源丰富、结构合理	1	2	3	4	5	6	7
3.4	具有良好的公共文化服务管理水平	1	2	3	4	5	6	7
4	专业守法性							
4.1	公共文化服务人员能提供专业的服务	1	2	3	4	5	6	7

续表

序号	指标	符合性						
4.2	公共文化服务有专业服务标准	1	2	3	4	5	6	7
4.3	公共文化服务人员能依据政策法规提供服务	1	2	3	4	5	6	7
4.4	服务过程是公平公正的	1	2	3	4	5	6	7
4.5	能合理应用政策法规	1	2	3	4	5	6	7
5	可靠性							
5.1	提供的公共文化服务内容是健康的	1	2	3	4	5	6	7
5.2	提供的公共文化服务是可靠的	1	2	3	4	5	6	7
5.3	提供的公共文化服务能满足公众的需要	1	2	3	4	5	6	7
6	透明性							
6.1	公共文化服务时间地点内容信息是公开的	1	2	3	4	5	6	7
6.2	公共文化服务渠道是公开的	1	2	3	4	5	6	7
6.3	服务过程是透明的	1	2	3	4	5	6	7
7	信任性							
7.1	公共文化服务人员得到政府支持	1	2	3	4	5	6	7
7.3	公共文化服务过程值得信赖	1	2	3	4	5	6	7
7.4	提供的公共文化服务用户感到放心	1	2	3	4	5	6	7
		1	2	3	4	5	6	7
		1	2	3	4	5	6	7
		1	2	3	4	5	6	7
		1	2	3	4	5	6	7

注：如果您认为还有其他指标请增加在空白格子中。

四、您对政府公共文化服务的服务需求、服务期望和服务建议有哪些？

附录4 关于国家档案馆公共服务质量维度（指标）重要性调研

您好！首先感谢您在百忙中阅读本问卷。本课题组正在进行一项关于《基于公众感知的国家档案馆公共服务质量评价》的研究。目的在于探究基于公众感知的国家档案馆公共服务质量评价指标，以及公众对国家档案馆公共服务质量的期望，以便向国家档案馆提出建议，更好地为公众服务。本次调研纯属学术研究。再次感谢您的支持！

一、您的基本信息

单位：＿＿＿＿＿＿＿＿＿＿＿＿　　职业/职位：

学历：□小学　　□初中　　□高中　　□大学　　□研究生

职称：□初级　　□中级　　□高级　　□无

性别：□男　　　□女　　　　年龄：＿＿＿＿＿＿＿＿＿

婚姻状况：□是　　□否　　　电话：＿＿＿＿＿＿＿＿＿

E-mail：＿＿＿＿＿＿＿＿＿＿＿＿

二、您的服务类别（请在□上打勾）

1. 服务主体类别：□单位用户　　□个人用户

2. 服务用途类别：□编史修志　　□工作查考　　□学术研究

　　　　　　　　　□宣传教育　　□出具证明　　□其他：

3. 服务方式类别：□现场服务　　□电话或传真服务

　　　　　　　　　□来函服务　　□网络服务　　□其他：

4. 服务内容类别：□档案查阅　　□文件查阅

　　　　　　　　　□资料查阅　　□口头或书面咨询

　　　　　　　　　□其他：

三、您对表中公共服务质量维度（指标）重要性的判断

填写说明：请根据自己判断在表中相应分值上打勾，其中分值的含义：

1：很不重要，2：不重要，3：不太重要，4：一般，5：较重要，6：重要，7：很重要。

序号	指标	重要性 →						
1	便利性							
1.1	可方便找到国家档案馆地点或服务人员	1	2	3	4	5	6	7
1.2	可方便了解到服务程序和服务要求	1	2	3	4	5	6	7
1.3	服务表格易于填写	1	2	3	4	5	6	7
1.4	服务程序方便快捷	1	2	3	4	5	6	7
2	响应性							
2.1	能告诉用户提供服务的准确时间	1	2	3	4	5	6	7
2.2	能提供及时的服务	1	2	3	4	5	6	7
2.3	服务主动热情，愿意帮助用户	1	2	3	4	5	6	7
2.4	服务态度平和，耐心帮助用户	1	2	3	4	5	6	7
3	透明性							
3.1	服务过程是透明的	1	2	3	4	5	6	7
3.2	服务结果是公开的	1	2	3	4	5	6	7
3.3	服务渠道是公开的	1	2	3	4	5	6	7
3.4	可通过电话、网络等方式提供服务	1	2	3	4	5	6	7
4	守法性							
4.1	服务人员依据政策法规提供服务	1	2	3	4	5	6	7
4.2	服务过程和结果是公平公正的	1	2	3	4	5	6	7
4.3	应用政策法规时，结合实际灵活应用	1	2	3	4	5	6	7
5	实效性和有用性							
5.1	服务人员能及时找到用户的档案资料文件等	1	2	3	4	5	6	7

序号	指标	重要性						
5.2	投诉或留言能得到及时解决或答复	1	2	3	4	5	6	7
5.3	查到的档案资料文件等有效用	1	2	3	4	5	6	7
5.4	工作时间内能找到服务人员	1	2	3	4	5	6	7
6	专业性和标准性							
6.1	有专业服务标准	1	2	3	4	5	6	7
6.2	服务人员提供专业标准的服务	1	2	3	4	5	6	7
7	有形性							
7.1	档案馆服务大厅宽敞明亮舒适	1	2	3	4	5	6	7
7.2	档案馆有现代化的服务设施，具有吸引力	1	2	3	4	5	6	7
7.3	服务人员有整洁的服装和外表	1	2	3	4	5	6	7
7.4	服务设施与所提供的服务相匹配	1	2	3	4	5	6	7
8	可靠性和准确性							
8.1	档案馆向用户承诺的事情都能及时完成	1	2	3	4	5	6	7
8.2	用户遇到困难时，能表现出关心并提供帮助	1	2	3	4	5	6	7
8.3	提供的档案资料文件证明是准确可靠的	1	2	3	4	5	6	7
8.4	准确记录相关的服务	1	2	3	4	5	6	7
9	服务能力							
9.1	馆藏资源和结构	1	2	3	4	5	6	7
9.2	查阅档案资料文件的设施和手段	1	2	3	4	5	6	7
9.3	服务人员的信息素养	1	2	3	4	5	6	7
9.4	档案馆服务管理水平	1	2	3	4	5	6	7
10	信任性和保证性							
10.1	服务人员是值得信赖的	1	2	3	4	5	6	7
10.2	提供的服务用户感到放心	1	2	3	4	5	6	7
10.3	服务人员是有礼貌的	1	2	3	4	5	6	7
10.4	服务人员得到档案馆支持，以提供好的服务	1	2	3	4	5	6	7

序号	指标	重要性 →						
11	移情性							
11.1	会针对不同的用户提供个性化服务	1	2	3	4	5	6	7
11.2	会了解用户的需求	1	2	3	4	5	6	7
11.3	服务方式能满足个性化需求	1	2	3	4	5	6	7
11.4	服务时间能满足个性化需求	1	2	3	4	5	6	7
		1	2	3	4	5	6	7
		1	2	3	4	5	6	7
		1	2	3	4	5	6	7
		1	2	3	4	5	6	7

注：如果您认为还有其他指标请增加在空白格子中。

四、您对国家档案馆的服务需求、服务期望和服务建议有哪些？

附录5 基于公众感知的国家档案馆公共服务质量调研表（初始表）

您好！首先感谢您在百忙中阅读本问卷。本课题组正在进行一项关于《基于公众感知的国家档案馆公共服务质量评价》的研究。目的在于探究基于公众感知的国家档案馆公共服务质量评价指标，以及公众对国家档案馆公共服务质量的期望，以便向国家档案馆提出建议，更好地为公众服务。本次调研纯属学术研究，不进行个案分析，请您如实填写。再次感谢您的支持！

一、您的基本信息

单位：＿＿＿＿＿＿＿＿＿＿　　职业/职位：

学历：□小学　□初中　□高中　□大学　□研究生

职称：□初级　□中级　□高级　□无

性别：□男　□女　　　　年龄：＿＿＿＿＿＿＿＿＿＿

婚姻状况：□是　□否　　　访问档案馆次数：＿＿＿＿

级别：□市级□县级□省级　E-mail：＿＿＿＿＿＿（可选）

二、您的服务类别（请在□上打勾）

1. 服务主体类别：□单位用户　□个人用户

2. 服务用途类别：□编史修志　□工作查考　□学术研究
　　　　　　　　　□宣传教育　□出具证明　□其他：

3. 服务方式类别：□现场服务　□电话或传真服务
　　　　　　　　　□来函服务　□网络服务　□展厅展示
　　　　　　　　　□数据提供　□其他：

4. 服务内容类别：□档案查阅　□文件查阅　□资料查阅
　　　　　　　　　□口头或书面咨询　□其他：

三、您对档案馆公共服务质量的符合性判断

填写说明：请根据自己判断在表中相应分值上打勾，其中分值的含义：

1：很不同意，2：不同意，3：不太同意，4：一般，5：较同意，6：同意，7：很同意。

序号	指标	符合性 →						
1	服务能力							
1.1	有丰富和合理的馆藏资源	1	2	3	4	5	6	7
1.2	有现代化的服务设施进行档案、资料查阅	1	2	3	4	5	6	7
1.3	有现场、来电来函、网络等多种服务手段	1	2	3	4	5	6	7
1.4	有完善的服务管理制度和服务指南	1	2	3	4	5	6	7
1.5	有训练有素的服务人员	1	2	3	4	5	6	7
2	信任保证性							
2.1	服务人员是值得信赖的，使用户感到放心	1	2	3	4	5	6	7
2.2	服务人员得到档案馆支持，能提供好的服务	1	2	3	4	5	6	7
2.3	服务人员能依据政策法规提供服务	1	2	3	4	5	6	7
2.4	服务过程和结果是公平公正的	1	2	3	4	5	6	7
3	准确可靠性							
3.1	能准时提供服务	1	2	3	4	5	6	7
3.2	提供的档案、资料准确有效	1	2	3	4	5	6	7
3.3	提供的档案、资料全面可靠	1	2	3	4	5	6	7
3.4	用户遇到困难时，能表现出关心并提供帮助	1	2	3	4	5	6	7
4	便利性							
4.1	可方便找到档案馆和服务人员	1	2	3	4	5	6	7
4.2	可方便了解到服务程序和服务要求	1	2	3	4	5	6	7
4.3	设计的服务表格易于填写	1	2	3	4	5	6	7
4.4	服务程序方便快捷	1	2	3	4	5	6	7

序号	指标	符合性						
5	响应性							
5.1	能告诉用户提供服务的准确时间	1	2	3	4	5	6	7
5.2	能及时提供服务，找到相关档案资料等	1	2	3	4	5	6	7
5.3	服务主动热情、态度和蔼，能耐心帮助用户	1	2	3	4	5	6	7
5.4	投诉或留言能得到及时解决或答复	1	2	3	4	5	6	7
6	移情性							
6.1	会针对不同的用户提供个性化服务	1	2	3	4	5	6	7
6.2	会主动了解用户的需求	1	2	3	4	5	6	7
6.3	服务时间和空间能满足用户个性化需求	1	2	3	4	5	6	7
7	服务总体满意（需填）							
		1	2	3	4	5	6	7
		1	2	3	4	5	6	7
		1	2	3	4	5	6	7
		1	2	3	4	5	6	7

注：如果您认为还有其他指标请增加在空白格子中。

四、您对国家档案馆的服务需求、服务期望和服务建议有哪些？

附录6 基于公众感知的国家档案馆公共服务质量调研表（修正表）

　　您好！首先感谢您在百忙中阅读本问卷。本课题组正在进行一项关于《基于公众感知的国家档案馆公共服务质量评价》的研究。目的在于探究基于公众感知的国家档案馆公共服务质量评价指标，以及公众对国家档案馆公共服务质量的期望，以便向国家档案馆提出建议，更好地为公众服务。本次调研纯属学术研究，不进行个案分析，请您如实填写。再次感谢您的支持！

一、您的基本信息

单位：_____　　职业/职位：_____

学历：□小学　□初中　□高中　□大学　□研究生

职称：□初级　□中级　□高级　□无

性别：□男　□女　　　　年龄：_____

婚姻状况：□是　□否　　　访问档案馆次数：_____

级别：□市级□县级□省级　E-mail：_____（可选）

二、您的服务类别（请在□上打勾）

1. 服务主体类别：□单位用户　□个人用户

2. 服务用途类别：□编史修志　□工作查考　□学术研究
　　　　　　　　　□宣传教育　□出具证明　□其他：

3. 服务方式类别：□现场服务　□电话或传真服务
　　　　　　　　　□来函服务　□网络服务　□展厅展示
　　　　　　　　　□数据提供　□其他：

4. 服务内容类别：□档案查阅　□文件查阅　□资料查阅
　　　　　　　　　□口头或书面咨询　□其他：

三、您对档案馆公共服务质量的符合性判断

填写说明：请根据自己判断在表中相应分值上打勾，其中分值的含义：

1：很不同意，2：不同意，3：不太同意，4：一般，5：较同意，6：同意，7：很同意。

序号	指标	符合性						
1	方便及时性							
1.1	可方便了解到服务程序和服务要求	1	2	3	4	5	6	7
1.2	可方便找到档案馆和服务人员	1	2	3	4	5	6	7
1.3	设计的服务表格易于填写	1	2	3	4	5	6	7
1.4	服务程序方便快捷	1	2	3	4	5	6	7
1.5	能及时提供服务，找到相关档案资料等	1	2	3	4	5	6	7
1.6	投诉或留言能得到及时解决或答复	1	2	3	4	5	6	7
2	可靠准确性							
2.1	提供的档案、资料全面可靠	1	2	3	4	5	6	7
2.2	服务人员是值得信赖的，使用户感到放心	1	2	3	4	5	6	7
2.3	服务过程和结果是公平公正的	1	2	3	4	5	6	7
2.4	用户遇到困难时，能表现出关心并提供帮助	1	2	3	4	5	6	7
2.5	提供的档案、资料准确有效	1	2	3	4	5	6	7
3	服务能力							
3.1	有现代化的服务设施进行档案、资料查阅	1	2	3	4	5	6	7
3.2	有现场、来电来函、网络等多种服务手段	1	2	3	4	5	6	7
3.3	有完善的服务管理制度和服务指南	1	2	3	4	5	6	7
3.4	有丰富和合理的馆藏资源	1	2	3	4	5	6	7
3.5	能准时提供服务	1	2	3	4	5	6	7
4	移情性							
4.1	会针对不同的用户提供个性化服务	1	2	3	4	5	6	7

续表

序号	指标	符合性						
4.2	会主动了解用户的需求	1	2	3	4	5	6	7
4.3	服务时间和空间能满足用户个性化需求	1	2	3	4	5	6	7
5	服务总体满意（需填）							
		1	2	3	4	5	6	7
		1	2	3	4	5	6	7
		1	2	3	4	5	6	7
		1	2	3	4	5	6	7

注：如果您认为还有其他指标请增加在空白格子中。

四、您对国家档案馆的服务需求、服务期望和服务建议有哪些?

后　　记

　　随着政府职能的转变，公共文化服务越来越得到重视，在文化部"十三五"时期文化发展改革规划中的发展目标之一是：到2020年，现代公共文化服务体系基本建成；主要指标包括县级公共图书馆、文化馆和乡镇（街道）综合文化站设施建设基本达标，基本实现每个行政村（社区）都建有综合性文化服务中心，贫困地区县县有流动文化车；全国公共图书馆年流通人次达到8亿，文化馆（站）年服务人次达到8亿，博物馆年服务人次达到8亿等。全国档案事业发展"十三五"规划纲要中也提出：到2020年，要实现档案资源多样化、档案利用便捷化、档案管理信息化、档案队伍专业化等目标，努力提高档案馆公共服务的用户满意度。

　　也许是因为笔者本科学的是数学，后来又学了计算机、教了信息管理课程，又因为身在浙江绍兴，还研究了纺织行业的文化创意产业，因此便与文化、档案信息资源有了一定的联系，在2012年成功申报了浙江省社科联课题"基于公众感知的政府公共文化服务质量评价研究"和浙江省档案局课题"基于公众感知的国家档案馆公共服务质量评价研究"，这样就从2012年开始，连续几年进行了相关理论研究与实际的调研，在浙江档案等杂志上发表了"基于公众感知的国家档案馆公共服务质量评价模型研究"等论文。2014年课题完成后，又进一步地持续研究，2015年课题"基于公众感知的国家档案馆公共服务质量评价研究"成功申报获得了浙江省档案局优秀科技成果三等奖，然后在上述研究的基础上反复打磨、不断完善，终于撰写成了本书，也感谢绍兴文理学院出版基金的资助，使本书得以出版。

本书在研究与写作过程中，进行了多次问卷调研与相关部门的访问，感谢那些接受我的访谈，并为我填写调研问卷的各部门管理人员，以及公共文化服务与档案馆公共服务的公众用户。感谢绍兴市档案局赵立、严青云等同志对我研究的帮助与指导，感谢我的学生沈琪、杨漂漂、刘啟彬、李玉等同学的协助调研与数据收集，感谢我的夫人陈一岚对我写作本书的付出，也感谢经济科学出版社和李雪等编辑的大力支持，没有你们我可能也完成不了本书，在此表示诚挚的谢意！

董德民

2017 年 8 月 8 日